JN025470

はじめての社会保障

第21版

福祉を学ぶ人へ

椋野美智子・田中耕太郎［著］

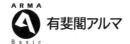

ARMA
Basic
有斐閣アルマ

今回は，共著者の一人である椋野美智子が 2023 年 8 月に日田市長（大分県）に就任するという，大きな環境変化があった。それでも刊行を待ってくださっている読者の期待に背中を押され，共著者間のこれまでの執筆分担を組み直し，改訂内容に関する意見調整を経て，刊行にこぎ着けることができたことを嬉しく思う。

この 1 年間は，社会保障分野では，大きな法改正は行われなかったが，いくつかの新たな制度の施行が予定されている。

とりわけ，医師の働き方改革に伴う時間外および休日労働時間の上限規制が，いよいよ 2024 年 4 月から施行されることとなった。この長年の課題だった改革は，例外規定などが設けられてはいるものの，これから医療現場の医師たちの具体的な働き方に変化を引き起こすことは必定であり，それはわが国の医療サービスの提供体制にもさまざまな形で影響を及ぼすことになろう。このため，その具体的な内容について新たに項目を起こし，記述した。

なお，個人番号カードの保険証利用（いわゆるマイナ保険証）と現在の保険証の廃止については，すでに昨年 6 月の法改正に基づき，本年 12 月には保険証を廃止することが閣議決定された。しかし，この問題については，昨年春以降の個人データの誤入力や紐付けの誤りなどが多発した事態を受け，国民の間で強い不信や批判が相次ぎ，これがいよいよ具体化する中で，果たしてその取り扱いがどうなるか，現時点では見通せないため，今回はコラムも含めて，従来の記述にとどめた。

今回の改訂でも，この 1 年間の社会保障を取り巻く経済社会情勢の変化を踏まえ，記述内容全般を見直したほか，最終校正までに公

i

表されたすべての統計データの更新を行った。

　2020年以来猛威を振るい，社会経済に深刻なダメージを与えた新型コロナウイルス感染症については，2020年度に引き続き，21年度も特別な医療確保対策や，行動制限に伴う営業者への営業自粛要請に対する協力金の支払いなど，巨額の財政措置が講じられたため，その影響は今回取り扱っている国および地方の財政の内容からも明確に読み取ることができる。ただし，2023年春からは感染症法上の分類も2類から5類に変更になり，経済社会活動もほぼ平常に戻っている。

　世界はロシアによるウクライナ侵攻に続き，パレスチナ問題をめぐって深刻な亀裂に苦しみ，日本もその中にあって政治も経済も社会も，停滞感に覆われている。しかし，そんな情況下にあるからこそ，将来の世代にしっかりバトンタッチできる社会を作るために，今の大人の世代が責任を持って堅固な社会基盤作りを進めなければならない。そのために，この小書がわずかでも役立つことができれば，それに勝る著者の慶びはない。

　　2024年3月

　　　　　　　　　　　　　　　　　　　　　　　　著　　　者

第2章　　生活保護と社会福祉制度　　79
人らしい生活を保障する

第4章　年　金　　　　155

老後の生活費は？

| 第7章 | *社会保険と民間保険* | 233 |

2つの保険，その特徴は？

第8章　社会保障の歴史と構造　261

著者紹介

椋野美智子（むくの・みちこ）［序章，第 2 章，第 3 章，第 4 章，第 5 章］
　日田市長
　1956 年　大分県生まれ
　1978 年　東京大学法学部卒業後，厚生省入省
　1998 年　『厚生白書』執筆
　同　年　日本社会事業大学社会福祉学部教授
　2006 年　大分大学福祉科学研究センター教授
　2018 年　松山大学人文学部特任教授
　主　著　『世界の保育保障──幼保一体改革への示唆』（共編著），法律文化社，
　　　　　2012 年
　　　　　『福祉政策とソーシャルワークをつなぐ──生活困窮者自立支援制度
　　　　　から考える』（編著），ミネルヴァ書房，2021 年

★　読者へのメッセージ　★

　社会保障に関わる行政と研究教育の場の人事交流の一環として大学に身を置いた後，いったん行政に復帰して，その後ふたたび大学で社会保障論を教えてきました。痛感したのは，行政官として語ってきた言葉がどんなにわかりにくかったかということです。

　最近は行政も説明責任を果たすことや情報公開に積極的に取り組んでいます。というのも，社会保障が経済成長の成果をどう国民に分配するかという時代から，高齢化と低成長のもとで負担の増加と既得権の喪失をどう国民が分かち合うかという時代になったからです。国民に痛みを負うことを納得してもらうためには，説明や情報公開が不可欠です。

　私も行政官として一所懸命やってきたつもりでしたが，学生に教えてその目線で見ると，行政の文書はどれもわかりにくい。それでは研究者の書いたものはどうかというと，これもわかりやすくおもしろいものはなかなか見当たらない。社会保障について書いた本でわかりやすいものはないですか？　学生に尋ねられるたびに，ウーンと唸っていましたが，この本は，その質問に対する答えのつもりで書きました。

　浅学を省みず大胆にも教科書を書こうと誘う私に，最初は戸惑いつつも全面的に協力して引っ張ってくれた田中さん，本当にありがとうございました。いろいろと教えてくれた厚生労働省の担当者の方々，率直な疑問や意見をくれた学生たち，ほかにも多くの方のご協力を得てできた本です。社会保障ってこうだったのか，もっと自分で考えてみよう，と思っていただけたら，とても嬉しく思います。

田中耕太郎（たなか・こうたろう）［第1章，第6章，第7章，第8章］

前・放送大学客員教授

1950年　山口市生まれ

1974年　京都大学法学部卒業後，厚生省入省

1989年　『厚生白書』執筆

1995年　山口女子大学（現・山口県立大学）社会福祉学部教授

2011年　放送大学客員教授

主　著　『社会保障改革──日本とドイツの挑戦』（共編著），ミネルヴァ書房，
　　　　2008年
　　　　『社会保険のしくみと改革課題』放送大学教育振興会，2016年

★ （読者へのメッセージ） ★

　行政官から大学に転じ，21年近くの間，福祉を学ぶ学生に社会保障論と国際福祉論を講義してきました。この間，毎週講義のつど，自分でレジュメをつくって配付し，1年間終わるたびに全体を見直し，翌年の講義に臨むという作業を繰り返してきました。毎年改善してきたつもりですが，それでも臨床志向が強い社会福祉学部の学生に，現実の政治や経済社会に直結し，複雑で刻々と動いていく制度・政策をどう知的興味をもって理解してもらえるか，模索が続きました。

　私は，大学の教員は研究と同じだけの熱意と時間をかけて若い学生の思考の基礎を形成する教育に当たるべきだと考えています。そのためにも，読んで知的刺激を受け，全身でぶつかり格闘するようないい教科書の存在は不可欠です。ただ，複雑な事象や原理をわかりやすく説くことは研究以上に難しい仕事で，本来は学問を究めた大家がその全力を傾注して書き上げるべきものだと信じています。

　その意味で，同じような悩みを語り合っている中から教科書を書こうという提案が椋野さんから持ちかけられたときには躊躇しました。それでも，この間積み重ねてきた営みをまとめるいい機会を与えていただいたものと考え，2人で議論を重ねながら，まったく新しいタイプの社会保障論のテキストづくりをめざしてきました。

　この本を読んでくださって，福祉を学ぶ学生や一般の社会人の方が少しでも社会保障っておもしろいな，と興味をもってくださったら，それに勝る喜びはありません。

　「読者から私たちへのメッセージ」は，書名・著者名を書いて次のあて先に。

〒101-0051 東京都千代田区神田神保町2-17 有斐閣書籍編集第2部

https://www.yuhikaku.co.jp「お問い合わせ」

●**本書のねらい**　　社会保障は複雑でわかりにくいと思っていませんか。まず最初に制度を成り立たせている基本的な考え方を理解することから始めましょう。本書は、「なぜ？」「どうして？」と考えていくうちに制度の構造を立体的につかめるように工夫しました。誰を対象とした制度なのか、給付されるものは何か、その費用は誰が払っているのか、誰が責任をもって運営しているのかなど、制度の構造を考えながら読んでください。

●**本書の構成**　　本書は序章から第8章まで、全9章で構成されています。1つの制度を学び、それと比べることにより次の制度を理解し、それらを積み上げて全体を理解する、という構成になっています。ですから、一度めは最初のページから順番に読んでください。

●**各章の構成**　　各章は、イントロダクション、本文、キーワード、コラム、サマリー（要約）、理解を確かめよう（設問）、参考文献で構成されています。

●**イントロダクション**　　各章の冒頭には、1頁を使って導入部を設けました。各章の内容に関連した写真や新聞記事と、その下に案内文があります。まずここでその章のイメージをつかみましょう。

●**キーワード**　　本文の記述の重要ポイントはゴチック文字で記しました。

●*Column*（コラム）　　本文は文章の流れを重視し、解説が必要な用語、本文の理解を助けるトピックスはコラムとして別に抜き出しました。

●**サマリー**　　各章のポイントを、サマリーとして章末に掲載しました。サマリーを読んで頭を整理したあとで、もう一度本文を読んでみましょう。理解がさらに深まります。

●**理解を確かめよう**　　各章で学んだことをもう一度自分の頭で整理することができるよう、章末に設問を置きました。

●**参考文献**　　さらに学びたい読者のための参考文献を紹介しています。

●**知っておきたい日本についての基本データ**　　各章の理解に役立つ基本データを、巻末に一覧にしました。

●**索　　引**　　基本的な用語が検索できるよう巻末に収録されています。同一の用語の現れ方を調べてみてください。理解の幅が広がるはずです。

給付＼仕組み	福祉サービス	医療サービス	金　銭
社会保険　医療保険	×	◎	○
社会保険　介護保険	◎	○	×
社会保険　年　金	×	×	◎
社会保険　雇用保険	×	×	◎
社会保険　労災保険	○	◎	◎
生活保護	○	○	◎
社会福祉　児童福祉	◎	×	×
社会福祉　障害者福祉	◎	×	×
社会福祉　児童手当	×	×	◎
社会福祉　児童扶養手当	×	×	◎
社会福祉　特別児童扶養手当	×	×	◎

（注）　基本的な給付に着目して整理。○は給付あり。◎は中心的給付。×は給付なし。

　社会保障について何を知っている？　年金，医療保険……。じゃあ，どんな感じがする？　複雑，難しい，おもしろくない，役に立つ……。
　この章ではそんな社会保障について，何なのか，何のために学ぶのか，どうやって学んだらいいのかなど，社会保障を理解するための見取り図を手に入れる。
　3つの給付，3つの仕組みが理解のカギ。

1 社会保障を学ぶ意義

●何のために社会保障を学ぶ？

　あなたが社会保障を勉強しようとしているのはなぜ？ 社会保障論は社会福祉士国家試験の試験科目だから。たしかにそうだけれど，そのほかには？ 年金給付などについての知識が相談援助などの福祉の仕事を行ううえで必要であるから。それもそのとおり。でも，社会保障を学ぶ意義はそれだけ？

　福祉の仕事につくと，きっと，いろいろと制度に対する疑問が出てくる。どうして職員の数をもっと増やせないのか，こんなに困っている人に対して，どうして給付がなされないのか。しかし，もっと職員の数を増やすべきだ，もっと国はお金を出すべきだ，というだけでは，何も変わらない。職員数や給付金の額はどういう仕組みで，どういう考え方に基づいて決まっているのか。その仕組みをどのように変えたらよいのか。そして，大切なのは，それを福祉に携わらない一般の人たち，とくに費用を負担してくれる人たちに納得してもらうには，どうしたらよいのか。それがわからないと，制度をよくすることはできない。で，それを考えるのに社会保障を学ぶことはとても役に立つのだ。

　たとえば 2000 年 4 月に始まった介護保険を考えてみよう。介護保険については第 3 章で詳しく学ぶけれど，どんな制度かおおよそのことは知っているよね？ 介護保険ができる前，社会的入院といって，介護が必要な高齢者が病院に入院しているという状況があった。大部屋で 1 人当たりのスペースは狭く，生活の場としての環境はよくない。介護も十分でない。しかも，実際にかかっている費用は特別養護老人ホームよりもはるかに高い。一方，特別養護老人ホ

ームは空きがなくて待っている人も多く，なかなか入れない。また，在宅介護では利用できるサービス量が少なく，家族の負担が重い。こんな状況を介護保険はどう変えたのだろう。

　介護保険は，介護が必要な高齢者に対するサービスについて医療と福祉の役割分担を見直した。入院の場合でも，介護が必要な高齢者には介護サービスをきちんと提供し，生活の質を改善する。また，社会保険という仕組みにより財源を確保し，民間事業者の参入を促して，施設や在宅の介護サービス量を増やす。財源として，今現在は介護サービスを利用していない人たちにも介護保険料の支払いを求めるが，その代わり，必要が生じたら1割の負担で介護サービスを利用することができるという安心感が得られる。また，社会的入院が減少することにより医療サービスが効率化され，社会保障全体の効率化が図られる。

　こんな改善は，社会福祉制度だけを見ていてはできない。社会保障にはさまざまな給付があり，さまざまな仕組みがある。福祉サービスは給付の中の一分野にすぎないし，税金を財源として行政がサービスを提供するという，福祉ではそれまで一般的だった仕組みが，唯一のものというわけではない。ほかの制度との役割分担を見直したり，違う仕組みにすることによって，もっと目的が達成されやすくなることもある。社会保障を学んで，さまざまな制度の基本的仕組み・特徴を理解すると，どうしたら福祉をもっとよくできるのかを考える力が得られる。

　また，それぞれの制度の中で，国，自治体，企業，個人がどんな役割を果たしているのかを見ていくと，社会がどういうふうに成り立ち，動いているのかが見えてきて，社会保障だけでなく，さらに広い社会全体との関わりで福祉の仕事を考えることができる。

　よく，「最近の医者は病気を診て人を診ない」とか，「臓器を診て

病人を診ない」とか批判される。でも，福祉の仕事をしている人にも同じようなところがない？　個別の福祉ニーズを見てその人の生活全体を見ないとか，福祉サービスのことは知っているけれど，社会のことを知らないとか。そんなことにならないために，社会保障を学ぶことをとおして社会全体への視野も広げてほしい。

2 社会保障の概念整理

●社会保障とは何だろう？

社会保障の3つの給付
と3つの仕組み

福祉は社会保障の給付の一分野にすぎないといったけれど，それでは，社会保障にはほかにどんな分野があるのだろう？

社会保障は，「国民の生活の安定が損なわれた場合に，国民にすこやかで安心できる生活を保障することを目的として，公的責任で生活を支える給付を行うものである」（1993年社会保障制度審議会社会保障将来像委員会第一次報告）といわれている。

「すこやかで安心できる生活を保障するための給付」には何があるだろう。保育や介護など，あなたがやりたいと思っている仕事，福祉サービスがまずそれに当たる。ほかには？　医師や看護師がやっている医療サービスもそう。じゃあ，サービスだけがあれば生活の心配はないのだろうか。そんなことはない。病気になったり失業したり高齢になったりして働けなくなったら，お金がないと安心して生活はできない。だから，生活に必要な所得を保障するために金銭が給付される。そう，社会保障の給付は，福祉サービス，医療サービス，金銭の3つに大きく分けられる。

じゃあ，これらは，どんな仕組みで給付されるのだろう。歴史的には2つの異なる仕組みがあった。1番めは，政府が，貧しい人た

ちを救うためにサービスやお金を支給する仕組み。財源は国民から集めた税金だ。公的扶助という。今の日本では生活保護がこの仕組みに当たる。2番めは，働いている人たちがあらかじめ自分たちでお金を出し合っておいて，病気になったり老齢になったときにサービスやお金をもらう仕組み。社会保険という。医療保険や年金や介護保険などがこの仕組みだ。

　では，児童福祉や障害者福祉などは？　これらは社会福祉制度といい，歴史的には公的扶助から生まれてきたもの。このため，社会福祉制度という言葉に公的扶助である生活保護も含めて使う人もいる。でも，今は，生活保護とその他の社会福祉制度は，考え方や運営の仕方がかなり異なる。だから，この本で社会福祉制度というときには生活保護は含めない意味で使うこととする。それから，公的扶助に当たる制度は，現在の日本では生活保護だから，この本では，現在の日本の制度についていうときは，公的扶助ではなく生活保護という言葉を使うこととする。

　そうすると，日本の社会保障の仕組みは，生活保護と社会保険と社会福祉制度の3つに分けられる。

3つの仕組みの違い

社会福祉制度は，公的扶助から生まれてきたといったけれど，今の生活保護と社会福祉制度はどこが違うのだろう？

　子どもや高齢者の世話は，もともとは家庭で行われていたサービス。身寄りがなかったり，貧しくて家族の世話を受けられない場合にだけ，国や自治体が施設に入所させて世話をした。だから，養護や介護という福祉サービスは，貧しい人たちに対する公的扶助の仕組みの中で行われていたわけだ。

　ところが，働き方や家族のあり方などが変化して，福祉サービスが必要な人は，貧しい人だけではなくなってきた。このため，福祉

Column①　介護は福祉ではなくなった？

　介護保険ができてから，介護は福祉ではなくなった？

　答えは「はい」でもあり，「いいえ」でもある。「福祉」という言葉を「福祉サービス」の意味で使うか，「社会福祉制度」の意味で使うかによって違う。サービスの意味では「いいえ」。高齢者介護は今までどおり福祉サービスの1つだ。制度の意味だったら，「はい」。介護保険ができてから，介護を給付する仕組みは社会福祉制度ではなく，社会保険になった。

　金銭は年金のように社会保険で給付することもできるし，生活保護で給付することもできる。医療サービスも，医療保険のように社会保険で給付することもできるし，生活保護の医療扶助で給付することもできる。

　このように給付の種類と制度は，1対1の対応ではない（章扉の表を参照）。

サービスは，貧しい人だけを対象とした公的扶助とは別の仕組みで給付することとし，児童福祉制度，障害者福祉制度，老人福祉制度などができてきた。

　生活保護は，貯金や不動産など自分のもっている資産はもちろん，ほかの社会保障による給付，家族からの援助などあらゆる方法を活用しても，それでもどうしても最低限度の生活ができないほどに貧しい，というときに初めて給付が行われる制度。本当にそれほどに貧しいかどうかを確認するために，資産や収入などについて厳しい資力調査が行われるし，働けないのか，家族の援助が受けられないのかについても調査や指導がある。

　これに対して，社会福祉制度は，低所得者に限らず，サービスを必要とする人に対して，給付が行われる制度である。厳しい資力調査もない。

　社会福祉制度では，低所得者に限らず必要としている人に対して給付が行われるというのであれば，医療保険などの社会保険とどこが違うのだろう？　社会保険では，給付を受けるためには，あらかじめその制度に加入して保険料を出しておかなければならないし，給付は，集めたみんなの保険料の中から支払われる。だから，自助

の仕組みであり，共助の仕組みでもある。これに対して，社会福祉制度は，生活保護と同じように国や自治体が税金を財源に給付する公助の仕組みである。加入していなくても，保険料を払わなくても給付が受けられるのであれば，社会福祉制度の方がいい？　じゃあ，なぜ介護サービスを社会福祉制度ではなく，社会保険で給付することにしたのだろう。その答えはこの本を読んだ後で自分で考えてほしい。

3 社会保障の学び方

●この本はどう使う？

> 丸暗記は無駄

福祉の現場で働きたいと思い福祉を学んでいる学生は，具体的な事例で考える方が得意な人が多いと思う。どちらかといえば，抽象論，体系論には苦手意識をもっていないだろうか。でも，だからといって，社会保障を丸暗記しようなどとしてはいけない。丸暗記するにはあまりに制度は膨大で，あまりにしばしば変更される。仮に丸暗記できたとしても，それでは，社会福祉士の試験に合格し，相談援助の際に個別の知識として役立てることはできても，福祉の制度をもっとよくする，福祉を社会全体の中でとらえて仕事をしていく，という役には立たない。

　2つの点を心がけてほしい。1つは，「なぜ？」とつねに理由を考える癖をつけること。なぜこの場合は給付しないのか，給付したらどうなるのか，給付の費用は誰が出しているのか，額はどうやって決めているのか，なぜそんな決め方をしているのか，などなど。「なぜ？」と考えると，それぞれの要素が相互に関連していることがわかる。そうすると，制度の立体的構造が見えてくる。とにかく

法律でそう決まっているのだから，考えるのが面倒だからと，丸暗記するのはやめよう。丸暗記では，理解が平面的だから，2つめの制度を覚えるのも1つめと同じだけ大変だし，3つめ4つめとなると，ごちゃごちゃになってくる可能性もある。無駄の多いやり方だ。

　2つめのポイントは，ある1つの制度の構造がつかめたら，それを頭の中にタンスのようにしっかり組み立てておくこと。そして，別の制度を学ぶときには，同じタンスをもう1つ用意して，引出しの中身を入れ替えていく作業をすること。引出しとは，「誰を対象とした制度なのか——勤め人なのかすべての住民なのか」「給付されるのは何か——医療サービスなのか福祉サービスなのか金銭なのか」「どんな場合に給付されるのか」「給付内容はどうやって決まっているのか」「その費用は誰が払っているのか」「その額はどうやって決まっているのか」「誰が責任をもって運営しているのか」などなど。

　そうすると，1つの制度を立体的に理解することにより，それを手がかりに次の制度も立体的に理解することができる。だから，2つめの制度を理解するのは1つめよりずっと簡単。また，引出しの中身が制度によって違うのはなぜなのか，また，1つの制度にはある引出しが，別の制度にはないのはなぜなのか，それを考えることによって，制度の特徴もわかってくるはずだ。

　本書の特色　社会保障を立体的に理解し，全体像をつかむために，本書は，2つの点で従来の教科書と異なる構成とした。

　第1点は，生活保護や社会福祉制度についても章を起こしていること。従来，福祉系大学の「社会保障論」の講義やその教科書では，年金や医療保険が中心になっている。これは，生活保護や社会福祉制度についてはほかの教科で十分学ぶからだ。しかし，本章の第2

節で見たとおり，それぞれの制度の特徴は，相互に比較してみるとよくわかる。だから，この本では，生活保護や社会福祉制度についても基本的仕組みを説明することとした。それは，社会保障の全体像を理解するうえでも必要だし，また，社会保障全体の中で位置づけてみることによって，生活保護や社会福祉制度自体の理解も深まる。もちろん，各制度の詳しい点についてはそれぞれの教科で学ぶなりほかの本を見てほしい。

　第2点は，ほかの教科書のような歴史や理念という総論から始めるのはやめて，具体的な制度の方から入ることとしたこと。各論の中でもできるだけ身近な具体論から入るようにしている。そして，「なぜ？」「どうして？」と考えていくうちに1つの制度の構造が立体的につかめるように組み立ててみた。抽象論より具体論が得意な人向けの構成である。

　1つの制度を学び，それと比べることにより次の制度を理解し，それらを積み上げて全体を理解する，という構成にしてある。だから，知りたいところだけを読むというよりも，1回めはとにかく最初のページから順番に読んでいってほしい。

本書の構成　基本的には制度ごとに1つの章を立てている。ただし，生活保護と社会福祉制度は，制度の詳細は本書では取り扱わないので，まとめて1つの章としている。

　第1章では，誰もが利用したことがあり，なじみのある医療保険から始める。医療保険は医療というサービスを給付する社会保険の1つである。医療保険をとおして，社会保険の基本的な考え方，仕組みも理解する。

　第2章は生活保護と社会福祉制度である。社会保険とはまったく異なる考え方と仕組みをもっている生活保護について学び，次に両

者の中間的な性格をもつ社会福祉制度について学ぶ。医療保険の医療サービスと社会福祉制度の福祉サービスでは，給付の仕組みのどこが異なりどこは同じかを理解する。

　第3章は介護保険である。介護保険は社会保険の1つである。ここでは，介護というサービスが医療保険ではどのように給付されていたか，社会福祉制度ではどのように給付されていたか，介護保険ではどのように給付されるかを比較することによって，社会保険と社会福祉制度の違いや医療保険と介護保険の違い，その特徴を理解する。

　第4章は年金である。社会保障の中で若い世代が一番不安に思っているのは年金ではないだろうか。「私たちが高齢になる頃には制度は破綻していて年金はもらえないのではないだろうか」とか，「個人年金に自分で入った方が得なのではないだろうか」など。年金制度は社会保険の1つであり，医療保険などと共通する点も多いが，長期保険である点が，ほかの社会保険と異なる。誰が加入し，どんなときに給付がなされるかなどの年金制度の基本的仕組みのほか，「世代間の助け合いとはどういうことなのか」「個人積立て貯蓄とはどこが違うのか」など，財政方式についても理解する。

　第5章は雇用保険である。雇用保険は社会保険の中でも，雇われて働く勤め人だけを対象とする労働保険と呼ばれる制度の1つである。失業という勤め人に特有の問題に対応する保険である。

　第6章は労働者災害補償保険である。これも労働保険の1つであるが，勤め人本人は保険料を払わず，会社だけが払うなど，その仕組みにはほかの社会保険とは異なる点も多い。逆に，給付としては医療保険や年金と重なる点が多い。基本的な考え方の違いや制度の特徴を理解する。

　第7章は民間保険である。ここでは，保険とはどういう考え方な

のか，民間保険と社会保険とはどこが共通でどこが違うのかなどを学ぶ。

　最後に第8章で総論に当たる社会保障の歴史や構造を学ぶ。第7章までに学んできた社会保障の諸制度はどのようにしてできてきて，どういう構造になっているのか，現在どのような課題を抱えており，今後どう変化していくのかを考える。

Summary サマリー

　福祉を志す学生が社会保障を学ぶ意義は，個別の相談援助で必要な知識を得るだけでなく，福祉の制度をよくしていく力，社会全体との関わりの中で福祉の仕事を考える広い視野を身につけることにある。

　社会保障は，国民の生活の安定が損なわれた場合に，国民にすこやかで安心できる生活を保障することを目的として，公的責任で生活を支える給付を行うもの。給付には，福祉サービス，医療サービス，金銭の3つがあり，社会保険，生活保護，社会福祉制度の3つの仕組みがある。

　社会保障を丸暗記しようとするのは無駄の多いやり方だ。なぜそうなっているかを考え，ほかの制度と比較しながら，制度の組立てを立体的に理解してほしい。

■ 理解を確かめよう ■■■■■

　　1　あなたの知っている社会保障の制度を3つあげ，それぞれについて，何をどのような仕組みで給付しているのか，3つの給付，3つの仕組みのどれに当たるのかを考えてみよう。

　　2　社会保障と社会福祉制度との関係についてまとめてみよう。

第1章 医療保険

病気やけがをしたら？

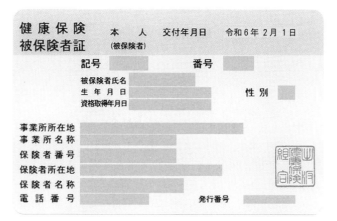

健康保険被保険者証（見本）

| 健康保険 被保険者証 | 本　人 (被保険者) | 交付年月日 | 令和6年2月1日 |

ひとり1枚ずつカード化された健康保険被保険者証

　私たちが病気やけがをしたときに，必要な医療サービスを保障する医療保険制度。そのときに備えて私たちは毎月，給与などから保険料を納めている。日本は，国民皆保険といって，すべての国民が何らかの公的な医療保険に加入する仕組みを採用している。

　どういう人がどの保険に加入するのか，毎月支払う保険料はどういうルールで決まるのか，病気のときにはどんな医療サービスが受けられるのか，保険で受ける医療の費用はどう決まり，医療費はどこにどう使われているのか。こういった私たちの健康を支える医療保険の仕組みと，その背景にある基本的な考え方をしっかり身につけよう。

1 医療サービスを保障する仕組み

●病気になったら，どうする？

病気になったとき

あなたはこれまでに病気になったり，けがをしたことはある？ 一度もない人はまずいないだろう。そのとき，どうした？

風邪など大した病気ではないので，かかりつけの開業医に診てもらった？ あるいは直接に病院に行って外来で長時間待って診察を受けた人もいるだろう。虫歯が痛んだときは歯医者に行く。そういったときに，必ず忘れずに持っていくものがあるだろう。そう，保険証。旅行をしたり，スキーに行ったりするとき，万が一の場合に備えて保険証を持っていく準備のいい人もいるだろう。

「私は一度も保険証を持ったことがない」？ 日本人ならそういう人は1人もいないはず。国民すべてが公的な医療保険への加入を義務づけられている。これを国民皆保険という。1961年以来採用されてきている日本の医療保障の大きな特徴だ。ただし，正確にいうと，生活保護を受けている人の例外がある。また，外国籍の人でも日本の会社に勤めていたり，日本に適法に居住している人は対象となる。

もっと本人の自由でいいのではないか，という意見もないではないが，すべての国民に病気やけがになったときの医療を保障する，世界に誇れる仕組みだと思う——少なくともこれまでは。あなたはどう思う？ これから一緒に考えてみよう。

自分の保険証を見てみよう

病気やけがのときに頼りになる**保険証**。正確には被保険者証というが，長い間，紙でできた保険証に被保険者本人と扶養家族全

員が記載されていて，その1枚の紙の保険証をみんなで利用していた。でも，これでは家族が離れて住んだり，別々に利用するときに不便だ。そこで，2003年からはひとり1枚のプラスチック製のカードの保険証（➡13頁の写真）に切り替えられてきた。それではまず，自分の保険証をじっくり見てみよう。

保険を運営して保険給付を行う主体のこと

保険者って，誰？

を**保険者**という。あなたの親の勤め先が大企業で，独自の健康保険組合をつくっている場合には，「○○健康保険組合」と保険証に記載してある。組合といっても労働組合とは別。医療保険の運営をするためにつくられた特別な法人。公務員の場合は共済組合という，これまた独自の保険者を組織している。勤め先が中小企業などで健康保険組合がつくられていない人は，かつては政府（社会保険庁）が運営する政府管掌健康保険（政管健保）に加入していたが，2008年10月からは，健康保険法に基づき新たに設立された公法人である「全国健康保険協会」が保険者として運営する健康保険（協会けんぽ）に加入することとなった。

　あなたの親が勤め人ではなく，自分のお店を経営する自営業や農業の場合などは，住んでいる市町村（2018年4月からは都道府県）の国民健康保険に家族1人ひとりが加入する。だから被扶養者といわずにみんなが被保険者。

　さらに，75歳以上の後期高齢者も別のグループだ。

　自分がどのグループに加入しているか，表1-1で確認しよう。

制度の分立

日本全国1億2500万人の中で自分がどこにいるかわかった？ それにしてもいろいろな制度に分かれていて複雑でわかりにくいって？ そのとおり。なぜこんなに多くの制度に分かれているのだろうか？ それは働く人は昔から病気やけがに悩まされてきたので，職場ごとに労使の話

表 1-1　医療保険制度の概要

（2024 年 4 月現在）

制　度　名		保険者	加入者数 [本人 家族] （万人）	医療給付の 一部負担	財　源	
					保険料率	公費負担・補助
（被用者保険）健康保険	協　会 けんぽ	全国健康 保険協会	4,027 [2,507 1,519]	3 割 ただし，義務教育就 学前 2 割 70〜74 歳 2 割（現 役並み所得者は 3 割）	10.00% （全国平均）	給付費等の16.4%
	組　合	健康保険組合 1,388	2,838 [1,641 1,197]		9.26 （平均）	定　額
	船員保険	全国健康 保険協会	11 [6 6]		9.90%	
	各種共済 国家公務員 地方公務員 私学教職員	20共済組合 64共済組合 1 事業団	869 [477 392]		7.61%（平均） 9.51%（平均） 8.82%	な　し
国民健康保険	農業者 自営業者 等	都道府県 47 市町村 1,716 国保組合 160	2,805 都道府県・ 市町村 （2,537） 国保組合 （268）		世帯ごとに応益 割(定額)と応能 割(負担能力に 応じて)を賦課	給付費等の 国　　41% 都道府県9% 給付費等の 28.4〜47.4%
後期高齢者医療 （75 歳以上）		後期高齢者医 療広域連合 47	1,843	1 割（一定以上 所得者は 2 割， 現役並み所得 者は 3 割）	個人ごとに 均等割（定 額）と所得 割を賦課	国　　　4/12 都道府県 1/12 市町村　 1/12 支援金 約4割

（出所）　厚生労働省の資料をもとに，2024 年 4 月時点の制度の内容に合わせ
て加工した。ただし，保険者数と加入者数は 2022 年 3 月末現在の実績。保
険料率のうち組合健保は 2022 年度決算見込み，共済組合は 2020 年度の各
保険者の単純平均。

し合いの中で，できるところからつくられてきた，長い歴史の積重
ねがあるから。1905 年創設の鐘紡共済組合や 1907 年の国有鉄道の
共済組合などが，不十分ながらも医療保険や年金を企業単位で実施

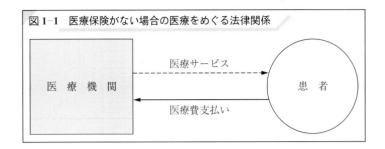

図 1-1　医療保険がない場合の医療をめぐる法律関係

医 療 機 関

医療サービス →

医療費支払い

患 者

した先駆的なものとして有名。

　そうはいっても，同じ国民の間で，職業や勤め先が違うからといって病気のときの扱いがあまりに違うのは納得できないだろう。昔は勤め人本人はごくわずかの初診時の自己負担があるだけでほぼ10割給付。それに比べて農業・自営業者などの加入する国民健康保険は5割給付だった。それが7割給付になり，高額療養費制度（第3節で説明）もできて改善された。逆に勤め人本人は受診時の自己負担が1997年からは2割に，さらに2003年4月からは3割に引き上げられ，この面での各制度間での違いはなくなった。とはいえ，保険料負担の面ではなお格差があり，この問題については次節で詳しく見てみよう。

医療保険がなかったらどうなる？

　病院に行くときに保険証を忘れたらどうなる？ 受付の人と顔見知りの場合には，「次に持ってきてくれればいいですよ」と言ってもらえる場合もあるかもしれない。でも原則は，保険証またはマイナンバーカード〔➡302頁〕で資格を確認できなければ，医療保険は利用できない。海外で病気になった場合も同様で，外国の病院では日本の医療保険は利用できない。では，どうなる？ あなたはいったん治療にかかった費用を全額自分で払わなければならない。

　このように，まず，医療保険がきかない場合に医療費の支払いが

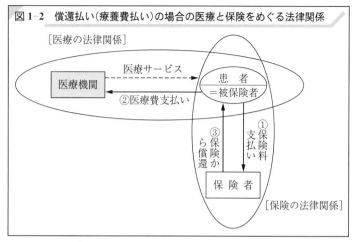

図1–2 償還払い（療養費払い）の場合の医療と保険をめぐる法律関係

［医療の法律関係］

医療機関 ---- 医療サービス ----> 患　者
　　　　　<---- ②医療費支払い ---- ＝被保険者

③保険から償還　①保険料支払い

保険者

［保険の法律関係］

どうなるか，考えよう。図1–1がそのときの医療機関と患者の関係を示している。日常生活で物を買ったり，サービス（美容院，ホテルなど）を利用する場合と，何ら変わらない。別にこれで平気？風邪などの簡単な病気なら構わないかもしれない。しかし，現代の医療水準ではちょっと難しい病気や大けがをすると，何百万円も医療費がかかる場合も珍しくない。あなたはそれでも大丈夫？　お金がないから治療を受けられない，そんな悔しいことが起きないように，公的な医療保険制度がつくられた。

償還払い

　それじゃあ，医療保険で医療費を払う場合にどんな方法がある？　簡単なのが，**償還払い**とか，**療養費払い**といわれる方法。この関係を図示したのが図1–2。

　患者はかかりたい医療機関で医療を受けて，かかった費用はいったん全額自分で払う。それから，その領収書と明細を付けて，加入している保険者から保険給付の範囲で払戻し（償還）を受ける。医療は患者と医療機関の間の関係。保険は被保険者と保険者の間の関

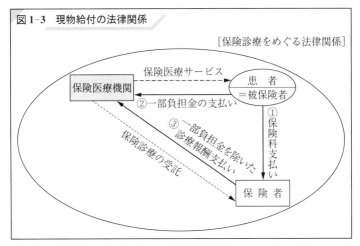

図1-3　現物給付の法律関係

［保険診療をめぐる法律関係］

保険医療サービス
保険医療機関　→　患者＝被保険者

②一部負担金の支払い

③一部負担金を除いた診療報酬支払い

①保険料支払い

保険診療の受託

保険者

係。はっきり分かれているのでわかりやすい。

　でも日本を含めて多くの国でこの仕組みはとられていない。なぜ？　そう，この仕組みではかかる医療費を患者がいったん全額立て替えなければならない。

現物給付の仕組み

　そこで，医療サービスそれ自体を保険給付する，**現物給付**という仕組みがつくられた。その関係は図1-3のとおり。実際には医療機関も保険者も数多くあるので，その間に都道府県単位の審査支払機関という仲介役が入ってきて，もっと複雑。医療機関は保険診療を担当するためには厚生労働大臣（実際にはその権限は全国8つのブロックごとに設置されている地方厚生局長に委任されている）に申請して保険医療機関の指定を受けなければならない。いったん指定を受けても取り消されることもある。残念ながら，時折「不正請求で病院の保険指定を取り消し！」などとマスコミに出るのはこの話。

　指定を受けて保険診療をすれば，決められた診療報酬が支払われる。この仕組みは第4節で勉強する。患者はかかった診療報酬額の

一部を窓口で支払う。残りは医療機関が審査支払機関を経由して保険者に請求し，審査支払いを受けて一連の流れは完了。患者にとっては本当に便利な仕組み。この仕組みがあるから，日本国中どこに行っても保険証1枚あれば心配なく病院にかかれるというわけ。医療機関も医療費のとりはぐれがなくて便利。ただし，利害関係の対立する医療機関と保険者そして患者（＝被保険者）という三者が直接向き合うだけに，緊張関係が強く運営の難しい仕組みでもある。

金銭給付も忘れずに

これまで医療保険の役割として，病気やけがのときの医療サービスの保障の話だけしてきた。たしかに，今日の医療保険の費用のうちで9割以上は医療費に使われているのだから，これには理由がある。でも，医療保険には忘れてはならないもう1つの大切な役割がある。勤め人の場合には病気やけがで働けなくなると，給与がもらえなくなり，本人と家族はすぐに生活に困る。そのため医療保険から**傷病手当金**という**金銭給付（現金給付**ともいう）をして生活を支えるという役割だ。働けなくなって4日め以降，日単位でそれまでの直近1年間の給与の平均の日額の2/3相当額が受けられる。ただし，通算して1年6カ月が限度。医療技術がそれほど発達していなかった昔は，医療保険の役割としてはこの所得保障の役割の方が大きかったくらいだ。費用に占める割合が減ったとはいえ，金銭給付の役割も大切だ。これ以外にも大切な金銭給付があるので，具体的な内容は第3節でしっかり学んでほしい。

では，病気が長引いて1年6カ月を超えたり，病気が治っても障害が残って働けない場合はどうする？　そこで年金の出番となる。長期に病気や障害によって仕事につけない場合のために障害年金がある。これにバトンタッチするわけだ。短期と長期の所得保障の仕組みが上手に協力してみんなの生活を支えている。

2 被保険者と保険料

●あなたはどのグループで，どれだけ保険料を納める？

制度を二分：働き方の違い

表1-1で，自分がどのグループのどこに属しているかわかったと思う。でも，それにしても制度が分かれていて複雑。これはいったいどういう構造になっているのだろう？

人の働き方を見るときは，大きく2つに分けられる。1つめのグループは農業，自営業など自分で生産手段をもっていて家族で助け合いながら生産活動をしている人たち。2つめのグループは近代になってから発生してきた勤め人。少し硬い言葉では，**被用者**とか**雇用労働者**という。この人たちは，人（会社）に雇われて仕事をして，その見返りとして給与をもらって生活する。勤め人の収入の源は労働の提供しかない。ということは，病気やけがなどで働けなくなると，収入はなくなり明日にも生活に困る。だから，こういう勤め人，中でも条件の厳しい低賃金で長時間働く肉体労働者の人たちを病気やけが，高齢や障害による困難から守るために医療保険や年金の制度がつくられた。

この2つめの勤め人のグループには，さらに大きく分けて2つのグループがある。主に大企業に勤めていて，勤め先に**健康保険組合**がある勤め人とその家族。約2800万人いる。**共済組合**に加入する公務員も，同じような条件といっていい。家族を含めて約900万人いる。

これに対して，勤め先に健康保険組合がない民間の勤め人は，**全国健康保険協会**が全国一本で運営する健康保険に加入する。主に中小企業に勤める人とその家族だ。約4000万人いる。

第1のグループの自営業者などは，勤め人が加入する医療保険に加入していない人たちで，国民健康保険に入らなければならない。具体的には農業，自営業などの人が加入するほか，最近では退職して年金生活に入った無職者も増えている。約2800万人が加入している。

　このように複雑に見える制度も，勤め人とその他，そして勤め人の中が民間の大企業や公務員のグループとその他というように，大きく3つのグループに分けられる。加えて，2008年4月からは，75歳以上の後期高齢者約1800万人はこれら3つのグループから切り離されて新しい後期高齢者医療制度（第5節）の被保険者とされた。ではこれらのグループによって条件がどう違う？　この節の後半で国民皆保険のヒミツを調べてみよう。

勤め人の場合：健康保険

　民間の会社で働く勤め人とその家族には**健康保険**という制度がある。健康保険の適用は，勤め先の事業所単位に行う。ほぼすべての業種にわたり，常時5人以上雇っている事業所は強制的に健康保険が適用される事業所となる。さらに法人の場合には5人未満の零細企業でも適用対象となる。

　次に，ここに雇われている従業員は，すべて強制的に被保険者とされる。ただし，日々雇用の人や，1週間の所定労働時間または1カ月の所定労働日数が同じ事業所で働く一般の従業員の3/4未満のパート勤務の人などは，原則として被保険者とされない。しかし，次項で述べるように，この要件については，できるだけ適用を拡大する方向で制度の見直しが進められている。

　保険料は毎月の給与に決まった率，たとえば全国健康保険協会では10.00％（全国平均）を掛けた額。より正確にいうと，毎月の給与は，計算を簡単にするために，6万3000円未満の場合は第1級と

して 5 万 8000 円，6 万 3000 円以上 7 万 3000 円未満の場合は第 2 級として 6 万 8000 円，135 万 5000 円以上の場合は第 50 級として 139 万円というように，50 段階の標準報酬月額に当てはめられ，これに保険料率を掛けて保険料の額が決められる。このように，保険料のベースとなる給与には上限額（139 万円/月）が設けられていて，これを超える部分は対象から除外される。

　これ以外に，2002 年度まではボーナスの 1% を特別保険料として納めていたが，2003 年 4 月からは，厚生年金と同じように**総報酬制**が導入され，ボーナスからも毎月の給与と同じ料率で保険料を納めることになった。ただし，これについても対象となるボーナスについては上限額（573 万円/年度）が設けられている。

　この保険料を会社と本人が原則折半負担し，毎月まとめて会社が日本年金機構の年金事務所に納め，これが国を経由して全国健康保険協会に交付される仕組みだ（➡図 8-1〔286 頁〕）。なお，2009 年 12 月末まではこのような健康保険の適用と保険料の徴収事務は社会保険庁の社会保険事務所が行っていたが，社会保険庁が廃止されたため，2010 年 1 月からは現在の仕組みに変わった。健康保険組合の場合は，会社が集めた保険料を直接健康保険組合に納付する。いずれの場合も，本人が負担した分は給与から天引きされている。だから，天引きされている額の倍の額が勤め人の健康保険料として会社から保険者に納められている。しっかり給与明細を見てみよう。

　このような負担のルールは，給与の高い人は保険料も高く，低い人は保険料も低くなる仕組み。本人の病気やけがへのリスクの高さとは無関係。若くて病気しないあなた，変だと思う？　それとも，負担できる人が多く負担するのは当たり前だと思う？

勤め人はその働いて得る給与で無業の妻や子どもなどの家族を養う。だから，勤め人，言いかえれば健康保険の被保険者に扶養されている家族は，独自の保険料を負担することなく医療保険の給付を受けられる。学生の場合にはほとんどがこれ。つまり，あなたのための保険料はあなたの親ではなく，勤め人全員で負担しているのだ。家族の多い人は大歓迎。逆にいうと独身者はこの点だけ見れば損。これも社会保険の連帯の現れ。あなたはどう考える？

このように，被保険者の**被扶養者**と認定されれば保険料を負担せずに医療給付を受けられる。だから，そのルールは大切。1つは被保険者の親や祖父母，配偶者，子，孫，兄弟姉妹の場合。この場合には同居は必要なく，被保険者によって主に生計を維持していれば被扶養者と認定される。これ以外の3親等内の親族の場合には，加えて同居が要件。いずれについても被保険者によって主に生計を維持しているかどうかは，年収130万円（60歳以上は180万円）未満が基準となる。これを超えれば被扶養者にはなれない。

では，**パート**で働く妻の場合はどうなる？　すでに述べたように，短時間勤務のパートで働く人は，原則として被保険者とされない。かといって，年収130万円以上になると夫の被扶養者にもなれなくなる。結局，自分で保険料を払って，住所地の国民健康保険に入ることになる。

このため，この限度額をちょっと超えたあたりでは，かえって手取りが減ってしまう。こういう仕組みが女性を低収入のパート勤務に向かわせている，という批判もある。他方で，収入の少ない家族の分まで保険料負担を求めずに全体で支える仕組みこそが社会保険の連帯たるゆえんという見方もできる。パート勤務の人については，厚生年金においても健康保険と同様の取扱いとなっており，一部適

用を拡大する法律改正が相次いで行われ，順次施行されている。これにより，その対象になる人は被保険者とされるため被扶養者から外れる。そのあり方をめぐってはいろいろな議論が行われており，第4章で年金について学んだうえで，コラムを読んでこの問題についてあなたの考えをまとめてみてほしい（➡*Column㉓*〔170頁〕）。

なお，2020年4月からは，被扶養者の要件として，日本国内に住所を有するか，あるいは外国に留学する学生のように国内に住所はないが渡航目的などを考慮して日本国内に生活の基礎があると認められるもの，ということが加わった。これは，国内の人手不足に対応するため海外からの労働者の受入れを拡大することに伴って，本国に残してきた家族を被扶養家族として認定するかどうか議論が行われ，扶養や外国での受療の実態の把握が困難なことや不正受給が発覚したことなどから，法律改正が行われたもの。

農業，自営業，無職者などの場合：国民健康保険　勤め人の健康保険が事業所単位で適用されるのに対して，それ以外の人，具体的には農業，自営業の人や年金受給者などの無職者あるいは健康保険の適用されない零細企業の勤め人などは，**国民健康保険**に加入する。頭に「国民」とつくと別の制度なので注意しよう。この中には医師，弁護士，土木建築，理美容など同業種で**国民健康保険組合**をつくっているものもあるが，中心はこれ以外の住民を対象として都道府県がその区域内の市町村とともに行う国民健康保険（以下「都道府県等が行う国民健康保険」という）である。

国民健康保険の運営は，1948年の市町村公営原則の採用以来，半世紀以上の長い間，市町村が保険者として運営を行ってきた。これが2015年の法律改正により，都道府県が財政運営の責任主体となり，安定的な財政運営や効率的な事業の確保等の国民健康保険事業の運営について中心的な役割を担うものとされた。そして市町村

は，住民にもっとも身近な自治体として，都道府県と協力して，被保険者の資格の取得・喪失，保険料（税）の徴収，保健事業の実施その他の国民健康保険事業を適切に運営するものとされた。

　この改正は 2018 年 4 月から施行され，激変緩和のために徐々にではあるが，国民健康保険事業は医療提供体制の整備（➡第 7 節）と足並みを揃えながら，都道府県単位で平準化が進んでいくこととなる。

　国民健康保険は，勤め人とは違って個人ごとに加入する。ただし，保険料の納付などは世帯主がまとめて責任をもつ。そもそも徴収の方式は，保険料でも税金でも，市町村がやりやすい方を選べる。実際には，市町村数で見ると 9 割が国民健康保険税という税方式。この方が住民から徴収しやすいと考えた。しかし，大都市部では保険料を選んだところが多いため，被保険者数で見ると 5 割近くが保険料方式となっている。時効などいくつかの違いはあるが，まあ，同じようなもの。だから**国民健康保険料（税）**などとまとめていってしまうことも多い。

　この保険料（税）の負担のルールは少々複雑。基本的には次の 4 種類の方式を組み合わせて決める（数字は国が示した各市町村の保険料収入の標準的な構成比率）。

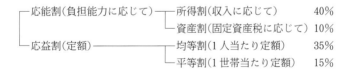

　このうち，所得割と均等割が入っていれば，3 種類でも 2 種類でもいい。どれにするかは市町村が決める。実際には 4 種類を組み合わせている市町村が 8 割。どの方式をとるにせよ，所得の高い世帯の負担が重くなりすぎないように，世帯で納める保険料には上限額

（89 万円/年）が設けられている。

　国民健康保険には給付費の 41% の**国庫負担**が投入される。うち9% 分は市町村の財政力の格差に応じて調整する交付金。さらに給付費の 9% は都道府県の調整交付金が投入され，結局，給付費の50% が公費で負担されている。それでも全国の市町村の間には，かかる医療費や住民の所得などに大きな格差がある。その結果，被保険者 1 人当たり年額平均保険料で比較すると，2021 年度で，一番高い秋田県大潟村（20 万 5320 円）と一番低い高知県大川村（3 万7213 円）との格差はじつに 5.5 倍！ 都道府県単位ではこの格差は縮まるが，それでも一番高い東京都（10 万 5050 円）と一番低い沖縄県（6 万 6658 円）との間で 1.6 倍の格差がある。ちなみに全国平均は 8 万 9266 円。あなたの住んでいる町はどれくらいの水準？ そして，なぜ高い（低い）のだろうか。調べてみよう。

　こうしたこれまでの仕組みを基本としつつ，2018 年度からは国民健康保険の運営について，都道府県が市町村と協力して財政運営に中心的な役割を果たすこととなったことから，運営の姿が大きく変わった。

　具体的には，次のような形に変わった。まず都道府県が，市町村の年齢構成の相違を補正した後の医療費水準と所得水準をもとに市町村ごとの納付金の額を決める。次に，この納付金をもとに都道府県が，市町村の必要な医療費を賄うための交付金を市町村に支出する。そして，この交付金で市町村が給付費の支払いを行う。こうした仕組みを通じて，少しずつ都道府県単位で国民健康保険の運営の違いがならされていくこととなる。

　なお，国庫負担は，都道府県と市町村の財政状況等に応じた財政の調整を行うために従来通り給付費の 41% が都道府県に対して支出され，また従来の都道府県の 9% の調整交付金は，同じ都道府県

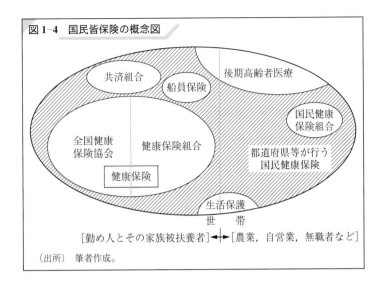

図1-4　国民皆保険の概念図

共済組合

船員保険

後期高齢者医療

国民健康
保険組合

全国健康
保険協会

健康保険組合

都道府県等が行う
国民健康保険

健康保険

生活保護
世　帯

［勤め人とその家族被扶養者］◀▶［農業，自営業，無職者など］

（出所）　筆者作成。

内の会計間ではあるが，一般会計から国民健康保険の特別会計に対して繰り入れられる（➡図 8-1 ［286 頁］）。

　　　　　　　　　　　　　国民すべてが何らかの公的な医療保険に加
　国民皆保険のヒミツ　　　入する**国民皆保険**。この仕組みはどうやっ
てできたのだろう？

　勤め人のほとんどは古くからある健康保険や公務員の共済組合，船員保険に加入している。その被扶養家族も一緒。そこで，これらのすでにある公的な医療保険のどれにも加入していない人を，すべてその住所地の市町村または東京都の 23 の特別区（以下，まとめて「市町村」という）が運営する国民健康保険（2018 年 4 月以降は都道府県等が行う国民健康保険）に加入させるというやり方で皆保険を実現したのだ。いってみれば，消去法。自営業でも国民健康保険組合に加入している人は除かれる。また，75 歳以上の後期高齢者も除外される。この枠組みを図で示したのが図 1-4。少し硬いが法律の条

★国民健康保険法 $\left(\begin{array}{l}\text{昭和 33・12・27}\\\text{法 192}\end{array}\right)$

施行　昭和34・1・1。平成30年4月1日施行後の改正内容による。

（被保険者）

第5条　都道府県の区域内に住所を有する者は，当該都道府県が当該都道府県内の市町村とともに行う国民健康保険の被保険者とする。

（適用除外）

第6条　前条の規定にかかわらず，次の各号のいずれかに該当する者は，都道府県が当該都道府県内の市町村とともに行う国民健康保険（以下「都道府県等が行う国民健康保険」という。）の被保険者としない。

1　健康保険法（大正11年法律第70号）の規定による被保険者。ただし，同法第3条第2項の規定による日雇特例被保険者を除く。

2　船員保険法（昭和14年法律第73号）の規定による被保険者

3　国家公務員共済組合法（昭和33年法律第128号）又は地方公務員等共済組合法（昭和37年法律第152号）に基づく共済組合の組合員

4　私立学校教職員共済法（昭和28年法律第245号）の規定による私立学校教職員共済制度の加入者

5　健康保険法の規定による被扶養者。ただし，（以下略）

6　船員保険法，国家公務員共済組合法（他の法律において準用する場合を含む。）又は地方公務員等共済組合法の規定による被扶養者

7　（略）

8　高齢者の医療の確保に関する法律（昭和57年法律第80号）の規定による被保険者

9　生活保護法（昭和25年法律第144号）による保護を受けている世帯（その保護を停止されている世帯を除く。）に属する者

10　国民健康保険組合の被保険者

11　その他特別の理由がある者で厚生労働省令で定めるもの

文でも確認してみよう。つまり，国民皆保険という，世界でもまれな日本の公的医療保険の仕組みのカギを握っているのは，言い方は変だが「その他大勢」をまとめて引き受けている国民健康保険なのだ。だから，別の面からいうと，高齢者の医療費をはじめ，低所得の人，外国人の医療など，さまざまな課題がここに集中して現れる。

　もう1つ大切なのが国庫負担の働き。条件の異なる保険グループの間に分立したままで皆保険を達成し，給付改善を実現してきたカギが巨額の国庫負担の重点投入。平均年齢が若く，健康で，所得は

高く，医療費は少ない健康保険組合や共済組合には国庫負担・補助はほとんどない。逆に，高齢者が多くて医療費支出が多く，所得は低く，しかも被用者保険のように保険料を半分負担してくれる事業主もいない，つまりもっとも条件の悪い国民健康保険に対しては，給付費のじつに半分近くを国庫負担で支援しているのだ。協会けんぽは両者の中間で，給付費の 16.4% を国が補助している。

　その結果，国民はどのグループに属していても，各グループの 1 世帯当たり平均で見るとほぼ同程度の保険料負担によって，同じような医療の保障を享受できている。

3 保 険 給 付
　●どんな医療サービスが，どれだけの負担で受けられる？

保険でどんな医療サービスが受けられる？

　医療保険の保険給付には，金銭給付もあるが，その中心は医療サービスの現物給付。法律用語では**療養の給付**という。

　では，どんな医療サービスが医療保険で保障されるのだろう？働く人の給与が低くて医療保険の財政も苦しかった昔は，保険で受けられる医療にはいろいろと制約が多かった。高価な抗生物質は使えないとか，治療方法の選択の順番も指定されていたり。これを制限診療といった。でも，これでは保険でいい治療ができないということで，徐々に制限は外された。現在では，一般的な医学水準に照らして，医師が治療上必要と考えたものは，まず問題なく保険がきくと考えていい。

　とはいえ，およそすべての医療に保険がきくわけではない。次のような医療は保険が適用されず，受ける場合には全額自己負担になる。

①美容整形

②通常の出産（ただし，出産育児一時金〔➡40頁〕の支給あり）

③眼鏡，補聴器

④研究段階の先端医療

⑤陶製の材料を使ったものなど特殊な歯科補綴（ほ てつ）

⑥薬局で買う風邪薬などの売薬

　これらは，いってみれば生命や健康に重大な影響を及ぼさないような，審美的なものや，軽微なもの，ほかにずっと価格が安い治療法で十分必要な治療目的を達成できるものなどが中心。また，研究段階のものなど，保険で認められていない特殊な医療を行う場合には，その特殊な医療の部分だけではなく，入院や検査などほかの費用もいっさい保険はきかない。これを**混合診療の禁止**という。それが，その後の臨床試験で有効性や安全性が医学的に確かめられてくると次に述べる保険外併用療養費制度によって混合診療が認められ，入院費などの基礎部分が保険適用になる。そして，さらにその治療法が一般化した段階で全面的に保険に取り入れられることになる。

> **差額負担がある医療サービス**

ここで少し複雑になるが，保険診療のあり方を左右する重要な議論なので，**混合診療**について説明しておこう。混合診療とは保険で認められている治療法（保険診療）と，保険で認められていない治療法（保険外診療＝自由診療）とを併用する診療のことであり，両者が混合した形になることから混合診療と呼ばれている。混合診療は原則として禁止されているが，以下で述べるように混合診療が例外的に認められる場合には，保険は部分的にしかきかず，残る部分は患者が医療機関と合意した内容と金額で自費負担することになる。このため，この部分は差額負担あるいは保険外負担と呼ばれ，保険診療の一部（たとえば3割）を負担する患者一部負担とは別に

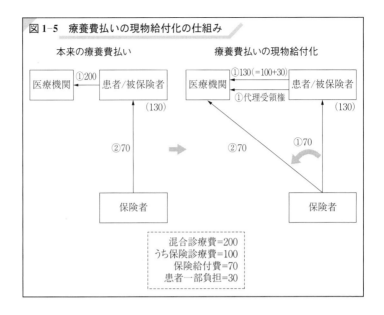

図1-5　療養費払いの現物給付化の仕組み

本来の療養費払い

| 医療機関 | ←①200 | 患者/被保険者 |

(130)

②70

療養費払いの現物給付化

| 医療機関 | ←①130(=100+30) | 患者/被保険者 |
| | ←①代理受領権 | |

(130)

②70　　①70

保険者　　　　　　　　　　保険者

混合診療費＝200
うち保険診療費＝100
　　保険給付費＝70
　　患者一部負担＝30

患者が負担することになる。

　現物給付は医療サービスそれ自体を保険給付する仕組みなので，そこでは後で述べる保険診療の費用の一部を患者が負担することしか問題にならない。これに対して，償還払いの仕組みを思い出してほしい。医療内容と支払う費用は医療機関と患者が自由に契約で決める。そこで支払った費用のうち，保険のルールで認められる費用が償還される。逆にいうと，保険で認められる費用以外の部分は，患者の負担になる。そこで，これを一歩進めて，保険から償還される部分については，患者が医療機関に代理受領する権限を与え，その代わりに医療機関への支払いを免除してもらう。保険からは直接医療機関にその額を支払う。これを法律で認めると，事実上，現物給付に近くなる。これを称して**療養費払いの現物給付化**という。じつは介護保険の給付もこの形をとっている。具体的な仕組みを図

1–5 で確かめてみてほしい。

　なぜそんな面倒な回り道をする？　それなら現物給付の仕組みにすればいいのに。じつは，この仕組みによって，差額負担とか保険外負担といわれるものを制度化することができる。つまり，保険で決まったサービスと費用以外に，患者と医療機関の合意でプラスアルファのサービスと費用を選択できるのだ。

　何のことかわかりにくいと思う。具体的に考えよう。差額ベッドという言葉は聞いたことがある？　入院して個室や2人部屋などに入ると，保険で給付される大部屋の室料を含めた入院費用の一部負担以外に，病院が示している差額代を患者は負担する。たしかに，大部屋と比べると快適だ。その代わり病院によっては1日1万円以上とるところもある。希望して払える人が入る分には構わないだろう。治療内容が変わるわけではないし。こういう仕組みを差額負担という。

　もう1つの，この仕組みが認められている有力な分野が歯科補綴の材料差額。簡単にいえば，金歯をどうしても入れたい人は，治療上必要かつ十分な材料である金銀パラジウム合金と金の材料代の差額を負担すれば，あとは保険診療で金歯を入れることができる。技術料と金銀パラジウム合金相当の材料代の7割は保険で給付される。差額負担とはこういう仕組み。

　日本では長い間，差額負担はこの2つに限り，濫用を防ぐルールを設けつつ，例外的に認められてきた。患者が無理に押しつけられないかぎり，まあ，いってみれば医療の本質とは関係ない，アメニティ（快適性）に関わる事柄だからだ。しかし，この仕組みが最近では拡大傾向にある。1984年には，高度先進医療の基礎部分を対象とした特定療養費制度が設けられた。94年の改正では，病院の給食についても，患者の希望に応じて材料代の差額をとってメニュ

ーを多様化することができるようになった。

保険外併用療養費制度
への再構築　さらに，政府の規制改革・民間開放推進会議などが混合診療の全面解禁を求め，これに反対する厚生労働省や日本医師会などとの間で激しいやり取りが行われてきた。その議論のポイントは*Column②*を読んでほしいが，必要で適切な医療は基本的に保険診療により確保するという国民皆保険の基本理念はしっかり守り，混合診療の拡大による患者の保険外負担の増大や保険診療の水準低下は避ける必要がある。そのうえで，混合診療の禁止がかえって結果的に患者の経済的負担を過大にしているような例外的なケースについては，ルールを明確にして容認していくことが適切だろう。

　このため，2006年の法律改正により従来の特定療養費制度が廃止されて，これに代わって**保険外併用療養費**の制度が創設され，同年10月から施行された。この制度は，従来の特定療養費の中に性格の異なるものが混在していたものを整理し，将来的に保険診療への導入についての評価を行うことが必要な**評価療養**と，快適性など患者の選定によるもので保険導入を前提としない**選定療養**の2つに区分した。そして，評価療養については，治療上の有効性や安全性の観点から対象となる先進医療や治験（薬や医療機器の有効性と安全性を確かめるための臨床試験）の種類や実施できる医療機関の条件などを明確に定めたうえで混合診療を認めることとした。

　しかし，さらに混合診療を進めるべきだとの意見が強く，2015年の法律改正により，新たな類型として患者申出療養の制度が設けられた。これは，患者の申出に基づき臨床研究中核病院において行われる，厚生労働大臣が定める高度の医療技術を用いた療養について，保険外併用療養費の支給対象とするもので，2016年4月から施行された。

混合診療の解禁をめぐる主張の根拠はおおむね次のとおりだ。

〈混合診療の全面解禁を求める立場〉

・国内で未承認の医薬品や先進医療技術が保険に導入されるまでに時間がかかったり導入手続きが不透明であり，これらの治療を受ける場合には入院基本料などすべてが保険外とされ，患者負担が過大になっている。

・このため，一定水準以上の医療機関には新しい治療法などを含めて包括的に混合診療を認めるべきだ。

・ピロリ菌除菌や腫瘍マーカー検査など，保険診療上の制限回数を超える医療行為を行うとすべてが保険外で患者負担になる。

〈混合診療の拡大に慎重な立場〉

・混合診療を包括的に容認すると患者の負担がさらに増大するおそれがある。

・安全性や有効性が不明確な医療が保険診療の一環として提供されるおそれがある。

・医療機関の質をどう評価するのかという基準が明確でなく，適正なルールが不可欠。

この論争が国民にとってわかりにくいのは，もともとが専門的な医療内容をめぐる議論であるのに加えて，双方が患者負担の増加を根拠に批判している点だ。しかし，これは次のように考えられるのではないだろうか。

①国民皆保険の基本理念から，生命や健康を守るために必要で適切な医療は，今後とも保険診療として保障していく。さもないと，公的医療保険では二流の医療しか受けられず，お金があって民間保険を購入できる人しかちゃんとした医療を受けられないという，医療の階層化が生じる。

②混合診療の大幅な解禁と民間保険（➡第7章）の拡大は医療費全体を増大させ，効率化にはつながらない。

③先進医療や治験など，保険導入の前段階のいわばタイムラグの段階で混合診療禁止を厳格に適用した場合の患者の過度な保険外負担の問題は改善の必要があり，有効性や安全性に関する一定の評価を前提に，実施医療機関などの条件を明確にしたうえで混合診療を認める。そして有効性と安全性が確立した段階でできるだけ速やかに保険診療に導入する。

④患者の快適性・利便性や医療機関の選択に関わるものなどは対象を明確にして濫用を防止しつつ将来的にも保険外負担を認めていく。

2004年12月に厚生労働大臣と規制改革担当大臣が合意した内容も，おおむねこのような結論になっており，これに沿って運用の改善と法律改正による特定療養費の廃止と保険外併用療養費制度の創設が図られた。

これからの保険診療の あり方

国民全員が公的医療保険に加入し，日本全国，どこの病院でも，名医が行っても新米の医者が行っても同じ医療行為は値段が1つという保険診療は，たしかに一般の経済センスから見て超画一的で官僚的で不合理。自分で費用を負担してもいいからもっといいサービスを選べるようにしてほしいという声も強い。しかし，医療の重要な部分に差額負担を認めていくと，かつての歯科診療がそうなったように，保険があっても法外な患者負担をしないといい医療が受けられないという危険性も高い。

魅力的だが危険も大きく副作用の強い劇薬のようなもの。それでもこれからもこの方向にかじとりをするか，反対に，すべての医療をできるだけ保険診療に組み入れていくのか。後者の場合には，その分，みんなで負担する保険料は増えていく。医療を受け，また，費用も負担をする私たち国民にとっても，しっかり考えたい大切な問題だと思う。ホットな論争にまで少し踏み込みすぎた？　余裕があれば，次節で診療報酬の仕組みを学んだ後で，もう一度考えてみてほしい。

患者の一部負担

保険の対象となる医療についても，その費用がすべて保険から支払われるわけではない。その費用の一部は受診した患者が負担する。診療が終わった後，病院の窓口で「○○さん，今日の会計はいくらです」と言われて支払ったことがあるだろう。患者の立場で直接負担する医療費はこの窓口で支払う**一部負担金**であるため，医療費というとこれだけだと勘違いしている人も少なくない。じつはその何倍もの残りの費用が後で保険者から審査支払機関を経由して医療機関に支払われている。

では，窓口での患者の一部負担は，どんなルールで決まるのだろう？　あるいは，そもそも日頃から保険料を払っているのに，病気

になったときになぜ患者負担があるのだろう？　患者負担はゼロが
いい，という意見もある。現にかつて1973年には**老人医療費無料
化**といって高齢者については一部負担を国が税金で肩代わりしたこ
ともある。しかし，これも1983年実施の老人保健法により若い人
と比べるとわずかな額だが一部負担が復活した。諸外国でも医療保
険制度のある国では，範囲や程度の差はあっても患者一部負担を設
けている国が多い。その根拠としては次のような点があげられる。

①医療サービスを利用する人としない人との公平の確保

②コスト意識を高め，無駄や非効率な医療を避ける

　（「タダより高いものはない」）

③保険料以外の財源の確保

　いや，それでも患者負担には反対だ，という人もいるだろう。そ
れはそれで大切な1つの価値判断だ。ただ，その場合には，患者負
担がない分，加入している人がみんなで負担している保険料あるい
は公費負担にあてるための税金の負担が重くなることも受け入れな
ければ論理は一貫しない。また，医療費の無駄をどうすれば省ける
かについても考えを求められるだろう。

患者の一部負担のルール

日本の医療保険では，かつては属するグル
ープによって患者負担，逆にいえば保険の
給付率に大きな格差があった。2003年4
月からは，これが各制度間で統一された。その後も改正が行われ，
現在では，表1-1（➡16頁）のように患者負担は一般は3割，義務
教育就学前の子は2割，70〜74歳は2割，75歳以上は1割ないし
2割となっている。ただし，70歳以上の高齢者のうち，現役並みに
所得のある人（具体的には課税所得145万円以上，つまり勤め人なら月収
28万円，高齢者夫婦世帯であれば年収約520万円以上）は一般と同様に
3割負担となる。こういう一部負担の決め方を**定率負担**という。

これに対して，かかった医療費に関係なく決まった額を一部負担とする決め方を**定額負担**という。2000年までの老人医療費がこのルールだった。それぞれに長所と短所があるが，日本では一般に，かかった医療費を反映するので患者や医療機関に対してコスト意識を喚起して医療費の効率化に役立つという定率負担の長所が支持される傾向にあり，老人医療費についても2002年からは例外なく定率負担に改められた。ただし，定率負担の最大の難点は，医療費が高額になると，それにつれて一部負担も高額になること。人によっては支払えなくなるおそれがある。

高額療養費制度　すべての人に病気のときに安心できる医療を保障しようというのが医療保険の原点。これは大切だ。そこで，患者負担が一定額を超えた場合に，その超えた額をすべて医療保険から償還する仕組みが**高額療養費制度**で，福祉元年といわれた1973年に創設された。ちょうど同じ年につくられた年金の物価スライド制と同じように，給付率や金額の引上げ以上に，質的な意味で重要な改善だった。

　高額療養費の額は，70歳未満については2006年10月以来，その所得に応じて3段階の自己負担限度額が設けられてきた。しかし，医療保険財政が厳しさを増す中で，より負担能力に応じた公平な負担をめざすとして，2015年1月からは次のように5段階とされた（➡図1-6）。

① 区分ア　　252,600円＋(医療費－842,000円)×1%
　　（標準報酬月額83万円以上）

② 区分イ　　167,400円＋(医療費－558,000円)×1%
　　（同53万円〜79万円）

③ 区分ウ　　80,100円＋(医療費－267,000円)×1%
　　（同28万円〜50万円）

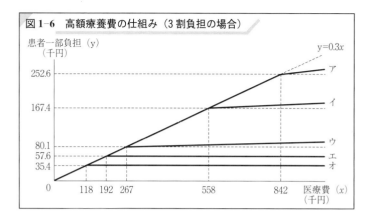

図1-6　高額療養費の仕組み（3割負担の場合）

④　区分エ　　　57,600 円

（同 26 万円以下）

⑤　区分オ　　　35,400 円

（低所得者：市町村民税非課税など）

　要は，所得に応じて自己負担限度額に差を設けているほか，上位
3 区分では，これに加えて，一定額を超えた部分についてもさらに
その 1% 分だけ上限なく患者負担が増える仕組みだ。この自己負担
限度額は健康保険と国民健康保険など制度による違いはない。また，
70 歳以上の人や 1 世帯で複数の該当者がいる場合（多数該当）など
は別に低い限度額が設定され配慮されている。

　なお，入院治療を受けた場合など，自己負担額が限度額を大幅に
超えて，一時的に相当額の立替えをしなければならない場合も少な
くない。このため，入院医療費については，高額療養費の現物給付
化により，患者がいったん全額を立て替えなくてもいい取扱いに改
められた。さらに外来診療についても，2012 年 4 月からは，同じ
医療機関での 1 カ月の窓口負担が自己負担限度額を超える場合には，
同様に現物給付化されることとなった。

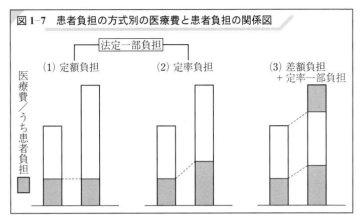

図1-7 患者負担の方式別の医療費と患者負担の関係図

　また，医療制度改革関連法により，かねてからの懸案だった高額医療・高額介護合算制度が2008年4月から導入された。これにより，医療保険の高額療養費の算定対象世帯に介護保険の受給者がいる場合，両方の自己負担額を合算して，一定の限度額を超える場合には療養費として支給されることになった。

　定額負担と定率負担という2つの法定一部負担の仕組みに，差額負担も加えて，医療費が変化したときの患者負担の変化を図1-7に示した。それぞれの仕組みの違いを比較して考えてみよう。

金銭給付

医療保険からは医療給付のほかに，次のような金銭給付もあるので，覚えておこう。

①傷病手当金
②出産手当金
③出産育児一時金
④埋葬料

　傷病手当金は第1節で説明したように病欠が長引く場合に生活を支えるとても大切なもの。出産手当金は，妊娠出産によって被保険者が働けず給与が出ないときに，出産予定日前6週間から産後8週

間までの休業期間中，直近1年間の給与の平均日額の2/3相当額が支給される。いずれも勤め人本人の場合で，市町村の国民健康保険にはない。

　すでに本節の最初のところ（➡31頁）で見たように，日本の医療保険では通常の出産は病気ではないということで現物給付の対象外。その代わり，女性の勤め人が出産したときには金銭給付で50万円（ただし産科医療補償制度に加入していない病院などで出産した場合は48万8000円）の出産育児一時金が出る。勤め人に扶養されている妻などが出産した場合も同額の家族出産育児一時金が出る。国民健康保険では市町村によって金額は多少違うが，だいたい同程度の額。

　この出産育児一時金等については，手元に現金がなくても安心して出産に臨めるよう，家庭の経済的負担を軽減する目的で，2009年10月からは保険者から医療機関に直接支払う方式が採用された。これも現物給付化の一種だ。これにより，かかっている医療機関が決めている出産の費用と出産育児一時金等に差額がある場合にはその差額だけを支払えば出産ができるようになった。

　そして，文字どおり，最後に，被保険者やその家族が死亡した場合には埋葬料（国民健康保険の場合は葬祭費）が出る。せめて葬式代くらい，という配慮だ。ドイツでは医療保険に介護給付を導入した際に，この，制度創設以来の給付を必要性が少なくなったと廃止して介護給付の財源にあてた。日本でも2006年の法律改正により，被用者保険の場合，1カ月の賃金相当額（最低保障10万円）だったのが定額5万円に削減された。

4 診療報酬と薬価基準

●保険での医療サービスの内容と値段はどう決まる？

診療報酬点数表

最近では医療技術水準の高度化によって，1カ月の医療費が 1000 万円を超えるような高額な医療もまれではなくなった。これほど高額ではないにしても，医療費が高い，いや，安いという議論がよく聞かれる。それでは，保険で診療が行われるときの医療の内容と値段はどうやって決まるのだろう？

行われた医療サービスについての費用の支払い方法にはいろいろな決め方がある。一番きめ細かく 1 つひとつの行為に値段がつけられ，その合計が 1 回の保険で支払われる値段になるという方法を**出来高払い**という。医師にとっても患者にとっても必要な診療を自由にできて，行った医療行為に応じて費用も支払われるという大きな長所がある。このため，日本の保険での医療費の決め方はこの出来高払いが原則。

しかし，この方式には，計算が複雑になるとか，医療行為をすればするほど保険からの収入が多くなるために過剰診療を招きやすいとか，医療費の抑制がききにくいなど，短所や批判もある。そこで，患者によって必要となる医療内容の違いが比較的少ない長期入院の医療費の一部などについては，どんな検査や投薬，注射をしても支払われる医療費は 1 日あるいは 1 カ月単位で定額で変わらないといった方式も導入されている。これを**包括払い**とか，包括化という。

包括化はこのような領域以外においても導入が進められており，2003 年 4 月からは全国の大学病院等 82 の病院において，急性期の入院医療に対して病気の**診断群分類に基づく 1 日当たり包括払い制度**

表 1-2　医科診療報酬点数表の構成

第1章　基本診療料	第 5 部　投薬
第1部　初・再診料	第 6 部　注射
第2部　入院料等	第 7 部　リハビリテーション
	第 8 部　精神科専門療法
第2章　特掲診療料	第 9 部　処置
第1部　医学管理等	第10部　手術
第2部　在宅医療	第11部　麻酔
第3部　検査	第12部　放射線治療
第4部　画像診断	第13部　病理診断

（DPC）が導入され，ほかの急性期病院にも急速に拡大されてきている。

　それでは，具体的に**診療報酬点数表**を見てみよう。これはいわば，保険診療の料金表。点数表は医科，歯科，調剤に分かれているが，代表的な医科点数表で見るとその構成は表 1-2 のとおり。このそれぞれの部に属する 1 つひとつの診療行為について点数がつけられている。そして 1 点が 10 円で計算されて医療費の値段が決まる。

　それならなぜ金額で直接表示しないのだろう？　じつは 1958 年に現在の点数表の原形ができたときには，各医療行為間の重要度，難易度，費用などの相対評価を点数で示し，経済社会の賃金や物価などの変化には 1 点単価で対応するという仕組みだった。たとえば物価や賃金などの上昇に応じて医療費を 3% 引き上げるときには 1 点単価を 10.3 円にすれば一発で対応できる。それ以外にも，たとえば物価や人件費の差を反映して地域ごとに 1 点単価を変えるとか，あるいはドイツのように保険者ごとにその財政事情に応じて 1 点単価が違うということも考えられる。

　ところが日本では，点数配分自体にいろいろな問題が多いという指摘もあって，点数表がつくられてから現在にいたるまで，一貫し

て1点は10円に固定され、医療費の引上げは点数自体の引上げや再編成によって行われてきた。その意味では、点数の設定や改定は、45兆円にのぼる日本の医療費の各医療機関への配分を決定することを意味する。このような診療報酬の改定は、薬価基準の改正とあわせて2年に1度実施することになっている。

診療報酬点数表を決めるルール

点数表のこういった性格から容易に想像できるように、点数の引上げや改定は各医療機関の死命を制すると同時に、保険料や公費として費用を負担する側にとっても重大問題。直接に保険料を負担する被保険者や事業主の負担、あるいは政府の財政負担つまりは国民の税負担につながる。さらに、どの点数をどれだけ引き上げるかは、病院と診療所、あるいは内科、外科、小児科、耳鼻咽喉科など各科間の配分争いにもなる。たとえば、入院料の点数引上げは主に病院の収入を、手術料の引上げは主に外科の収入を増やす、といった具合だ。このため、診療報酬点数表は、厚生労働大臣のもとに設置された中央社会保険医療協議会(略称:中医協)で審議して、最終的には厚生労働大臣が告示で示すことになっている。この審議会は、費用を負担する支払い側(被保険者の代表としての労働組合、事業主の代表としての経済界など)の代表7名、診療を担当する側(医師、歯科医師、薬剤師)の代表7名、そして調整役の公益委員6名の三者構成。最近はだいぶ落ち着いてきたが、かつては米価審議会と並んで荒れる審議会として勇名を馳せたものだ。

薬価基準

医療サービスの値段はこのように点数によって決められるが、医療に欠かせないのが薬。これは別に保険で支払う薬の値段表としての**薬価基準**で示される。薬の値段をどう決めるかというのも簡単そうで難しく、各国とも悩んでいる問題。日本では、実際に医療機関が医薬品メーカーや

卸から買っている薬の市場価格を調査して，これを基準に薬ごとに薬価を決め，官報で公示している。薬価基準には現在，約1万8000品目の医療用医薬品が収載されている。

　しかし，いったん薬価基準が決められると，医療機関や薬局はそれよりもさらに安い値段で買おうとするからまた値引き交渉が始まり，通常は薬価基準よりも安い価格で納入される。この差額のことをよく**薬価差益**という。これは事実上医療機関等の利益になるため，差益が大きいと不必要に薬を出して無駄を生じる，あるいはその結果，薬害などを引き起こすという批判がある。このため，最近では，原則として2年に1度は，すべての薬を対象として実勢価格を調査し，それをもとに薬価基準を改正するのに加えて，その間の年においても，全品を対象に調査を行い，価格の乖離が大きな品目について改正を行うというルールができている。一方で，医療機関や薬局の側からはほかの不採算部門の赤字を埋めるために必要だとか，薬の保管管理の費用として必要だといった指摘も根強くある。

　このような保険診療の料金表としての点数表と薬価基準が，実際にどう働くか，簡単な風邪の診療の事例（表1-3）で見てみよう。これでもけっこういろいろな診療が行われていることがわかるだろう。あなたが外来で受診の後に窓口で，「今日の支払いは○○円です」と言われて支払うのは，こうやって決まった料金の3割なのだ。では，残りの料金はどうやって支払われるのだろう。

> **診療報酬請求の審査支払いの仕組み**

日本のように，出来高払いで現物給付を行う仕組みが円滑に機能しているのは，じつは私たちの目に触れないところで，保険から支払われる料金の審査支払いを行う仕組みがあるからなのだ。全国に医療機関は十数万ある。保険者も全国に約3400の保険者が分散している。ある病院の1カ月を考えても，来る患者はそれぞれ所

表 1-3　診療報酬・調剤報酬の具体例

●事例　風邪（急性咽頭炎）で成人が診療所に通院し，薬局で調剤。

　最初はかかりつけの診療所で診察と喉の処置，尿検査を受け，処方せんをもらって，かかりつけの薬局で PL 配合顆粒 4 g/日を 3 日分，イソジンガーグル（うがい薬）30 ml を 1 本，トローチ 3 日分 12 錠の薬剤が調剤された。3 日経ってもまだよくならないので，もう一度通院し，喉の処置を受け，さらに PL 配合顆粒 4 g/日を 3 日分とトローチ 3 日分 12 錠を処方され，その処方せんを持って薬局に行き，調剤された。

	初回	2回め	レセプト （1カ月合計）
(1) 診療報酬〈診療所〉			
初診料	288 点	—	288 点
再診料	—	73 点	73 点
処置料（咽頭処置）	16 点	16 点	32 点
検査料（尿検査）	26 点	—	26 点
処方せん料	68 点	68 点	136 点
計	398 点	157 点	555 点
(2) 調剤報酬〈調剤薬局〉			
調剤基本料 1	42 点	42 点	84 点
後発医薬品調剤体制加算 1	21 点	21 点	42 点
薬剤調製料	44 点	34 点	78 点
調剤管理料	4 点	4 点	8 点
服薬管理指導料	59 点	45 点	104 点
使用薬剤料	24 点	15 点	39 点
計	194 点	161 点	355 点

(3) 患者一部負担額（義務教育就学後〜69 歳：受診のつど医療費の 3 割）

診療所	3,980 円×0.3＝1,190 円	1,570 円×0.3＝470 円
調剤薬局	1,940 円×0.3＝　580 円	1,610 円×0.3＝480 円

(4) 診療報酬・調剤報酬支払い額（レセプトにより月単位で算定した額の 7 割）

診療所	5,550 円×0.7＝3,885 円
調剤薬局	3,550 円×0.7＝2,485 円

（注）　1)　使用薬剤料は，薬価基準（PL 配合顆粒 6.5 円/g，イソジンガーグル 3.1 円/ml，SP トローチ 5.7 円/錠）に基づき算出。

　　　　2)　2022 年 4 月から改定された診療報酬と調剤報酬，23 年 4 月から改定された薬価基準による。

在地が全国に散らばった数百の保険者に加入している場合もまれではない。それを1つずつ病院が保険者に保険給付額，つまり患者負担の残りの料金を請求していたのでは煩雑で堪えられない。

そこで，健康保険を中心とした被用者保険グループは，**社会保険診療報酬支払基金**という団体に包括的に診療報酬の審査支払いを依頼する。この団体は全国47都道府県にそれぞれ1つずつ支部を置き，その県の医療機関はどこの保険者の患者だろうとすべてまとめてここに請求書を持ち込めばよい。診療報酬明細書（レセプト）を受け取った支部は，事務的な間違いがないか，そして診療内容が保険診療のルールに則って適切かどうか審査を行ったうえで，保険者の所在地の支部に請求する。一方，保険者はどこにある医療機関から来たものであろうと，保険者の所在地の支部との間で診療報酬の支払いを行えばよい。あとは各都道府県の支部の間ですべて決済される。生活保護の医療扶助の審査支払いもここで扱う。

この支部単位で完結していた審査については，レセプト請求の電子化を背景に，審査事務を効率化するとともに，審査結果の都道府県間での不合理な差異の解消を進めるため，2022年10月からは，審査担当職員を全国14カ所の審査事務センターに集約することとされた。

同じような仕組みを国民健康保険のグループでも行っている。**国民健康保険団体連合会**といい，各都道府県に1つずつ置かれている。この機関は新しくつくられた介護保険や後期高齢者医療においても，審査支払いを担当している。

この審査支払機関に対して医療機関が保険からの料金の支払いを請求する書類のことを診療報酬明細書，別名，**レセプト**といっている。これには，病名から，行われた治療行為，投与された薬にいたるまで，詳細に記載される。月単位で，医療機関別，入院・外来別

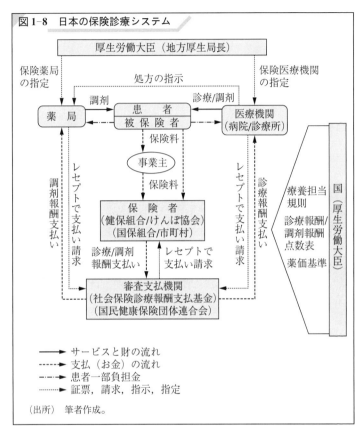

図 1-8　日本の保険診療システム

厚生労働大臣（地方厚生局長）

保険薬局
の指定

処方の指示

保険医療機関
の指定

調剤

診療/調剤

薬　局

患　者
被保険者

医療機関
（病院/診療所）

保険料

事業主

保険料

レ
セ
プ
ト
で
支
払
い
請
求

調
剤
報
酬
支
払
い

レ
セ
プ
ト
で
支
払
い
請
求

診
療
報
酬
支
払
い

療養担当
規則

診療報酬/
調剤報酬
点数表

薬価基準

国
（
厚
生
労
働
大
臣
）

保　険　者
（健保組合/けんぽ協会）
（国保組合/市町村）

診療/調剤
報酬支払い

レセプトで
支払い請求

審査支払機関
（社会保険診療報酬支払基金）
（国民健康保険団体連合会）

───▶　サービスと財の流れ
- - -▶　支払（お金）の流れ
-・-▶　患者一部負担金
……▶　証票，請求，指示，指定

（出所）　筆者作成。

に被保険者，被扶養者ごとに作成され，医療機関からその所在地の支払基金または国民健康保険団体連合会に提出される。そこで，診療内容が適切かどうか専門家による審査を経て保険者に送られ，そこで確認されれば確定した金額が保険者から審査支払機関を通じて医療機関に支払われる。これで一連の仕組みが完結する。このような保険診療の流れを図 1-8 で確認してみよう。

　レセプトはこのように患者についての重要な医療情報が記載され

ており，しかも毎月医療機関から審査支払機関を経て保険者の手元に来ている。自分や家族に行われた医療内容を知りたい人にとって，手がかりとなる貴重な資料。長い間，これを見せてほしいという患者や家族と医療機関との間でどう取り扱うべきか議論があった。患者の知る権利や**情報開示**の流れを受けて，1997年からは本人や遺族が保険者に開示請求したときは原則として情報開示することになった。あなたも自分の診療内容や費用について，しっかり関心をもって医療に関わっていこう。

5 高齢者医療制度

●高齢者の医療費は誰が負担する？

> なぜ，高齢者だけ特別な制度が必要か

日本では職業と住所地により，すべての国民が決められた公的医療保険への加入を義務づけられている。高齢者も同じこと。これでどんな支障があるのだろう？

　年をとるにつれ，ほとんどの人はしだいにいろいろな病気をもつようになる。しかも，慢性疾患が多い。結果的に75歳以上の1人当たりの後期高齢者（老人）医療費はそれ以外の人の1人当たり医療費の4.2倍ほどかかっている。他方で，医療にかかる費用を支える経済力について見ると，所得の高い高齢者もいないわけではないが，退職して年金生活に入るため，一般的には低くなる。つまり，医療保険の支出と収入の両面で高齢者はリスクの高い，条件の悪いグループだといえる。

　ただ，それだけならば，若い人もみなやがては年をとるのだから，お互いさま。それぞれのグループごとに支え合っていけばいい。けれど，なかなかそう簡単にいかないのは，もう1つの要因，つまり，

高齢者の加入が特定の保険グループに偏在しているという問題がある。

　加入のルールを思い出してほしい。勤め人は，その勤め先を通じて健康保険や共済組合などに加入する。これは雇用関係が前提。しかし勤め人の多くは，65歳までには定年により会社を辞めて，年金生活に入る。そうすると雇用関係が前提の健康保険や共済組合にはもはや入れないので，ルールにしたがって今度は住所地の国民健康保険に夫婦がそれぞれ加入することになる。被用者保険と国民健康保険の関係はこういうもの。

　結果的に，若くて所得が高く，健康なときには被用者保険に加入し，あまり医療費は使わないのに保険料はしっかり納める。それなのに年をとって収入が減り，一方で病気がちになり医療費がかかる高齢期には国民健康保険に移り，その医療費は国民健康保険の被保険者が負担する。これでは明らかにグループ間の条件が不公平だといわざるをえないだろう。しかもこのような現象が高齢化の進展とともに年々著しくなってきた。

国民健康保険の加入者層の変質

　この点を今度は国民健康保険の加入者という面から見てみよう。図1-9により国民健康保険の加入者の世帯主の職業別の構成割合の変化を見ると，国民皆保険ができた少し後の1965年度には農林水産業と自営業で全体の2/3を占め，制度創設のねらいどおり，農林水産業と自営業の人たちのための医療保険だったことがわかる。ところが，この頃から日本の高度経済成長に伴って，就労構造も短期間に変化し，農林水産業に従事する人は激減した。同じ統計を2007年度について見ると，かつての中心だった農業・自営業世帯は2割を切るまでに減少し，代わってもっとも多いのが無職者世帯で，これがすでに半数を超えている。

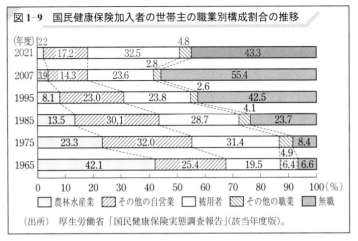

図1-9　国民健康保険加入者の世帯主の職業別構成割合の推移

(年度)	農林水産業	その他の自営業	被用者	その他の職業	無職
2021	2.2	17.2	32.5	4.8	43.3
2007	3.9	14.3	23.6	2.8	55.4
1995	8.1	23.0	23.8	2.6	42.5
1985	13.5	30.1	28.7	4.1	23.7
1975	23.3	32.0	31.4		8.4
1965	42.1	25.4	19.5	4.9 / 6.4	6.6

（出所）　厚生労働省「国民健康保険実態調査報告」（該当当年度版）。

　では，無職者の実像は？　これを年齢階級別に見ると，2007年度で，70歳以上が64.2％，60歳から69歳までが24.5％と，じつに9割近くが60歳以上の高齢者。つまり，国民健康保険はかつての農業・自営業のための医療保険から，今や高齢の年金受給者のための医療保険へと変質しているのだ。しかも，今後高齢化が進むにつれて，この傾向はさらに進む。他方で，国の財政事情は厳しさを増す一方で，国民健康保険へのさらなる国庫負担の投入によってその不公平を調整する余力はもはやない。

　高齢者の医療費の負担をめぐって，被用者保険のグループと国民健康保険のグループで基本的な意見の対立があり，何らかの調整を図らざるをえなかったのは，このような構造変化が根底にある。

　なお，この図で2021年度には無職者世帯が大幅に減っているが，これは08年4月から施行された後期高齢者医療制度により，75歳以上の後期高齢者はその多くが加入していた国民健康保険から切り離されたためだ。また，その結果，74歳以下で見ると改めて「被用者」が約1/3を占めるのが，第2節で学んだルールとの関係で気

になる。これは健康保険が適用されない個人経営の事業所（たとえば飲食店営業など）で働く人や，適用事業所に雇用される人でも短時間のパート勤めの人などは健康保険が適用されないため，健康保険の家族被扶養者にならないかぎり，住所地の国民健康保険の被保険者とされるためだ。

老人保健制度のねらいと仕組み

このような制度の実態の変遷に伴って，被用者保険のグループと国民健康保険のグループとの間で高齢者の医療費を共同で支え合うために 1983 年に創設されたのが老人保健制度だった。この老人保健制度には大きく分けると，次の 3 つのねらいがあった。

第 1 は，患者の一部負担の復活。福祉元年といわれた 1973 年の老人医療費無料化によって，高齢者の受診も医療費も急増し，病院が高齢者のサロン化するなどの弊害が指摘された。そこで，ちょうど 10 年ほどでこれを廃止し，一部負担を復活させた。それでもいったんタダになったものを有料化するのは不人気な政策なので，一気にはできない。そこで少しずつ増やしてきたが，それでもなお一般の人と比べると低い負担にとどまっている。

第 2 は，40 歳からの健診や健康指導などを積極的に行って，病気の予防や早期発見を進めること。だから法律の名前も老人「保険」ではなく「保健」となった。

そして，第 3 の重要なねらいが財政調整。簡単にいえば，次に述べるような仕組みを通じて，国庫負担の割合が高い国民健康保険がほぼ全面的に抱えてきた高齢者の医療費の負担を減らし，その分を被用者保険，つまり現役の勤め人のグループに拠出金を通じて応分に分担してもらう仕組み。その結果，国庫負担の増加を抑えて国の財政負担も軽くする。

それでは仕組みを簡単に見てみよう。

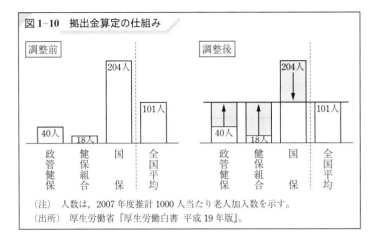

図 1-10　拠出金算定の仕組み

調整前

調整後

204人

101人

40人

18人

204人

101人

40人

18人

政
管
健
保

健
保
組
合

国

保

全
国
平
均

政
管
健
保

健
保
組
合

国

保

全
国
平
均

（注）　人数は，2007 年度推計 1000 人当たり老人加入数を示す。
（出所）　厚生労働省『厚生労働白書 平成 19 年版』。

　まず，加入者は，75 歳以上（寝たきりなど障害のある人は 65 歳以上）
の人で，住んでいる市町村が実施する老人保健制度による老人医療
の対象となる。注意してほしいのは，それまで加入していた保険は
そのまま続くという点。保険料もそれぞれ加入している保険（高齢
でもなお勤め続けている人や勤め人である子の家族被扶養者になっている
人は健康保険，農業者や年金受給者は国民健康保険など）のルールにした
がって負担する。老人医療は，実施するのは市町村だが，各保険者
が集まって費用を分担して行う一種の共同事業という位置づけだ。
　その際の費用負担のルールが重要。老人医療にかかる費用のうち
患者の一部負担を除いた額の 5 割は公費負担（国と都道府県，市町村
が 4：1：1 で分担），残りの 5 割を各保険者が拠出金で分担する。そ
のときに，各保険者が自分の所に実際に加入している高齢者の割合
によるのではなく，全体の平均値を用いるのがミソ。つまり，平均
よりも老人の加入者が少ない被用者保険は実際に自分の所に加入し
ている老人の分よりも多く負担し，逆に老人の加入者が多い国民健
康保険はその分負担が軽くなるという仕組みだ。そのルールを示し

たのが図 1-10。こういう仕組みに被用者保険グループが賛成した
のも，結局は退職した勤め人が国民健康保険に移っているので，あ
る程度はその費用も分担しないと不公平だと納得したため。

　景気がよくて会社も勤め人も余裕があった時代はこれでよかった。
しかし，高齢化が進むとともにこの老人保健拠出金は毎年のように
増える一方で，1990年代からの長く続く不況のもとで，被用者保
険グループもこのままのルールで共同で負担することが困難になっ
てきた。

　このため，2006年の「高齢者の医療の確保に関する法律」によ
り，今後高齢化がさらに進んでも制度が維持できるように，高齢者
自身にも応分の負担を求め，また提供される医療サービスや診療報
酬も高齢者の特性に合った効率的なものにしていくため，老人保健
制度が廃止され，2008年4月からは新たな高齢者医療制度が実施
されることになった。この制度は，独立して新たに創設された後期
高齢者医療制度と，前期高齢者を対象とした財政調整制度からなっ
ている。

**後期高齢者医療制度の
基本的な仕組み**

　新たな後期高齢者医療制度の特徴は，まず
第1に，75歳以上の後期高齢者（寝たきり
など障害のある65歳以上の人を含む）は，す
べてそれまで加入していた被用者保険や国民健康保険の加入を外れ，
別建ての後期高齢者医療の被保険者になるという点。この点が従来
の老人医療とは根本的に異なる。そして1人ひとりが個人単位で被
保険者となり，保険料を負担する。ただし，生活保護受給者は，こ
れまでどおり医療扶助から医療を受けるため除外されている。

　保険者については，これを誰にするか──都道府県とするか，市
町村とするか──，制度設計にあたってもっとも関係者の意見が対
立して調整が難しかった点だ。最終的な妥協案として，すべての都

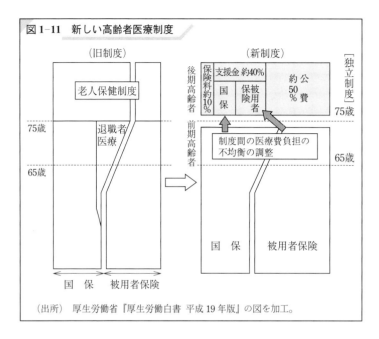

図 1-11 新しい高齢者医療制度

（旧制度）（新制度）

老人保健制度

退職者医療

75歳

65歳

国　保　　被用者保険

後期高齢者

保険料約10%

支援金 約40%

国保　保被険用者

約公50費%

独立制度

75歳

前期高齢者

制度間の医療費負担の不均衡の調整

65歳

国　保　　被用者保険

（出所）　厚生労働省『厚生労働白書 平成19年版』の図を加工。

道府県に，その区域内にあるすべての市町村が参加してつくる後期高齢者医療広域連合を設立し，これが当たることになった。広域連合というのは，市町村の行政区域を超えた行政課題に対応するために複数の自治体が共同で設置する特別地方公共団体。普通の自治体と同じように首長である広域連合長もいるし，広域連合の議会もあり，保険料など重要な内容はその条例により制定する。

後期高齢者医療の財政

　その財政の仕組みは，図 1-11 に示すとおり。かかった医療費の本人負担を除いた部分の約10%を後期高齢者本人が負担する保険料，約50%を公費負担（国と都道府県，市町村が4:1:1で分担），そして残りの約40%を74歳以下が加入する被用者保険や国民健康保険からの支援金により賄う。介護保険と似た仕組みなので，第3章で介護保険の仕組み

を学んでからもう一度振り返って見てほしい。

　後期高齢者本人が負担する保険料は，個人単位で，各広域連合ごとに区域内で均一に決められる。その決め方のルールはちょっと国民健康保険に似ているが，負担能力に応じて負担する応能割として所得割（収入に応じて）と，受益に応じて負担する応益割として均等割（1人当たり定額）の2種類をほぼ50：50になるように組み合わせて決められる。

　保険料の徴収業務は市町村が行い，年額18万円以上の年金の受給者については，年金から保険料が天引きされるが，口座振替の方法も選択できる。また，所得の低い人については，均等割7割，5割，2割の軽減措置が講じられ，その分は公費により埋め合わされる。また逆に所得の高い人の負担が重くなりすぎないように，年額73万円の限度額が設けられている。

　2022年度と23年度の第8期の具体的な保険料水準については，軽減措置後の全国平均が月額で6472円となったが，所得水準や医療費の地域格差などを反映し，都道府県別では，東京都が月額8737円と一番高く，一番低い秋田県の4097円と比較すると約2.1倍となっている。

　この制度で受けられる医療サービスの範囲や水準は，基本的にはほかの医療保険制度と変わらないが，一部に後期高齢者に特有の診療報酬も導入されていた。しかし，このような年齢による区分に対する批判を受けて，2010年4月からの診療報酬改定で廃止された。

前期高齢者の財政調整の仕組み

独立した高齢者医療制度の対象を75歳以上ではなく65歳以上とすべきだという意見もあった。でも，心身の状態や生活状況など，やはり75歳以上と65歳以上では大きな差がある。また，公費負担は後期高齢者に手厚く集中する方がよいということもあり，

Column③　都道府県単位への保険者の再編の動き

　2006 年の医療制度改革関連法の重要な改革の柱の 1 つが，保険者の都道府県単位への広域的な集約・再編だ。

　医療保険の保険者は，政府管掌健康保険は全国で 1 つ，健康保険組合はそれぞれの母体の企業単位，そして国民健康保険は市町村ごとと，その規模は数百人単位から 3500 万人まで，極端に異なっていた。でも，それではなかなか安定して効率的な事業運営は難しい。また，地域の医療事情を反映することもできない。そこで，これを都道府県単位に再編する方向の改正が盛り込まれた。

　まず，後期高齢者医療については，本文でも述べているように，都道府県の区域を単位としてその区域内のすべての市町村が参加してつくる広域連合が保険者となり，地域の医療費を反映して県内均一の保険料を決めることになった。

　次に全国 3500 万人の加入者を抱え，国が一括して運営していた政府管掌健康保険についても，国（社会保険庁）の組織の見直しの一環として，新たに公法人の全国健康保険協会が設立され，2008 年 10 月からはこれが保険者になった（協会けんぽ）。そして 2009 年度からは，都道府県単位の支部ごとにその地域の医療費を反映して保険料率が定められるようになった。

　市町村が保険者となっている国民健康保険については，都道府県単位で各市町村が国民健康保険団体連合会に共同で拠出して事業運営を行う保険財政共同安定化事業が創設された。この事業は，1 件 30 万円を超える医療費を対象として，各市町村が共同で拠出して行う事業だったが，2012 年の法律改正により，その事業の対象がすべての医療費に拡大された。

　さらに 2015 年の法律改正により，国民健康保険の保険者について，都道府県が財政運営の責任主体となり，安定的な財政運営や効率的な事業の確保等の国民健康保険事業の運営について中心的な役割を担うものとされ，市町村は，被保険者の資格の取得・喪失，保険料（税）の徴収，保健事業の実施その他の国民健康保険事業を適切に実施するものとされた。この改正は，2018 年 4 月から施行されているが，これにより，1948 年の市町村公営原則の採用以来続いてきた国民健康保険の運営体制は，大きな転機を迎えている。

65〜74 歳の前期高齢者はそれまでの各制度に残ることになった。でも，後期高齢者ほどではないにせよ，やはり医療という面ではリスクが高いグループだ。また，これが定年退職とともに被用者保険

から外れるため，その73%が国民健康保険に偏在している。

　そこで，65〜74歳の前期高齢者については，それまでのルールどおりにそれぞれの保険者に加入したままで，保険者の間で財政調整をすることにより，前期高齢者の加入率の不均衡に伴う負担の公平化を図ることとされた。具体的には，どの保険者も実際に自分のところに加入している前期高齢者の比率ではなく，全国平均の加入率（15%）で前期高齢者が加入しているとして費用を分担する。結局，前期高齢者の加入が少ない協会健康保険（8%）や健康保険組合（3%）のグループは全国平均の15%との差の人数分だけ納付金を拠出し，逆に国民健康保険（41%）は平均より高い分だけ交付金を受け取る。これらのやり取りは，社会保険診療報酬支払基金を通じて行う。この財政調整のやり方は，これまでの老人保健制度に似ているので，図1-10を見ながら確認してほしい。

6 国民医療費

●日本では医療費はどう使われている？

　日本は国民皆保険により，ほぼすべての医療サービスが保険診療として提供されている。このため，前節までは具体的な医療保険制度の主なポイントごとに，その仕組みや特徴を見てきた。本節と次節では，これまでの学習をふまえて，日本の医療の全体像について考えてみる。最初は医療費がどう使われているか，見てみよう。

　　国民医療費の範囲　　近代の医学は世界共通で，行われている医療内容も大部分はどの国でも共通している。しかし，同時に，各国にはそれぞれ独自の医療文化があり，伝統療法の扱いをはじめ，どの範囲を医療費に含めるかについては国によりある程度の差があり，国際比較のときなどは注意を要する。

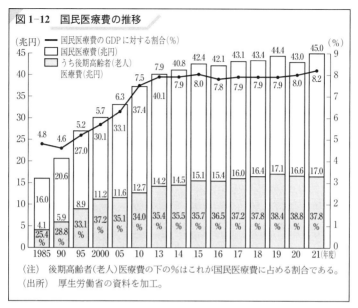

図1-12　国民医療費の推移

（注）　後期高齢者(老人)医療費の下の％はこれが国民医療費に占める割合である。
（出所）　厚生労働省の資料を加工。

　日本では，毎年，厚生労働省が調査をする**国民医療費**という概念が，1年間に使われた医療費に関する基本データとして用いられる。その範囲は，日本における保険給付の範囲とも関連して，傷病の治療のための費用に限られ，次のようなものは入っていない。ただし，保険給付の際の患者の一部負担金は含まれている。

　①予防や健康増進の費用

　②医学研究や国公立病院の建設費用

　③治療の費用でも美容整形，通常の出産の費用など第3節（➡31頁）に掲げた保険給付の対象にならないものや，差額ベッド代や歯科材料差額などの保険外負担の費用

増加を続ける医療費

　毎年の国民医療費の推移を見たのが図1-12。近年では毎年ほぼ1兆円ずつ増え，2019年度で約44兆円に達したが，20年度は新型コロナウイルス感

染症の感染拡大（➡73頁）に伴う受診控えなどの影響で43兆円に減少した。しかし、2021年度は再び増勢に転じ、前年度の落ち込みをカバーするかのように大幅に増加して45兆円の大台に乗った。いずれにせよ、金額が大きすぎて実感がわかない？　人口1人当たりにすると約36万円になる。国民経済の中で見ると、国内総生産（GDP）の8.2%、国民所得の11.4%を占める。高いと思う？　それとも現代医療の水準を考えれば安いもの？　それは人により立場によりそれぞれだろう。

　1つ押さえておいてほしいのは、医療費の額が増えること自体はそれほど問題ではないという点。経済の成長の範囲内で医療費が増えても、国民の相対的な負担は増えない。給与が増えれば保険料率を引き上げなくても自動的に保険料収入は増え、医療費を十分に賄える。問題は経済成長、より具体的にいえば働く人の給与の伸び率を超えて医療費が増える場合だ。平成の初めにバブルがはじけて以降は、ほぼこの状態が続いている。そうなると、働く人たちがどこまで医療費の負担の増加を受け入れられるか、という難しい問題の解決を迫られる。

　医療費が増える要因には、医療を提供する側の要因として、医療技術の高度化などに伴う医師や看護師など従事者の数の増加、その給与の引上げ、新薬や医療機器の高額化などの要因がある。一方で患者側の要因としては、高齢者人口の増加、高齢化による医療需要の増加などもある。このあたりの事情は、先進諸国ではどこも共通。医療費の増加に悩んでいるのも共通。いろいろと事情に応じて工夫しているが、どこもあまりうまくいっていない。経済規模（GDP）に占める医療費の比率で比較すると、先進国の中ではアメリカが断トツに高い。日本は、かつては先進国の中では医療費負担は中位だったが、最近では急速に上昇し、ドイツ、フランスなどと並んでア

メリカに次いで医療費負担の重い国の部類に属する（→表1-5〔65頁〕）。

図1-12で，医療費の中でも，とりわけ老人保健制度による老人医療費や2008年度からこれに代わって創設された後期高齢者医療制度による後期高齢者医療費の伸びが大きいことに注目しよう。一般の医療費の伸びを一貫して上回ってきている。その結果，2021年度で約38％と国民医療費の4割近くを占めている。金額にして約17兆円だ。老人医療費は，2000年代に入ってからしばらくは伸びが止まったように見えたが，じつはこれは2000年には介護保険法が施行されて従来の老人医療費の一定部分が介護保険に移行し，また02年以降は5年間かけて老人医療の対象年齢が70歳から75歳まで毎年1歳ずつ引き上げられてきたことによる影響が大きく，実質的な高齢者の医療費の増加は止まってはいない。高齢者の医療費を誰が，どう負担していくか，前節で学んだ課題の背景には，このような高齢者の医療費の増加がある。

誰が医療費を負担している？

それでは，今度は日本の医療費を誰が負担しているか，見てみよう。図1-13の（1）制度別内訳は，これまで学んできた，いろいろな制度ごとに，どの程度の医療費を構成しているかを示している。第2節で学んだ各制度が占める割合を医療費の面から確認できるだろう。なお，これまでなじみの薄い**公費負担医療**という項目は，たとえば精神医療や結核医療，あるいは身体障害者の自立支援医療や指定難病医療など，一定の場合に医療費の全額または保険の患者一部負担分を公費で肩代わりするものの総称。金額面でその大半を占めているのは生活保護法による医療扶助だ。こういう，病気や対象者の特別な事情に応じて公費で医療費の全部または一部を負担する仕組みも，大切。

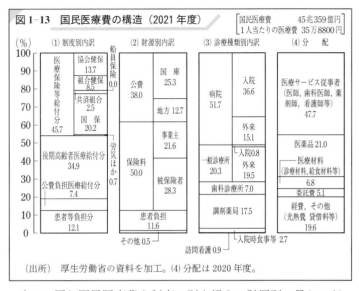

図1-13　国民医療費の構造（2021年度）

国民医療費　　　　　45兆359億円
1人当たりの医療費 35万8800円

(1) 制度別内訳

- 医療保険等給付分 45.7
  - 協会健保 13.7
  - 組合健保 8.5
  - 共済組合 2.5
  - 国保 20.2
- 船員保険 0.0
- 後期高齢者医療給付分 34.9
- 公費負担医療給付分 7.4
- 患者等負担分 12.1
- 労災ほか 0.7

(2) 財源別内訳

- 公費 38.0
  - 国庫 25.3
  - 地方 12.7
- 保険料 50.0
  - 事業主 21.6
  - 被保険者 28.3
- 患者負担 11.6
- その他 0.5

(3) 診療種類別内訳

- 病院 51.7
  - 入院 36.6
  - 外来 15.1
- 一般診療所 20.3
  - 入院 0.8
  - 外来 19.5
- 歯科診療所 7.0
- 調剤薬局 17.5
- 訪問看護 0.9
- 入院時食事等 2.7

(4) 分配

- 医療サービス従事者（医師、歯科医師、薬剤師、看護師等）47.7
- 医薬品 21.0
- 医療材料（診療材料, 給食材料等）6.8
- 委託費 5.1
- 経費、その他（光熱費 賃借料等）19.6

（出所）　厚生労働省の資料を加工。(4)分配は2020年度。

　次に，同じ国民医療費を制度の別を超えて財源別に見たのが，(2)財源別内訳。医療費全体を見ると，約12％が患者負担等。残る88％の公的な給付は，約50％が保険料，約38％が公費で賄われている。このように，保険制度を基本としつつ，多額の公費の投入が行われているのが，日本の医療保険の大きな特徴。いわば保険と公費のミックス。世界の公的医療保障のタイプでいうと，保険料を中心に運営している医療保険の原型ともいうべきドイツ型と，必要な医療を全額公費で提供する国民保健サービス（National Health Service：NHS）制度のイギリスとの折衷型といってもいい。

　しかも，公費の投入は，各制度に均等に行われるのではなく，条件の不利なグループに重点的に傾斜配分されているのはすでに見た。

　国民皆保険ができた1961年の少し前から，大幅な給付改善が行われた60年代から70年代にかけて，この財源別構成割合がどう変化したかを見てみると，患者負担は減少を続け，ほぼそれに見合っ

て国庫負担が増加している。つまり，国庫負担の投入によって給付改善を実現したのだ。それが行き詰まり，方向転換したのが老人保健制度の創設。これが実施された1983年から，国庫負担の構成割合が減り，保険料と地方負担がそれを肩代わりしている。この保険料増加の原因が老人保健拠出金というわけだ。また患者負担の割合は1982年の10.5%を底に増加したが，高額療養費制度が患者負担を軽減する働きがあることや高齢者の患者自己負担がなお低い水準に据え置かれていることなどもあり，ここ10年近くは，ほぼ12%前後で推移している。

医療費はどこに配分されている？

それでは少し別の視点から，日本の医療費がどこに使われているかを見てみよう。図1-13の(3)診療種類別内訳によれば，医療費の半分が病院で使われている。医科の診療所に行っている分は全体の約1/5。歯科には医療費の約7%が使われている。日本でも，ようやく近年になって，医療機関では処方せんだけをもらって薬は自分のかかりつけの薬局で調剤してもらうという医薬分業が主流になってきたため（➡表1-3の事例〔46頁〕），調剤薬局への医療費が増加しており，2割近くを占めるにいたっている。

　欧米の病院は一般に救急患者以外は初診の外来患者は扱わないが，日本の病院は多くの外来を受け付けている。そこで，病院か診療所かの区別ではなく入院か外来かの区別で見てみると，外来の医療費約35%に対して入院医療費は約37%とやや多くなっている。このような医療機関の種類別，さらには病院や診療所の中でも規模や専門分野，診療傾向など多様な医療機関の間での医療費の配分は，診療報酬点数表の点数配分によって決まってくる。医療費45兆円の配分を決めるといったのはこういう意味だ。

　こうして患者や保険者から病院や診療所，薬局に支払われた医療

表 1-4　病院と診療所の施設数および病床数

(2022 年 10 月 1 日現在)

	施 設 数	病 床 数
総　　　数	181,093	1,573,451
病　　　院	8,156	1,492,957
一般病院（床）	7,100	886,663
療養病床	—	278,694
感染症病床	—	1,909
精神(科)病院（床）	1,056	321,828
結核療養所（病床）	—	3,863
一般診療所	105,182	80,436
歯科診療所	67,755	58

（出所）　厚生労働省「令和 4 年医療施設（動態）調査」。

費は，さらに病院で働く医師，看護師など，多くの職員の人件費として支払われる。あるいは，病院や薬局で患者に渡す薬の購入代金として納入する卸業者や製薬企業に支払われる。こうして見ると，医療を産業として見た場合に，人件費が費用の半分を占めるという，労働集約型の構造をもっていることがわかる（➡図 1-13 の(4)）。

　このように，医療費はさまざまな視点から分析することができる。その中から，日本の医療を支える費用の配分について，より効率的で望ましい分野により多くの費用（資源）が適切に配分されるように仕組みをつねに見直していくことが必要だ。

7　医療提供体制

●日本の医療サービスはどんな姿をしている？

　前節までに学んできた医療保険の仕組みは，現代医学を身につけた医師や看護師等の専門家がきちんと養成され，その活動の場であ

表1-5　医療提供体制等の各国比較

(2020 年)

国　　名	人口千人当たり病床数	病床百床当たり医師数	人口千人当たり医師数	病床百床当たり看護職員数	人口千人当たり看護職員数	平均在院日数	保健費の対ＧＤＰ比（％）
日　　本	12.6	20.6	2.6	95.8	12.1	27.3	11.1
フランス	5.7	55.3	3.2	172.8	9.9	9.1	11.2
ド　イ　ツ	7.8	57.9	4.5	154.2	12.1	8.7	12.8
イギリス	2.3	135.9	3.2	370.9	8.7	6.6	11.9
アメリカ	2.8	94.3	2.6	403.6	11.3	6.1	17.8

（注）　アンダーラインの箇所は更新されていない。
（出所）　*OECD Health Statistics 2022* より作成。

る病院などの設備が適切に整っていることが前提となる。このような医療サービス基盤のことを，**医療提供体制**という。経済的な仕組みである医療保険とお互いに影響し合いながらも，医療を考えるときには次元の異なる問題であることをまずしっかり理解してほしい。

医療はどこで行われるか

医療が行われる場，つまり医療機関には，**病院**と**診療所**（開業医ということも多い）の2種類がある。病院と診療所の区別は，基本的には入院設備（病床）の有無による。ただし，日本では19床以下の小規模な入院設備をもつものは病院ではなく診療所（有床診療所という）と定義されている。これらの定義や具体的な基準など，医療機関に関する基本ルールを定めているのが**医療法**という法律。いわば，医療という事業に関する基本法だ。

病院（hospital）は，求められる設備や人員の基準が詳細に定められ，開設しようとする場合には都道府県知事の許可が必要。また，各都道府県ごとに医療計画が定められ，病床過剰地域では新増設は原則として認められない。

診療所（clinic）には一般（医科）と歯科がある。いずれも医師ま

たは歯科医師が開設する場合には，都道府県知事に届け出ればよい。

　日本の現在の病院と診療所の数は表1-4のとおり。病院の開設者別で見ると，医療法人・個人あわせて民間病院が7割を超え，公的病院が中心のヨーロッパ各国とは異なる。また，何をもって病床と定義するかは国により取扱いに差があるので単純な比較は難しいが，各国で病床と定義されているもので比較すると，表1-5のように日本は病床数が多い。また，入院した患者が平均して何日間入院しているかを見る**平均在院日数**で比較すると，日本は先進諸国の中ではずば抜けて長い。これに対して医師や看護師などの数は，人口当たりで見るとそれほど遜色ないにもかかわらず，病床が多いため，病床当たりで比較すると人の配置は薄い。これらは，病院の一定割合が高齢者の介護的施設になっている実態を示している。

　このため，2006年の法律改正により，有床診療所の2万床あまりを含めて約38万床あった療養病床のうち，介護保険が適用される約13万床の介護療養型医療施設を12年までに廃止し，老人保健施設やケアハウスなどに転換することとされた。この政策には医療現場から強い反発もあり，廃止期限が2017年度末まで延長された。そして2017年の介護保険法等の改正法により，経過措置がさらに6年間延長されたほか，その転換の受け皿として新たに介護医療院という制度が導入された。しかしながら，日本の医療や介護が病院に偏って発展してきたことは先進諸国との比較で明らか。限られた資源の適正で効率的な配分，そして何よりも利用者・患者のQOL（生活の質）の向上という視点から，在宅医療や介護の充実とあわせて改革を進めていく必要があろう。

医療は誰が行うか　病気の診断や治療を医療行為という。人の命に直接関わる仕事なので，医師をはじめとする資格をもった医療の専門職でなければこれを行うことは法律

上禁じられている。これを**業務独占**という。また，医師や看護師などの資格をもたない人が医師や看護師の名称を用いることも法律上禁止されている。これを**名称独占**という。

日本では伝統的に漢方医学だったが，明治の初期に，西欧の近代医学によることを決め，医学校をつくり，外国から先生を招いて医学教育を重ねて専門家を養成してきた。そして，最終的に国家試験による免許制度により専門家の養成を行ってきた。医師以外にも，医療技術の高度化と分業化によって，多くの医療関連の専門職種が誕生している。古くからある看護師はもちろん，最近ではリハビリテーションの重要性から，理学療法士（PT），作業療法士（OT）など，各種の療法士へのニーズも増えている。

人口当たりどの程度の専門職が必要かという判断はなかなか難問だ。代表的な資格である医師と歯科医師については，人口比では欧米よりもまだ低めだが，それでもかつての目標だった人口10万人対医師150人，歯科医師50人という目標はとっくに超えた。将来の医師過剰を緩和するため，1986年の検討会報告に基づき，医学部10%，歯学部20%の定員削減を進めてきた。それでも，2020年末で人口10万人に対してすでにそれぞれ269人，85人となっている。

| 医師の確保と働き方改革 |

このままでは将来的に医師の供給が過剰になるという指摘がある一方で，2004年から実施された新しい医師臨床研修制度などの影響で，各大学の医学部が若い医師たちを派遣先の病院から大学病院などに引き上げ，その結果，とりわけ地方の病院で小児救急や産科などの医師不足が深刻化するという問題も生じた。そこで急遽医学部入学定員を増員し，地域枠を設けるなどの対策が講じられたが，都市部への集中と地方での医師不足は解消されていない。こ

のため 2018 年に医療法・医師法が改正され，医師の地域・診療科による偏在を解消するため，都道府県が医師確保計画を策定し，臨床研修病院の指定権限や研修医定員の決定権限を都道府県に委譲するなどの措置が講じられた。

　また，日本の医療は長年，医師の長時間労働により支えられてきたが，もはや限界に来ており，医師の働き方改革が強く求められてきた。このため，医師の職場環境の改善とあわせて，2024 年 4 月からは医師についても一般の勤め人と同じく，年間の時間外労働の上限が 960 時間までに制限されることとなった。ただし，地域医療を確保するため，医師を派遣する病院や救急病院，専門研修を行う病院などについては特例的に都道府県知事の指定を受け，面接指導と休息時間の確保など医師の健康確保を義務づけたうえで，上限が1860 時間まで認められることとなった。

> **何が問題か**

1960 年代の医療・医療保険政策の中心課題は，不足する病院や医師，医療を受ける際の患者の経済的負担の軽減だった。このような，いわば量の問題は，その後の高度経済成長期の相次ぐ給付改善と医療機関の増加により充足し，今日では世界的に見ても遜色のない水準になった。

　しかし，この間に疾病構造など健康を取り巻く環境は大きく変わった。かつて脅威であった感染症は激減し，代わってがんや心臓・脳などの循環器疾患が大きく増えた。医療の課題は急性期の治療から，慢性疾患に対する子ども時代からの食生活や喫煙・飲酒など，生活習慣の改善や予防，健康増進などに重点が移ってきている。にもかかわらず，医療制度は長い間，病院と診療所という区分のみ。同じ病院でも，一方で介護的機能を中心としたいわゆる老人病院から，他方で最先端の高度医療を担うナショナル・センターまで，制度上の位置づけは一緒。また，欧米と異なり外来の扱いにおいては

病院と診療所の役割分担すらできていない。このため，**医療機関の機能分化と体系化**，相互の連携を制度的に位置づけ，推進しないと，今日の医療に求められる質の課題に対応できなくなってきた。

また，これとも関連するが，医療のあり方に関しても，「3時間待って3分診療」といわれるような大病院への不必要な患者の集中と医師による説明の不足，医療過誤など，国民の医療に対する不満・不信が高まっていた。医療における患者の主体性の尊重を中心に，あり方そのものから大きな見直しを迫られてきた。

これらの課題について，どんな仕組みで解決しようとしてきたのか，次に見てみよう。

医療計画 戦後長い間，病院も公的なもの以外は，衛生面からの設備と人員の基準さえ満たせば自由にどこにでも設立できた。このため，病床の総数がどんどん増える一方で，病院が地域的に偏在し，過疎や過剰な地域も生じてきた。そこで，1985年の第1次医療法改正で，医療機関の地域的な適正配置を進めるため，都道府県ごとに**医療計画**を定めることになった。その中で，地域ごとに一般病床，療養病床，精神・結核・感染症病床など，病床の種類ごとの必要病床数を定め，これを超えて病院の新設または増設の申請があった場合には，知事が勧告し，さらにこの勧告に従わない場合には，保険医療機関の指定を行わないことができることとした。

機能分化と体系化 医療機能の分化と体系化の第一歩は，1992年の第2次医療法改正。これにより，病院の中でも，最先端の高度医療を担う**特定機能病院**と，逆に長期の療養を中心に提供する**療養型病床群**が制度上位置づけられ，それぞれにふさわしい役割が定められた。このような医療法レベルでの機能分化のうえに立って，その後，療養型病床群の1/3程度が介護療養

型医療施設として保険のレベルでも医療保険から切り離されて介護保険に移行した。

　これ以外の病院についても，1998年の第3次医療法改正により，地域の診療所の支援と連携の中核となるべき地域医療支援病院が位置づけられた。

　さらに，2000年の第4次医療法改正により，従来の一般病床から**療養病床**を切り離し，主として急性期の患者などを対象とする一般病床については，看護師の配置を入院患者4人に対して1人から患者3人に対して1人と手厚くすることとされた。この一般病床と療養病床の区分については，病院の開設者が選択して届出を行うこととされた。2022年10月1日現在で，病院の病床について見ると，一般病床が約89万床（76%）に対して，療養病床が約28万床（24%）となっている（➡表1-4〔64頁〕）。

　このように病院・病床機能の分化は逐次進められてきたが，それでもなお日本の病院は，地域の中でのそれぞれの機能分化と相互の連携システムの構築が遅れている。このため，2013年8月の「社会保障制度改革国民会議」の報告書（➡**Column㊴**〔300頁〕）でも，急性期医療を中心に人的・物的資源を集中投入し，後を引き継ぐ亜急性期，回復期等の医療や介護サービスとの連携を強化し，総体としての入院期間を短縮して早期の家庭復帰・社会復帰を実現し，同時に在宅医療・在宅介護を大幅に充実させて，地域での包括的なケアシステムを構築することを提言している。そしてそのための手法として，都道府県に対する病床機能の報告制度と地域医療ビジョンの策定を求めている。

地域医療構想（ビジョン）

　この報告書の内容をふまえて，2014年6月に医療介護総合確保推進法が制定され，その中で医療法の一部が改正された。これ

により病床機能報告制度が導入され，各医療機関は，その有する病床につき病棟単位で，2014年7月1日現在，6年後の20年，そして任意記載事項ではあるが25年の時点で，高度急性期，急性期，回復期，慢性期の4つのうちのいずれの機能を担うかを都道府県知事に報告することが義務づけられた。

　都道府県では，この報告内容などをもとに，2015年度から地域医療構想の策定に向けた作業が始まり，16年度末までにすべての都道府県で策定された。そして，ベビーブーム期に生まれた団塊の世代（1947～49年生まれ）がすべて75歳以上の後期高齢者になる2025年の医療需要を予測するとともに，それまでにめざすべき各地域の医療提供体制とこれを実現するための施策などが新たに医療計画に盛り込まれた。

　こうしていよいよ医療提供体制の改革により，各地域にふさわしいバランスのとれた医療機能の分化と連携が推進されることとなった。しかし，すでに2006年の法律で決まっていた介護療養型医療施設の12年までの廃止・転換措置が，病院団体などの反発にあって，あっさりとさらに6年間延長された経緯からもわかるように，医療提供体制の改革は，現に入院している患者や家族，そしてそこで働いている医療関係者や経営者など関係者が多く，それぞれの利害関係や死活問題に関わるだけに容易ではない。今後，各地域で医療機能の分化と連携体制がどう構築されていくか，私たちもしっかりと見届けていく必要があろう。

患者の主体性の尊重と情報開示

病気で医者にかかったとき，あなたは病気のことや治療法，もらう薬などについて，きちんと医師から説明を受けて自分で考え納得する？　それともお任せ？　医師と患者との関係は，専門知識の差もあり，長い間，お任せだった。でも，近年，これではいけない

と反省。医師は，治療にあたっては，病気や治療法について患者に
わかるようにきちんと説明し，納得，同意を得たうえで治療を行う
べきだとする**インフォームド・コンセント**（informed consent）の考
え方が受け入れられている。第3次医療法改正によって，この趣旨
が医療法に盛り込まれた。

　さらに，広く患者への情報開示のルールづくりが急務。医師が診
療時に記載し5年以上保存が義務づけられている診療録，通常**カル
テ**といわれている文書を，患者や家族が求めたときに法律上開示を
義務づけるべきか，論議が続いている。また，保険請求に使われる
レセプトについては，第4節で見たように，すでに1997年からは，
本人等の請求があれば開示されるようになった。

　また，患者の医療機関選択に役立つように，第4次医療法改正に
より，医療機関の広告制限が緩和され，医師の略歴やカルテ開示が
可能であることなども広告できるようになった。

　さらに，2006年の第5次医療法改正により，患者の視点に立っ
た，患者のための医療提供体制の改革をめざして，患者等への医療
に関する情報提供の推進や，医療安全の確保などの措置が講じられ
た。また，2010年の診療報酬改定をめぐる議論の結果，保険医療
機関は患者に対して，原則として無料で医療費の明細書を発行する
ことが義務づけられた。

| 病気の予防 |

病気になったときの治療のことをずっと説
明してきたが，じつはもっと大切なのは，
何よりも病気にならないということ。予防は治療に勝る。私たちが
毎日の生活を営むうえで健康に悪影響を与える要因は多い。予防接
種や検疫などによる感染症の予防，有害な食品の取締りや環境汚染
の防止などは，健康を守るためになくてはならない。これらの多く
は，国民への給付ではなく保健所などによる取締りという手段を通

じて実現される。費用の面でも，1人ひとりの受益が区別できないので，どの国でも民間の市場や社会保険によらず，税による行政機関の仕事と位置づけてきた。

また，取締りという手法以外にも，健康診断や健康教育などの活動も大切で，これらを保健（事業）という。

これらの保健活動を地域で行うために都道府県（または一部の大きな市や特別区）に置かれる専門機関が**保健所**。全国で468カ所設置されている。この体制は，昔の急性伝染病や結核対策などを有効に進めるうえでは大きな成果を上げた。母子保健も日本が誇る保健活動の成果だ。しかし，こういった保健衛生上の課題が一応達成され，慢性疾患が中心の時代になってくると，新たな体制が必要とされた。そこで，1994年に保健所法が一新され，名前も地域保健法と改められた。そして，母子保健などの住民に身近な仕事は市町村の保健センターに移管され，保健所はエイズや精神保健などの専門的・広域的な仕事を担うという形になった。

新型コロナウイルス感染症の大流行と対策

こうして長らく地道な活動を続けていた保健所が一気に注目を集めたのが**新型コロナウイルス感染症**の世界的な大流行だ。この新たな感染症は，2020年1月以降，中国湖北省武漢市を中心に急速に感染が拡大し，さらには欧州やアメリカを始め，世界各国で急激な感染拡大が続いた。このため，国によって対応に差はあるものの，国境閉鎖や都市封鎖（ロックダウン）など，国民の行動制限を伴う厳しい対策が講じられ，医療体制の深刻な逼迫や死亡者の増加はいうに及ばず，人々の暮らしや社会，経済に深刻なダメージを与えた。

日本でも，欧米に比べれば感染者数も死亡者数も相対的に少ないものの，やはり急速な感染拡大に伴う医療体制の逼迫を受け，2020

年春には緊急事態宣言が出されるまでの事態に立ち至った。その対策として，3次に及ぶ総額77兆円近い巨額の補正予算が計上され，必要な医療体制の整備や雇用の維持，家計や事業者への支援など，幅広い対策が講じられた。

　しかし，2020年秋からの第3波，さらには21年春からの第4波，夏からの第5波では，新規感染者数の急増と医療の逼迫はさらに深刻化し，入院が必要な重症患者が入院できず自宅療養を余儀なくされるなど，ギリギリの綱渡りが続き，緊急事態宣言の発出と解除が長期にわたって繰り返されてきた。

　幸いなことに，有効な予防ワクチンの開発と急速な接種の普及により，重症化や死亡などは相当程度抑制できるようになり，日本では新規感染者数そのものも夏から秋にかけて急速に減少し，2021年9月30日をもってひとまず緊急事態宣言はすべて解除された。

　とはいえ，国民の接種率が70％を超えた国でも規制措置の解除や緩和に伴って再び感染者数の急増とより強力な変異株の出現が深く憂慮される一方で，長引く行動制限は国民生活や経済活動に深刻なダメージを与えている。日本でも，早期の水際対策にもかかわらず，2022年の年明けから，重症化率は低いとされるものの感染力が格段に強いオミクロン株が急激に感染拡大し，この第6波に対応した新たな対応が迫られた。

　その後，オミクロン株の感染力は強いものの病毒性は比較的低いことが世界的に明らかになるにつれ，主要国では2022年夏までには各種の行動制限がほぼすべて緩和され，日本でも，感染拡大とそれによる医療の逼迫に注意しつつ，正常な社会経済活動の回復をめざす段階に至っている。

　今回の大変な災害級の経験の中から，これからも確実に起こりう

るこうした感染症にどう対処するのか，保健所を中心とした公衆衛生システムや病床確保などの医療提供体制の再構築，さらには国際協調体制のあり方など，幅広い見直しが求められている。

保健事業の推進

保健活動は，そのほかにも，これまで老人保健法に基づいて40歳以上の人を対象に市町村が行ってきたものや，職場単位で行われる産業保健，学校で行われる学校保健などもある。学校で毎年やっていた健康診断などを思い出してほしい。さらに，健康保険組合などでも，健康診断や健康教育など，予防や健康増進のための活動に取り組んでいる。

　これからは，食習慣，運動習慣，休養，喫煙，アルコール摂取などの生活習慣がその発症や進行に影響を与える，がん，脳卒中，心臓病，糖尿病などの生活習慣病を予防するために，若いときからの生活習慣の改善や健康づくりがとても大切になってくる。そのためには何よりも1人ひとりの自覚が必要だが，国でも2000年に「健康日本21」を決めて国民健康づくり運動に力を入れ始めた。2003年には健康増進法が施行され，国や自治体が目標や基本方針を策定し，医療保険の保険者や市町村，学校などが共通の健康診断の指針を定めることとされた。さらに2006年の医療制度改革関連法により，08年4月からは，国と都道府県は生活習慣病対策などを盛り込んだ医療費適正化計画を策定するほか，医療保険者に対して40歳以上の被保険者等を対象とする糖尿病等の予防に着目した特定健診と保健指導の実施が義務づけられることになった。生活習慣病は感染症とは違い文字どおり1人ひとりの若いときからのライフスタイルと深く関わり，それだけにその行動変容は容易ではないが，これからの医療政策の重点がますますこの分野に置かれることは間違いないだろう。

　健康はそれ自体が人生の目的ではないかもしれないが，やはり何

をするにしても大切な生活の基盤。若いあなたも自分の生活をこの
機会に一度振り返ってみたらどうだろう？

Summary サマリー

　病気やけがをしたときに，必要な医療サービスや生活費の支援を行う
医療保険。年金と並ぶ社会保障の重要な柱だ。長い歴史の中で，グルー
プごとにつくられてきたので，制度は分立し，複雑。日本では，市町村
の国民健康保険が受け皿になって，国民皆保険を実現。国庫負担の傾斜
配分により，職業や地域による負担能力の格差を埋め，誰でも，どこで
も，ほぼ同じような医療保障を受けることができる仕組みをつくった。
しかし，高齢化の進行と国の財政悪化を背景にこの方法も行き詰まり，
グループの枠を越えて高齢者の医療費を支え合う老人保健制度がつくら
れた。この仕組みは一定の効果を挙げたが，高齢化が進む中で運営が行
き詰まり，2006年に新しい高齢者医療制度がつくられ，08年4月から
実施された。一方，これらの各制度共通の課題として，医療費や薬剤費
の支払いや配分をもっと効率化し，医療サービスの質を高める改革も必
要。

■ 理解を確かめよう ■■■■■

1 どういう職業や住所をもつ人がどの医療保険に加入するか，基
本的なルールを確認し，日本の国民皆保険を構築するうえでの国
民健康保険の位置づけについてまとめてみよう。あわせて，財政
面から，各制度間の財政力格差を調整するために国庫負担が果た
した役割について考えてみよう。

2 新しい高齢者医療制度の仕組みの基本骨格について述べたうえ
で，このような制度が必要とされた背景と高齢者医療が抱えてい
る課題についてまとめてみよう。

3 日本の国民医療費の規模や使われ方，財源構成の特徴と，医療
提供体制の課題についてまとめてみよう。そのうえで，今後の医
療の改革の方向について考えてみよう。

★参考文献────────

① 日本の医療や医療保険の特徴，課題などについて広く学びたい
　人へ

　池上直己・J. C. キャンベル『日本の医療──統制とバランス感
　　覚』中公新書，1996 年

　厚生労働省『厚生労働白書 平成 19 年版』https：www.mhlw.go.
　　jp/stf/wp/hakusyo/

　島崎謙治『日本の医療　制度と政策（増補改訂版）』東京大学出
　　版会，2020 年

② 日本の医療保険政策の歩みやその背景にある政治経済社会の変
　化の歴史についてまとめて学びたい人へ

　吉原健二・和田勝『日本医療保険制度史（第 3 版）』東洋経済新
　　報社，2020 年

③ 医療の本質について深く考えてみたい人へ

　砂原茂一『医者と患者と病院と』岩波新書，1983 年

　小澤勲『痴呆を生きるということ』岩波新書，2003 年

第2章

生活保護と社会福祉制度

人らしい生活を保障する

作者：中野マーク周作（元気のでるアート）

　第1章では，代表的な社会保険である医療保険について学んだ。ここでは，社会保険以外の2つの仕組み，生活保護と社会福祉制度を学ぶ。生活保護は，生存権を国が最終的に保障するための制度。「最後の受け皿」といわれる。社会保険とは考え方や仕組みが大きく異なる。その違いをきちんと理解しよう。

　次に学ぶ社会福祉制度は，社会保険と生活保護の中間に位置するといわれる。社会福祉制度の中でもより社会保険に近い制度と，より生活保護に近い制度がある。一見バラバラに見える社会福祉制度も，社会保険や生活保護と比べてそれぞれを位置づけてみると，その特色がよくわかるだろう。

1 生 活 保 護

●最低限度の生活にも困ったら？

> フリーターの友達が
> 病気になったら？

早くに両親を亡くしてフリーター暮らしを
しているあなたの友達が病気になって，本
当は入っていなければならないはずの医療
保険にも入っていなかったので病院にも行けないし，アルバイトも
できないので，家賃が払えなくてアパートの追立てを受けていると
相談されたらどうする？

　短い間だったら自分のアパートに泊めてあげてもいいし，お金も
少しなら貸してあげられるけれど，病院に行くといくらかかるかわ
からないし，ずっと居つかれても困るよね？

　そんなとき，あなたの代わりに友達を助けてくれる制度が生活保
護。日本人であれば誰でも，最低限度の生活もできないほどにお金
に困ったら，生活保護によって必要な給付を受けることができる。
入っていなければいけない医療保険に入っていなかったとしても，
本人が悪いのだから給付しない，というようなことはない。医療費
も出してくれるし，アパート代も出してくれるし，生活費も出して
くれる。

> 誰が受けられる？：対
> 象者と財源

なぜ医療保険に加入しなかったのに医療費
を出してくれるのだろう？　それは，「健康
で文化的な最低限度の生活を営む権利」
（**生存権**）が，憲法で定める日本国民の**基本的人権**の1つだから。生
活保護はこの生存権を国が最終的に保障するための制度。

　生存権を保障するための制度にはいろいろある。社会保障制度は
全部そう。でも，第1章で学んだ医療保険のような社会保険は，あ

Column④ 外国人と生活保護

　生活保護は，憲法 25 条に規定する日本国民の生存権を具体的に保障するための制度である。したがって，日本に居住していても外国人には適用されない。しかし，生活に困窮する外国人に対しては，厚生労働省の通知により，一般国民に対する生活保護の決定実施の取扱いに準ずる保護を行うこととされている。つまり，法律上の権利はないが，事実上日本国民と同様に保護を受けることができるということ。ただし，観光などで入国した旅行中の外国人や不法滞在の外国人などは対象にならない。

らかじめ加入していることが必要。加入していない人は給付を受けられない。つまり医療保険だけでは生存権が保障されない人がいるということ。そんなふうに，ほかのいろいろな制度ではどうしても生存権が保障されない人たちをすべて受け止めて，その人たちの生存権を国が保障する。これが「**国家責任による最低生活保障の原理**」で，生活保護のもっとも基本的な原理だ。

　また，生活保護は最終的に最低生活を保障する制度だから，「**最後の受け皿**」ともいわれ，国民すべてが対象となる。あらかじめ一定のお金を払っているかとか，その人が善い人かどうかというようなことは関係ない。1 円も税金を払ったことのない人でも，困っている原因がギャンブルで全財産を使ってしまったからだとしても，本当に生活に困っていれば，生活保護は受けられる。もちろん，信条，性別，社会的身分などによって保護を拒否されることはない。これを「**無差別平等の原理**」という。生活保護の基本原理の 1 つだ。

　無差別平等に受けられるようにするには，保険料や利用者負担を財源にするわけにはいかない。それでは受けられない人が出てくるからだ。だから，財源はすべて公費つまり税金。国が 3/4，生活保護を実施している自治体が 1/4 負担する。

Column⑤ 生活保護と社会保険 ～～～～～～～～～～～～

　生活保護には補足性の原理があるから，社会保険などほかの社会保障制度が充実すれば生活保護は引っ込むし，ほかの制度が縮小すれば生活保護のカバーする部分が大きくなる。たとえば，被保護者は国民健康保険の対象となっていないが，もし対象だったら，生活保護では今のように医療全部ではなく，保険料と自己負担分だけ給付すればよい。対象としていないのは，国民健康保険に低所得で低額の保険料しか払わない被保護者が加わると，財政状況がますます悪化するという問題があるからだ。でも，介護保険では被保護者も対象としている。このように，生活保護と社会保険の制度としての分担にはいろいろな整理の仕方がある。

　また逆に，生活保護の運用のあり方は社会保険に大きな影響を与える。年金保険料を払わずに老後に年金をもらえない人は，ほかに資産もなく頼る親族もなければ生活保護を受けられる。もし生活保護が簡単に受けられるのであれば，年金保険料を払わないで老後は生活保護に頼ろうという考え方をする人が増えるだろう。現在，ひとり暮らしの高齢者の保護基準額は，もっとも高い地域では，1カ月7万7980円（65〜69歳，2024年4月，冬期加算含む）で，同時期の国民年金6万8000円よりも高い。だから，保護の必要があるか，基準の全額を給付する必要が本当にあるか，しっかり判断するために資力調査はきちんと行われなければならないし，無差別平等に国が保障する最低生活の水準は，低すぎてはいけないが高すぎてもいけない。

～～～～～～～～～～～～～～～～～～～～～～～～～～～～

> **どんな場合に受けられる？：給付要件**

本当に生活に困っていれば，国民誰でもが生活保護を受けられる。でも，本当に生活に困っているかどうかは，どうやって判定するのだろう？　お財布にお金が1円もなくて貯金もなかったら，そういえる？　仕事で必要なわけではないのに自動車をもっていたらどうだろう？　自動車を売ればお金ができるのなら本当に生活に困っているとはいえない。親が金持ちだったら？　ほかの人たちが払う税金によって生活を保障してもらう前に，まず親に援助を頼むべきだろう。もちろん，本人が働けるのであれば働いてお金を得るべきだ。

　生活保護はこのように資産，能力などあらゆるものを活用し，民

法上の扶養義務者（配偶者や子ども，両親，兄弟姉妹，祖父母，孫など）からの援助も頼み，年金などほかの制度で受けられる給付があればそれも受け，それでもどうしても最低限度の生活ができない場合に初めて給付が行われる。「**保護の補足性の原理**」という。

2021年度，被保護者（生活保護を受ける人）の数は約204万人で，保護率（人口に対する被保護者の割合）は約1.62％。

最低限度の生活とは？ ：保護基準

では，どんな給付が受けられるのだろう？当然，憲法で定める「健康で文化的な最低限度の生活」を維持できる給付である。これを「**健康で文化的な最低生活保障の原理**」という。でも，最低限度の生活とは具体的にはどの程度なのだろう？「健康で文化的な」というのだから，ただ生きていくために必要な最低限の衣食住があればいいというものではなさそうだ。といって一般の国民の生活水準と同じでは最低限度の生活ではない。結局，絶対的な水準ではなく，一般の国民生活と比較して考えるしかない。だから，一般国民の生活水準が上がれば最低生活の水準も上がり，下がれば下がる水準均衡方式がとられている。2009年度には，被保護勤労世帯の1人当たり消費支出は，一般勤労世帯の8割に近くなっていた。これが最低限度の生活として適当かどうかは意見が分かれるところ。それで，きちんと調査して，一般の低所得世帯の消費実態とバランスがとれているかどうか，5年に1回検討して見直すこととなった。2023年度も見直しが行われ，10月から実施された。

最低限度の生活に必要な金額は，**保護基準**によって決められている。年齢，住んでいる地域，何人で暮らしているか，学校に行っているか，病気があるか，住宅はもっているかなどによって，きめ細かに決められている。生活保護は最後の受け皿として，ほかの制度で対応できずにこぼれ落ちたすべてのニーズを漏れなく受け止める

必要がある。だから，さまざまに異なる個別の事情を抱える人たちを一律，定型的に扱うことはできない。といって，その人の最低生活に何が必要かの判断を，ケース・バイ・ケースで，担当する人の考え方に任せてしまっては取扱いに違いが出て不公平になる。このように，個別性への対応と客観性を両立させるために，きめ細かな基準を定めているのだ。

最低生活費の計算だけでなく，生活保護の運用は1人ひとりの必要に応じて対応しなければならず，画一的・機械的に行われてはいけない。たとえば，同じ年齢の人でも，障害や病気の有無，実際に働ける環境にあるかどうかなどにより，保護の種類や範囲，方法等は異なる。これを「**必要即応の原則**」という。

保護基準は，たとえば，衣食などに要する費用を賄うための生活扶助では，2024年4月，冬期加算5カ月分の年間平均額を含めて，東京都23区でひとり暮らしの20歳は月額7万7520円，33歳男，29歳女，4歳子の世帯では児童養育加算を含めて月額16万4860円，68歳男，65歳女の高齢者世帯の場合では月額12万2460円である。

このように，原則として保護基準は世帯ごとに計算される。世帯とは，同じ家に住み生計を同じくしている人たちで，通常は家族と同じと考えてよいだろう。第1章で学んだ医療保険でも保険料の計算や給付は世帯単位で行われていた。社会保障では，このように個人そのものではなく世帯を単位にしていることが多い。生活保護でも，世帯として最低生活を維持するにはいくら必要なのかを計算し，それを維持できる収入が世帯としてあるのかどうかが判定されることとなっている。これを「**世帯単位の原則**」という。

給付の程度　あらゆる資産や能力，あらゆる援助や給付を活用しても，得られる収入が保護基準で算定する金額に満たない場合に，生活保護の給付が受けられる。ど

Column⑥ 被保護者はクーラーをもってはいけないか ━━━━━━

　1994年，クーラーを取り外させたため，室内の温度が40度を超え，79歳の被保護者が脱水症状を起こして入院するという事件が起き，生活保護の運用の硬直性が批判された。

　最低生活の内容としてどんな資産なら保有が認められるか，逆にどんな資産は処分して生活費に活用しなければならないかは難しい問題だ。生活保護には，最低生活維持の水準を下回っても上回ってもいけないという，基準および程度の原則があるからだ。保有を認めるかどうかは，その地域の一般世帯とのバランスも考慮して判断される。1つの判断基準として，クーラーなどの生活用品については，その地域の全世帯の7割程度がもっているかどうかが用いられる。この事例でも，この基準に照らして保有が認められないとの判断をしたわけだ。

　しかし一方で，生活保護には，1人ひとりの必要に応じて対応しなければならないという，必要即応の原則もある。事件の後，高齢者などのいる世帯でその病状などからクーラーを利用している場合は，その地域の普及率にかかわらず保有を認めてよいと確認する通知が厚生省（現・厚生労働省）から出された。

の程度の給付が受けられるかというと，不足分，つまり基準と収入との差額である。生活保護の給付と収入を足してちょうど最低限度の生活となるということである。これを「**基準および程度の原則**」という。

　このように，保護基準は，給付の要否を判定する基準であると同時に，給付額を計算する基準でもある。

　保護基準と並んで，給付の要否と給付額を決める重要な要素となるのは，収入である。資産や収入を正確に把握するために行う調査を**資力調査（ミーンズテスト）**といい，ほかの社会保障にはない，生活保護の特徴の1つである。資力調査は，プライバシーにわたることを事細かに調べられ，扶養義務者である親族に援助できないかと照会されたりもするので，生活保護を受ける人にスティグマ（烙印を押されたような恥辱感）を与えやすいといわれている。スティグ

マのために保護基準以下の生活でも保護を受けない人もいるといわれている。だったら，厳しい資力調査はやめた方がいいと思う？でもそうすると，資産や収入を隠して生活保護を受けて，一所懸命働いている人より豊かな生活をするような人も出てくる。だから，やはりきちんとした調査は大切だ。

| 給付の内容 |

生活保護の給付には，生活扶助，教育扶助，住宅扶助，医療扶助，介護扶助，出産扶助，生業扶助，葬祭扶助の 8 種類がある。医療扶助と介護扶助を除いては原則として金銭給付が行われる。

　生活扶助の金銭は 1 カ月分ごとに世帯主に支給される。金銭給付はその額の範囲内でどこでどんな物やサービスをどれだけ買うかを自分で決めること（自己決定）ができる。被保護者にもできるだけほかの人と同じような生活を送ってもらい，自立しやすくするためには，食べ物や衣服を配ったり，施設に入れて衣食住の世話をしたりするような現物給付よりも，金銭給付の方が一般には望ましい。

　しかし，医療扶助や介護扶助については，一般の人にも医療保険や介護保険による現物給付が行われていること，金銭給付にすると高額になり，ほかのことに使ってしまって確実に医療や介護を受けられないおそれもあることなどから，現物給付となっている。給付は厚生労働大臣や知事が指定した医療機関や介護機関から行われ，その費用は生活保護の実施主体から医療機関や介護機関に対して支払われる。

　また，生活扶助などについても，金銭給付では保護の目的を達することができない場合には，例外的に救護施設，授産施設等の保護施設で現物給付を行うこともある。

生活保護を受けるにはどうしたらよいのだろう？ 生活保護の事務を取り扱っているのは福祉事務所である。福祉事務所は2023年4月現在，全国に1251カ所あって，うち市立が999カ所。福祉事務所を自分で設置している町村も47カ所あるが，普通は，都道府県がいくつかの町村の区域をまとめて受け持つ福祉事務所を設置することになっていて，その数は205カ所。平均すると人口10万人当たりに1つの福祉事務所が設置されている。最近では大規模な市町村合併が進み，多くの町村が近隣の市と一緒になったため，都道府県で受け持つ被保護者の数は大幅に減ってきている。町村が生活保護の事務を行わないのは，人口が少ないと，専門の担当者（ケースワーカー）を置くことが効率の観点から難しいことや，被保護者と生活保護の担当者が知り合いで，生活保護の申請をしにくかったり，逆に厳しい資力調査がしにくかったりするからだ。

　生活保護は，福祉事務所を設置する自治体が国から委託されて実施している仕事（**法定受託事務**）だ。生活に困っている人に最低限度の生活を保障するのは国の責任だけれど，個々人の生活実態を調査して要否を判定し，保護費を支給する事務を国が直接やるのは大変。やはり国民に身近な自治体の方が，より適切で効率的にできる。それに，医療や介護，障害者施策などほかの社会保障施策の多くは自治体の仕事だから，被保護者の最低生活の保障や自立に向けてこれらの施策を活用するためにも自治体でこれらの施策と密接に連携して行った方が効果がある。費用は国が3/4，実施主体が1/4負担。

　生活保護の給付は，原則として本人の申請に基づいて行われる。これを「**申請保護の原則**」という。これによって，必要な場合に生活保護を請求することが国民の権利であることが明確になっている。申請しなくても，生活に困っている人を福祉事務所が調査して自動

的に保護を開始する方がいいように思うかもしれないけれど，それでは，保護を受ける人は受け身で，権利が明確にならない。もちろん，申請がなければ自治体は何もしなくていいというわけではなく，貧しい人の相談にのって必要な場合には申請を助言したり，緊急のときは申請がなくても生活保護を行うことが必要だ。

　生活保護を受ける場合には福祉事務所のケースワーカーに相談をして申請をする。資力調査をして保護の要否を判断するのも，次に述べる自立の助長も，ケースワーカーの仕事だ。

自立の助長と生活困窮者自立支援

生活保護の目的は，生活に困っている人に最低限度の生活を保障することだけではなく，その自立を助長することにもある。被保護者はいろいろな問題を抱えていることが多く，お金を渡すだけではその問題は解決しない。その支援はケースワーカーが行ってきたが，1995 年を底として，被保護者数や保護率が上昇し，保護に要する費用が 2021 年度で 3 兆 5000 億円に達している。とくに，高齢者でも母子世帯でも傷病・障害者でもない被保護者が急増し，今までのやり方では自立に向けた支援がうまくできなくなっている。このため，2013 年に生活保護法が改正され，福祉事務所を設置する自治体は 15 年から，被保護者からの相談に応じ，就労の支援について必要な情報の提供・助言を行う被保護者就労支援事業を実施することとなった。安定就労等により生活保護が必要でなくなった人には，2014 年から就労自立給付金を支給する。また，2018 年からは生活保護世帯の子どもが大学等に進学する場合の進学準備給付金も創設された。

　被保護者でなくても，同様の問題を抱えて生活に困窮している人はいて，そのまま放置すればいずれ生活保護の受給にいたる可能性が高い。これらの人の問題解決を早期に支援することも必要だ。こ

Column⑦ 子どもの貧困対策 ━━━━━━━━━━━━━━━━━━━

日本の子どもの貧困率は 2021 年 11.5％ で先進諸国の中でも高く，とくに
ひとり親世帯等で 44.5％ と高い（「2022 年国民生活基礎調査の概況」）。この
ような子どもの貧困が大きな問題になり，2014 年，子どもの貧困対策法が
成立した。なぜ貧困の中でもとくに子どもの貧困について対策法ができたか
というと，主として 2 つの理由がある。第 1 に，大人の場合はたとえば浪費
やギャンブルなど貧困に陥ったことについて本人にも責任がある場合があり，
どこまで社会が支援するかについて人によって意見が分かれる。でも，子ど
もの貧困については本人に責任がないことは明らかであり，支援の必要性は
否定できない。だから，この法律は，すべての政党が賛成して成立した。第
2 に，貧困状態で育った子どもは大人になっても貧困に陥りやすい（貧困の
連鎖）。たとえば，生活保護世帯の子どもの高等学校等への進学率は全体と
比較して低く，そのために正規職員などの安定的な就労が難しくなる。貧困
の連鎖を断ち切るためには，子どもに対する支援がとくに必要なのだ。

どうしたら子どもの貧困を少なくすることができるだろう。子どものいる
家庭への金銭給付を増やす？ それも必要。でも，貧困家庭はそれだけでは
解決できないさまざまな問題を抱えている。

政府は，2019 年に新たな子供の貧困対策大綱を定め，その中で，貧困に
関する指標を決め，その改善を図るために，①教育の支援，②生活の安定に
資するための支援，③保護者に対する職業生活の安定と向上に資するための
就労の支援，④経済的支援，⑤子供の貧困に関する調査研究等，⑥施策の推
進体制等を重点施策とした。

━━━━━━━━━━━━━━━━━━━━━━━━━━━━━━━━━━━━━━

の人たちに対しては，新たに**生活困窮者自立支援法**が制定され，
2015 年から，福祉事務所を設置する自治体は，就労支援など自立
に関する総合相談を行い，就職のために必要な場合には有期の住居
確保給付金を支給することとなった。また，すぐには就労できない
人のための就労準備のための訓練，サラ金などの借金を抱えた人な
どのための家計改善支援を行うことに努め，さらに，生活困窮家庭
の子どもが将来同様の生活困窮に陥らないための学習支援や生活支
援，ホームレスの場合の一時的な衣食住の提供なども行うことがで
きる。費用負担は国と実施自治体。事業によって割合が異なり，総

合相談と住居確保給付金は国が 3/4，実施自治体が 1/4，その他は
原則として国の負担割合がそれより低い 2/3 または 1/2。一般の会
社などで働くことが難しい人に対するいわゆる中間的就労事業も，
都道府県知事等による認定が行われる。これは，困窮につけこんで
不当に低い賃金で働かせることなどが起きないようにするためだ。
また，認定されると事業所は税の優遇が受けられる。

　自立の助長と生活困窮者自立支援は，生活保護の給付とは違って，
これから勉強する他の社会福祉サービスと同様，自治体が本来の事
務（自治事務）として行うもの。

2 社会福祉制度

●福祉サービスを受けるには？

> **突然両親が亡くなった
> ら？**

まだ中学生の弟がいるのに，突然，実家の
両親が事故で亡くなってしまったらどうす
る？ 大学生のあなたは奨学金とバイトで
何とか学生生活を続けることができるかもしれない。でも，弟を引
き取って面倒をみるのは金銭的にも時間的にも自信がないし，親戚
にも頼めそうにない。どこに相談したらいいかわからないときは，
とりあえず一番身近な自治体である市町村に相談したらいい。市町
村は県の児童相談所に連絡してくれて，児童相談所があなたたち兄
弟の事情や希望をいろいろと聞いてくれるはずだ。そして，たとえ
ばあなたが就職して一緒に暮らせるようになるまで弟を市内の児童
養護施設に入所させるなど，必要な支援をしてくれる。そのとき，
遺産や事故の補償金で本当に兄弟 2 人生活することはできないのか，
調べられることはない。生活保護とは別の制度によるものだからだ。

　子どもや高齢者の世話はもともとは家庭で家族や使用人によって

	公的扶助	社会福祉制度				社会保険
	生活保護	措置	私立保育所	子どものための教育・保育給付	自立支援給付	医療保険 介護保険
サービスの選択	×	×	○	○	○	○
施設等との契約	×	×	×	○	○	○
利用者負担	補足性	応能	応能	応能	応能（定率上限）	定率（応能上限）

表 2-1 給付の仕組み

行われていた。でも，身寄りがなかったり，貧しくて家族が世話をすることができない場合には，これらの人たちを施設に引き取って世話をする必要がある。だから，公的扶助の枠組みの中に，貧しい子どもや高齢者に対して施設で福祉サービスを提供する仕組みがあった。

　しかし，子どもや高齢者や障害者の世話は，とくに貧しい家族でなくても家族だけではできない場合もある。このため，給付の対象者を一般の人たちにも広げて，児童福祉制度，身体障害者福祉制度，老人福祉制度などが公的扶助の枠組みから独立してできていった。これらを社会福祉制度という。公的扶助のような，資力調査によってとくに貧しい人だけを選別して給付を行う「**選別主義**」に対して，このように福祉の対象者を一般の人たちにも広げていくことを「**普遍主義**」といい，その流れを「**福祉の普遍化**」という。

　社会福祉制度は，税を財源として政府が給付を行うことなど，公的扶助との共通点が多い。あらかじめ制度に加入して保険料を拠出することが給付の要件となっていて，その保険料が財源となっている医療保険などの社会保険とは異なる。一方，どんな場合に給付が

受けられるかは，公的扶助のように厳しい資力調査を行うことはなく，この点はむしろ社会保険と似ている。このため，社会福祉制度は，公的扶助と社会保険の中間に位置するといわれることもある（➡表 2–1）。

対象者ごとの縦割り制度

社会福祉制度は，医療保険のようにあらかじめ制度に加入したり，一定のお金を拠出したりすることは必要とされない。でも，公的扶助のように最低生活が維持できなければ誰でも給付を受けることができるというわけでもない。老人，児童，身体障害者，知的障害者，精神障害者，母子家庭というふうに対象者ごとに制度が分かれている。これは，必要性の高い人たちに対する制度が逐次整備されていったからだ。

1945 年に第 2 次世界大戦が終結した直後は戦災孤児や戦傷病者が多かったため，児童福祉法が 47 年に，身体障害者福祉法が 49 年にできたが，老人福祉法ができたのは 63 年のことだ。

これらの法律ごとに対象者が決まっていて受けられる給付もそれぞれ決まっている。たとえば若い身体障害者は老人福祉施設は利用できない。同じ障害者の中でも身体障害者か知的障害者か精神障害者かで，受けられる給付がバラバラだった。これは 2005 年の障害者自立支援法の制定によって統一された。どの制度にも該当しない人は，社会福祉制度の給付は受けられない。2015 年から始まった生活困窮者自立支援制度で，縦割り制度の狭間で困っている人に対する総合相談が始まった。

給付の種類と内容

サービスには**施設サービス**と**在宅サービス**がある。

施設は入所施設，通所施設，利用施設の 3 種類に大別できる。入所施設はそこを生活の本拠とする施設である。衣食住など生活に必

要な物やサービスの提供に加え，施設の種類によって介護，訓練，作業，指導などが行われる。通所施設は自宅で生活しながら毎日または定期的に通所する施設で，施設の種類によって介護，訓練，作業，指導などが行われる。利用施設は，施設が対象としている人なら誰でも随時利用できる施設である。趣味やスポーツなどの社会参加活動が行われることが多い。

　施設の種類は，たいへん細かく分かれていた。これは，社会福祉制度が施設での集団サービスから始まったためだ。だから，サービスをより対象者に適した専門性の高いものにしようとするたびに，新たな種類の施設をつくることになった。また，施設の建設費や運営費に国の補助があり，その金額が施設の種類ごとに異なっていることも，施設種類の細分化につながった。これに対して，医療はもともと，さまざまな患者の病気やけがに対応して異なる個別の治療を行う必要があり，集団サービスではない。だから，専門ごとに異なる種類の病院をつくらずに，同じ病院の中でさまざまな専門サービスを行っている。また，医療の運営費は，第1章で学んだように，施設の種類ではなく，個々の医療行為ごとに金額が決まっているので，その面でも施設の種類を細分化する必要はない。施設種類の細分化は障害児や障害者の施設でとくに著しく，身近に施設がない，定員が空いている施設があっても対象としている人が異なるため利用できないなどの問題を生んだ。一方で，社会福祉施設でも画一的な集団サービスではなく，より個人個人に適したサービスの必要性が認識されるようになってきた。

　このような観点から，2005年に制定された障害者自立支援法では従来のような障害の種類によって施設を細分化する考え方を改め，06年から，身体障害，知的障害，精神障害の3障害に共通した障害者支援施設とされた。そして，そこで提供される療養介護，自立

訓練等のサービスと利用者の数および障害程度に応じて職員等の基準が決まり，市町村から支払われる運営費も決まる仕組みとなった。2012年からは，障害児の施設についても，入所による支援を行う障害児入所施設と通所による支援を行う児童発達支援センターに一元化された。

　在宅サービスには，ホームヘルプサービスのほか，車椅子の給付などがある。また，入所施設の短期利用や通所施設，利用施設の利用も在宅の人を対象としているので在宅サービスということがある。

　社会福祉制度は，もともと家庭で世話を受けて生活することができない人たちに施設でサービスを提供することから始まったので，保育所を除くと入所施設が多かった。近年は，障害のある人もない人も地域で共に暮らすノーマライゼーションの考え方の普及や，生活の質を高め個人の尊厳を尊重するためにも，できるだけ在宅が望ましいという考え方が高まり，通所施設や利用施設，またホームヘルプサービスなどの整備が進んできている。

社会福祉制度の実施主体

　社会福祉制度は対象者によって担当する自治体が異なっている。老人，障害者，保育を要する子どもや通所施設での支援を要する障害児は市町村，入所施設での支援を要する子どもは都道府県などである。福祉サービスはできるだけ住民に身近な自治体である市町村が担当するのが望ましいけれども，一方で，対象者の数が少ないと専門の職員を置けなくなる。このため，対象者の数，必要とされる専門性の程度などの違いによって，都道府県と市町村のどちらが行うかが決まっている。流れとしては**地方分権**で，できるだけ住民に近い自治体である市町村に移行する方向にある。

　かつては福祉事務所（主に都道府県と市が設置）で行っていた身体障害者福祉サービスや老人福祉サービスが1993年に，知的障害者

福祉サービスが2003年に市町村へ一元化された。また，2012年には，障害児通所サービスが都道府県から市町村へ移った。さらに，都道府県の行っている福祉サービスなどを市が行う中核市という制度があるが，その中核市になる市の数も増えてきている。

　これらの仕事は自治体の本来の仕事（**自治事務**）である。生活保護と異なり，国から委託された仕事（法定受託事務）ではない。

**給付の仕組み(1)：措置
制度**

公的扶助から分かれて最初にできた社会福祉制度としての給付の仕組みは，**措置制度**である。措置制度では，サービスを受けたいと相談を受けたら，自治体（措置権者）は，サービスの必要があるかどうかを調査し，必要があると判断した場合には，施設に入所させたり，ホームヘルパーを派遣したりしてサービスを提供する。この節の最初にあげた，両親を亡くした中学生の例もそう。

　生活保護と異なり，法律上は本人や家族からの申請は必要ない。自治体が必要だと判断したら，申請がなくてもサービスを提供する。どこの施設にするかの決定も本人ではなく自治体が行う。自治体が自分で施設をもっていなかったり，もっていても足りない場合には，社会福祉法人の設置した施設にサービスの提供を委託する。必要な費用は措置委託費として自治体が施設に対して支払う（➡図2-1）。

　措置を行うかどうかの判断は自治体が行う。医療保険のように，病院の医師が医療が必要かどうかの判断をするわけではない。自治体が，対象者の心身の状況，家族の状況，所得の状況などを見て，サービスの要否を判断する。また，提供できるサービス量が足りない場合は，誰を優先するかを決める。サービスが不足している場合は，低所得者が優先されることが多い。

　サービス提供に必要な費用は，国と自治体が原則として1/2ずつ負担する。都道府県が実施する場合は都道府県が1/2，市町村が実

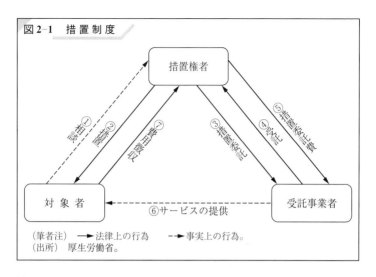

図 2-1　措置制度

措置権者

① 相談
② 措置
③ 費用徴収
③ 措置委託
④ 支払
⑤ 措置委託費

対象者

受託事業者

⑥サービスの提供

（筆者注）　──▶ 法律上の行為　　--▶ 事実上の行為。
（出所）　厚生労働省。

施する場合は都道府県と市町村が 1/4 ずつ負担。ただし，虚弱な高
齢者などを対象とする養護老人ホームは全額自治体の負担。財源は
税。

　費用は施設の種類ごとに利用者 1 人当たりで額が決まっている。
サービスの具体的な行為ごとに値段が決まっている医療保険のよう
な出来高払いではない。同じ種類の施設では，基本的には同じよう
なサービスを同じ程度に必要とする人を対象としているから，金額
も同じになる。ただし，人件費や物価は地域によって異なるし，施
設長を置くための費用などは利用者 1 人当たりにすると小さな施設
の方が高くなるので，施設のある地域や施設の規模によって 1 人当
たりの費用は異なる。このあたりのきめ細かさは，生活保護と似て
いる。事業者がサービスを提供するときは，自治体からこの額が事
業者に支払われる。

　生活保護とは異なり，利用者は低所得者とは限らないので，負担
能力があれば，それに応じて費用の一部または全部を負担する。サ

ービス利用時に負担がある点では医療保険と同じだが，医療保険では，実際にかかっている費用の一定割合を負担（**定率負担**）する。これに対して措置制度では，負担能力に応じて負担する（**応能負担**）。応能負担の具体的な仕組みは，措置制度ではないが子どものための教育・保育給付の利用者負担の例（➡表2-4）で確認してほしい。

利用者は負担額を自治体に対して支払う。医療保険のように，医療機関に対して支払うわけではない。

措置から契約へ ┃ 措置制度は，サービスを必要とする人が貧困者などの社会的弱者とされる一部の人に限られ，またサービス量も絶対的に不足している時代には，自治体がその予算の範囲内で，均一のサービスを優先順位の高い人に保障する仕組みとして，それなりにうまく働いていた。しかし，福祉サービスが普遍化し，サービス量もある程度整備されてくると，そのマイナス面が目立つようになってきた。

どこの施設に入所するかを利用者が選択するのではなく自治体が判断するため，施設の間に利用者に選ばれるためのサービス競争が起こりにくく，サービスの内容が画一的になりがちである。施設は自治体に代わって利用者にサービスを給付しているため，施設と利用者の間に対等な関係が成立しにくい。応能負担の仕組みも，金額の定め方にもよるが，中程度以上の所得のある人に負担が重い。また，誰にどんなサービスがどれだけ必要かを判断して自治体がサービスを提供し，費用を負担するので，自治体は予算や提供できるサービス量に合わせて必要性を判断しがちになる。

このため，医療サービスのように利用者が施設と契約して利用する仕組みに変えることとなり，2000年から，特別養護老人ホームの利用は，措置制度から第3章で学ぶ介護保険に移った。障害者施設の利用は2003年から，障害児施設の利用は05年から契約による

表2-2　自立支援給付

自立支援給付	介護給付	居宅介護（ホームヘルプ） 重度訪問介護 同行援護 行動援護 療養介護 生活介護 短期入所（ショートステイ） 重度障害者等包括支援 施設入所支援（障害者施設での夜間ケア等）
	訓練等給付	自立訓練（機能訓練，生活訓練） 就労移行支援 就労継続支援（A型＝雇用型，B型＝非雇用型） 就労定着支援 自立生活援助 共同生活援助（グループホーム）
	地域相談支援（地域移行支援，地域定着支援）	
	計画相談支援	

利用へと変わった。保育所の利用は施設との契約には移行していないが，1998年から利用者が施設を選択する方式に移行し，2015年からの子ども・子育て支援制度で，サービスの必要性の判断をサービス提供と別に行う仕組みに移行した。

　児童福祉施設のうちの乳児院，児童養護施設，児童自立支援施設および情緒障害児短期治療施設，また養護老人ホーム，婦人保護施設および生活保護の施設でのサービスは，なお措置制度で給付される。これらの児童福祉施設は，保育所等の児童福祉施設と違って，保護者がいなかったり，いてもその選択による適切な利用を期待できない場合が多い。施設利用の適否は，保護者の意向，児童本人の希望や選択を考慮して最終的には自治体が判断し決定することが必

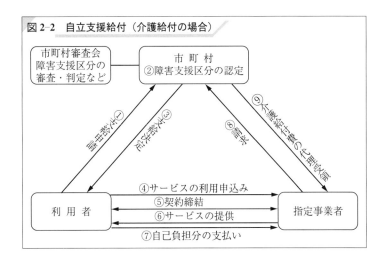

図 2-2　自立支援給付（介護給付の場合）

市町村審査会
障害支援区分の
審査・判定など

市町村
②障害支援区分の認定

①支給申請

③支給決定

⑧請求

⑨介護給付費の代理受領

④サービスの利用申込み
⑤契約締結
⑥サービスの提供
⑦自己負担分の支払い

利　用　者

指定事業者

要なため，措置制度とされている。養護老人ホームと婦人保護施設は，客観的基準による必要性の認定がない中で，住宅ではなく本当に施設入所が必要かどうかの個別の判断を自治体が行う必要がある。さらに，保護施設は，生活保護は在宅での保護が原則とされている中で，本当に施設での保護が必要かどうかの判断を自治体が行う必要があるため，措置制度とされている。

　なお，契約に移行した施設でも，虐待等によってその人の保護のために必要であるにもかかわらず，どうしても利用契約が結べない場合には，自治体が措置を行う仕組みが残っている。

給付の仕組み(2)：自立支援給付

障害者への給付は**障害者総合支援法**に基づいた自立支援給付で行われている。障害者総合支援法は 2013 年に障害者自立支援法の名称が変更されたものだ。

　自立支援給付には介護給付と訓練等給付等がある（➡表 2-2）。

　介護給付の基本的な仕組みは図 2-2 のとおり。給付にあたっては，

Column⑧ 障害者と就労

勤労は憲法に定められた権利（日本国憲法27条）。また，障害者も職業に就く権利をもつことは1975年の国連の「障害者の権利宣言」にも書かれている。障害者は働かなくても生活できるように保障すればいいのであって，働くことが権利だなんてヘンだと思う？　でも，働くことでお金を得られるだけでなく社会参加もでき，社会の役に立った，何かを達成したなどの精神的な喜びも得られる。だから，障害者も就労できるよう，障害者総合支援法による障害者への支援のほか，障害者雇用促進法による事業主への義務づけなどが行われている。

障害者雇用促進法では，43.5人以上雇用している事業主は一定率以上の障害者を雇用する義務がある。民間企業では2.3%，国，地方公共団体では2.6%，都道府県等の教育委員会は2.5%。大学にももちろん義務が課されていて，私立大学は民間企業と同じ2.3%，国立大学は国と同じ2.6%。

この率を達成していないと，不足人数に応じて納付金を徴収される。それを財源として，率を超えて障害者を雇用している企業に調整金等が支給される。障害者を雇用するために職場環境や指導上の配慮などを行うことにより生じる負担を調整するものだ。でも，納付金を払えば障害者を雇用しなくていいというものではない。未達成の企業は雇入れ計画の作成を命令され，それでも改善が進まない場合は，企業名が公表されることもある。

あなたの大学では，障害をもった教職員がどれくらい雇用されているだろう？

福祉サービスの公平な利用のために，市町村が審査会を設けて障害支援区分の認定を行い，その区分，介護者の状況，本人の利用意向等を勘案してサービスの種類ごとに支給されるサービス量を決定する。決定を受けた者は施設や事業者を選択して契約し，サービスを利用する。サービス利用に要する費用は利用者が施設等に支払い，自治体が利用者に利用者負担分を引いた残りの額を介護給付として支給する。ただ，この介護給付を利用者に代わって施設等が受け取る代理受領の仕組みをとる。だから，実際には利用者負担額を施設に支払うだけでサービスを利用することができる。これは，医療保険の「療養費払いの現物給付化」とまったく同じ仕組みだ。ケアプ

ラン作成費も支給される。介護給付は，第3章で学ぶ介護保険の給付とよく似た仕組みとなっている。

利用者負担は，当初は介護保険と同様に負担能力別に上限が定められた1割の定率負担だったが，2012年から定率1割を上限とする応能負担となった。もっとも，どちらの方式でも，負担は1割と応能負担のどちらか低い方の額で変わりはない。また，ケアプラン作成費や相談費については利用者負担はない。利用者負担を除く費用は，国，都道府県，市町村がそれぞれ1/2，1/4，1/4ずつ負担する。財源は税。

自立支援給付のほかに，都道府県や市町村は**地域生活支援事業**を行う。市町村の事業としては，移動支援や手話通訳者の派遣等があり，都道府県の事業としては専門性の高い相談支援として，発達障害者支援センターなどがある。事業は都道府県や市町村が地域の実情に応じて行うもので，自立支援給付のような個別給付とは違って個々の利用者の給付を受ける権利が明確になったものではない。事業にかかる費用は実施する自治体が負担し，市町村実施事業は国，都道府県がそれぞれ1/2以内，1/4以内で補助する。都道府県実施事業は国が1/2以内で補助する。財源は税。

市町村および都道府県は障害福祉計画を定め，その中で障害福祉サービスや地域生活支援事業の提供体制の確保についての目標や必要な量の見込み等について定める。

給付の仕組み(3)：子ども・子育て支援制度　保育所，認定こども園，幼稚園への給付は2015年から原則として**子ども・子育て支援法**による**子どものための教育・保育給付**として行われる。これは，社会保障と税の一体改革の中で子ども・子育て支援の強化があげられ，2012年に消費税の引上げに関連する法律と一緒に子ども・子育て関連3法が成立したことによるもの。

Column ⑨ 少子化と保育所待機児童

　日本の合計特殊出生率は，2022年1.26，世界の中でも低いグループに属する。少子化が引き起こす最大の社会経済問題は，労働力の不足と社会保障等のための現役世代の負担増大だ。その対応策は，青壮年の男性だけでなく女性，高齢者，障害者等が就労し，より高い生産性を上げられるように支援すること。一方，出生率の回復のための対応策は，結婚，出産を希望している人が希望をかなえられるよう，男女共に仕事と子育ての両立ができるよう支援すること。

　どちらの面からも少子化への対応策として重要なのが働き方の見直しと並んで保育サービスだが，認可保育所に申し込んでも入れずに空きを待っている保育所待機児童は，園児の小学校一斉入学で定員に一番余裕が出るはずの4月時点ですでに3000人（2022年）。保育所の定員は認定こども園や地域型保育事業も入れると2022年で約304万人，2002年度に開始した待機児童ゼロ作戦により20年間で110万人も増加しているのに，待機児童はなくならない。少子化も続いているのに，どうしてこんなことが起きるのだろう？ それは，子育て中でも働きたいと思う女性が増加しているからだ。この20年間で1人めの子どもを出産して仕事を継続する人の割合が38%から70%へ，子育て世代の既婚女性の就労率が20代後半は44%から74%，30代前半は44%から70%へと増加した。

　だから，待機児童をなくすためにはもっと早急に大幅に保育所定員を増やさなければならないけれど，そのためにはどうしたらいいのだろう？ 規制を緩和して保育所の認可を受けやすくする，認可保育所以外の保育所を増やす，幼稚園と保育所の一体化を進める，保育所の利用を障害者の自立支援給付や介護保険に近い仕組みに改めるなどいろいろな方法がある。どんな方法をとるにしても財源の確保が重要だ。それで，社会保障と税の一体改革（➡ *Column*㊴〔300頁〕）の中で議論されて，2012年に子ども・子育て関連3法が消費税の引上げに関連する法律と一緒に成立し，15年度から新たな子ども・子育て支援制度が始まった。2016年からは，子ども・子育て拠出金を財源とする企業主導型保育所も加わった。

　保育の給付は従来，利用要件に該当するかどうかをサービスの提供と同時に市町村が判断していたので，措置方式と同じように予算や定員の枠内にニーズを抑える力が働く仕組みだった。子どものための教育・保育給付では，利用の申込みとは別に市町村がニーズを

表 2–3　子どものための教育・保育給付

子どものための教育・保育給付	施設型給付	認定こども園（幼保連携型，幼稚園型，保育所型，地方裁量型） 認可保育所（20 人〜　） 幼稚園
	地域型保育給付	小規模保育（6〜19 人） 家庭的保育（1〜5 人） 居宅訪問型保育 事業所内保育

客観的に認定する。保育（教育と養護）が必要ではなく教育のみを希望する場合は第 1 号，保育が必要な場合で 3 歳以上は第 2 号，3 歳未満は第 3 号の認定を受ける。保育が必要な第 2 号と第 3 号では，必要な保育の量（時間）も認定される。

　認定を受けた利用者は保育所，認定こども園，幼稚園などの施設や地域型保育の事業者を選択して契約し，サービスを受ける（➡表 2-3）。契約に先立ち，保育所，認定こども園などについては市町村による利用調整とあっせんが行われる。サービスに要する費用は利用者が施設等に支払い，自治体が利用者に利用者負担分を引いた残りの額を子どものための教育・保育給付として支給する。利用者に代わって施設等が受け取る代理受領の仕組みによって，実際には利用者負担額を施設等に支払うだけでサービスを利用できるのは，医療保険や自立支援給付と同じ。ただし，民間立保育所の場合は従来どおり利用者は市町村に申し込み，市町村が保育所に委託してサービスを提供する。その費用は当分の間，子どものための教育・保育給付ではなく委託費として市町村から保育所に支払われる。

　利用者負担は所得に応じて支払う応能負担である（➡表 2-4）。自

表 2-4　特定教育・保育施設等の利用者負担（月額），2023 年 4 月

保育認定の子ども（3 号認定：満 3 歳未満）

多子カウント年齢制限	階層区分 （　）内年収	利用者負担	
		保育標準時間	保育短時間
なし	①生活保護世帯 ②市町村民税　非課税世帯 （～約 260 万円）	0 円	0 円
なし	③所得割課税額 48,600 円未満 （～約 330 万円）	19,500 円 〔9,000 円〕	19,300 円 〔9,000 円〕
なし	④所得割課税額 57,700 円未満 〔77,101 円未満〕 （～約 360 万円）	30,000 円 〔9,000 円〕	29,600 円 〔9,000 円〕
〃 有り（小学校就学前）	97,000 円未満 （～約 470 万円）	30,000 円	29,600 円
〃 有り（小学校就学前）	⑤所得割課税額 169,000 円未満 （～約 640 万円）	44,500 円	43,900 円
〃 有り（小学校就学前）	⑥所得割課税額 301,000 円未満 （～約 930 万円）	61,000 円	60,100 円
〃 有り（小学校就学前）	⑦所得割課税額 397,000 円未満 （～約 1,130 万円）	80,000 円	78,800 円
〃 有り（小学校就学前）	⑧所得割課税額 397,000 円以上 （約 1,130 万円～）	104,000 円	102,400 円

（注）1）教育標準時間認定の子ども（1 号認定），保育認定の子ども（2 号認定：満 3 歳以上）の利用者負担額は 0 円。
2）〔　〕書きは，ひとり親世帯，在宅障害児（者）のいる世帯，その他の世帯（生活保護法に定める要保護者等とくに困窮していると市町村の長が認めた世帯）の額。
3）満 3 歳に到達した日の属する年度中の 2 号認定の利用者負担額は，3 号認定の額を適用する。
4）小学校就学前の範囲において，特定教育・保育施設等を同時に利用する最年長の子どもから順に 2 人めは上記の半額，3 人め以降については 0 円とする。ただし，年収約 360 万円未満相当の世帯においては多子のカウントにおける年齢制限を撤廃し，年収約 360 万円未満相当のひとり親世帯等については 2 人め以降については 0 円とする。
5）給付単価を限度とする。
（出所）内閣府資料を加工。

立支援給付のような定率の上限は設定されていない。2019年10月からは3歳以上の子どもは利用料が無料となったので，利用者負担は0〜2歳の子どもだけ。3歳以上の子どもにかかる民間立施設の費用は，国，都道府県，市町村がそれぞれ1/2，1/4，1/4ずつ負担する。0〜2歳の子どもにかかる民間立施設の費用は，利用者負担を除いた分の16.46％（2023年度）を子ども・子育て拠出金（児童手当等のために事業主が国に納めるお金）が，残りの1/2，1/4，1/4を国，都道府県，市町村がそれぞれ負担する。公立施設については，利用者負担を除き全額を設置自治体が負担する。

子どものための教育・保育では，新たに，幼稚園のほか**地域型保育**が給付対象に加わった。小規模な保育施設や訪問型の保育サービスなどの地域型保育によって，保育所待機児童が多い地域で認定こども園や認可保育所が整備されるまでの間のニーズや，逆に子ども数が減って認定こども園や認可保育所が維持できないような地域でのニーズに弾力的に対応することができる。

認定こども園は，共働きや片働きというように親の働き方が違ってもすべての子どもが利用できる，保育と教育を一体的に提供する施設だ。2006年に創設されたが，手続きが煩雑なためなどで普及が進んでいなかった。新制度では，認可等の手続きや給付が一本化された。

子どものための教育・保育給付のほかに，市町村は延長保育，病児保育，放課後児童クラブ（学童保育），地域の子育て支援拠点（子育て広場）などを**地域子ども・子育て支援事業**として行う。事業は市町村が地域の実情に応じて行うもので，子どものための教育・保育給付のような個別給付とは違って，個々の利用者の給付を受ける権利が明確になったものではない。事業にかかる費用は市町村が負担し，都道府県と国も予算の範囲内で交付金を出す。事業のうち延長

保育，病児保育，放課後児童クラブにかかる費用の国負担分については，子ども・子育て拠出金が使われる。

　市町村は子ども・子育て支援事業計画を，都道府県は子ども・子育て支援事業支援計画を5年ごとに定め，その中で保育サービスや地域子育て支援事業の提供体制の確保について必要な量の見込みや内容，実施時期等について定める。

> サービスはどこで誰が
> 提供している？

福祉サービスの多くは施設で提供されている。社会福祉施設は国や自治体だけでなく民間も設置できるが，設置には都道府県知事の許可や届出が必要である。また，利用者1人当たりの面積や職員数などについても基準がある。

　施設は民間では原則として**社会福祉法人**しか設置できなかった。社会福祉法人は設立に都道府県知事などの認可が必要であり，資産や役員などについて規制がある。これは，外部の目の届きにくい施設内で，虐待など利用者の権利が損なわれることが起きないようにするためである。福祉と医療の連携が重要になったことから，2007年からは医療法人も施設を設置できることとなった。一般の医療法人は原則として通所施設のみ，社会医療法人であれば特別養護老人ホーム等を除き入所施設も設置できる。一方，施設サービスに比べると，ホームヘルプなどの在宅サービスは家族などの目が届きやすいことから，営利企業でも提供することができる。**規制緩和**の流れの中で2000年からは保育所も営利企業でも設置できるようになった。

　福祉サービスの専門資格としては，社会福祉士，介護福祉士，保育士などがある。社会福祉士の資格をもっている人しか「社会福祉士」と名乗ってはいけないという「**名称独占**」が法律上認められているが，医療と違って，資格をもった専門家以外が業として行って

はいけないという「業務独占」にはなっていない。実際、多くの家庭で家族が行っていることでもあるし、ボランティアが行うこともある。でも、もちろん、質の向上のためには、教育を受けた専門家ができるだけ多く福祉サービスに従事することが大切だ。

サービスはどうしたら
増える？

保育所や特別養護老人ホームには待機者が多くて、希望してもすぐには入れないという話を聞いたことがあるだろう。社会福祉施設はどうしたらもっと増やせるのだろう？

社会福祉施設整備のための費用負担の仕組みも、運営のための費用負担の仕組みと同様に、変化してきた。社会福祉施設を建設するための費用には、国 1/2、都道府県 1/4 の補助がある。だから、施設を設置する人は建設費の 1/4 を自分で負担する。また、土地代には補助はないので、これも施設を設置する人の負担。一定の場合には、土地建物の賃借も認められるが、この場合も賃料は設置する人の負担だった。

一方、措置費は施設の運営に必要な費用であり、基本的に土地建物代などに使ってはいけなかった。医療保険では診療報酬の使い方に制限がないので、お金を借りて病院をつくり、診療報酬によって返済することができる。こうして、病院はどんどん増えていった。現在では、地域によっては病床が多すぎて無駄な医療につながっているといわれるほどだ。ところが、福祉施設は措置費の使い方が制限されているため、施設建設は国、都道府県の補助に頼らざるをえなかった。だから、どうしても国や都道府県の予算の制約を受けた。そのうえ、設置者の自己負担も大きいので、社会福祉施設の整備はなかなか十分に進んでこなかった。このため、2000 年の介護保険、03 年の支援費制度、06 年の障害者自立支援制度の導入に伴い、介護報酬や支援費、自立支援給付を施設整備にあててもよいこととな

った。2015年に始まった子どものための教育・保育給付についても同様だ。

　さらに，地方分権の流れの中で，社会福祉施設の整備費補助のあり方について問題提起がなされた。それまで，国が1つひとつの社会福祉施設について，施設の設計にまで立ち入ってその場所にその施設を整備することの適否を判断して補助していた。しかし，その判断を，国ではなく自治体に任せた方が事務も効率化され，施設整備がより適切に進むのではないかという問題提起だ。それを受けて，2005年から介護関連の老人福祉施設に対する国の補助金は，交付金となり，さらに，そのうち都道府県に対する分は，06年から一般財源化された。交付金は自治体の整備計画に対して国が一定のお金を交付するもので，その中では，どの施設の整備にどれだけ自治体が支出するかは自治体の自由だ。また，一般財源とは，何に使うか自治体が自由に決められる財源のことで，住民税や地方交付税などがこれに当たる。施設整備の交付金をやめた分は地方交付税の中に含めることとされた。自治体は責任をもって，介護保険事業計画で定めた数値目標に沿って必要な施設を整備していくこととなる。児童福祉施設に対する国の補助金も2005年に交付金となり，06年にはその一部が一般財源化された。

　設置主体別に見ると，保育所のように設置された時期が比較的早いものは公営が多く，特別養護老人ホームのように比較的遅くに設置されたものは民営が多い。これは，公営では人件費が硬直的になり，運営が赤字になることが多いこと，また，サービスも民営の方が柔軟にできることなど，民営の利点についての認識が高まってきたためである。最近では，公営施設の民間移譲も増えてきている。

3 社 会 手 当

●社会福祉制度はサービス給付だけ？

社会福祉制度は，サービス給付だけだろうか？ 第7章で詳しく学ぶけれど，社会保険という仕組みが成立するにはいくつかのルールがある。所得を失ったり，特別の出費が必要になる事態の中には，このルールに合わないため，社会保険では保障できないものがある。だからといって，生活保護は資力が最低生活維持の水準を下回るまでは手を出せない。社会手当は，このような場合に一定の金銭給付を行い，貧困に陥るのを予防しようとするものである。加入や拠出が給付要件となっていない点で，社会保険とは異なる。また，最低生活の保障を目的とするのではなく，資力調査もない点で，生活保護とも異なる。やはり，生活保護と社会保険の中間にある制度である。サービス給付の社会福祉制度と異なり，公的扶助から生まれてきたというよりは，社会保険を補完する金銭給付としての性格をもつ。

現在の日本の制度としては，児童手当，児童扶養手当，特別児童扶養手当などがある。

児童手当 | **児童手当**は，子どもを育てている父または母等に対して支給される金銭給付である。子育ては出産という親の選択によるものなので，社会保険のルールに合わない。

1971年に，義務教育終了前の子どもを対象に3人めから月額3000円を支給する制度としてつくられた。子どもが多いことは，病気や老齢と並んで貧困の原因となる。このため，多子家庭を対象として，貧困に陥ることを予防するために給付が行われた。

表 2-5　児童手当の負担割合

支給対象	負　担　割　合
3 歳未満 　　被 用 者 　　被用者以外	事業主 7/15，国 16/45，都道府県 4/45，市町村 4/45 国 2/3，都道府県 1/6，市町村 1/6
3 歳以上	国 2/3，都道府県 1/6，市町村 1/6
特例給付	国 2/3，都道府県 1/6，市町村 1/6

　その後，1985 年改正で就学前の子どもを対象に 2 人めから，90年改正で 3 歳未満の子どもを対象に 1 人めから支給することとなった。

　一般に子どもが小さいほど親も若く就業経験が浅いため，給与も低く収入が少ない。また，子どもが小さいと母親が仕事をしにくく収入がないことも多い。しかし，一方，子育てにかかる費用は教育費など子どもの年齢が上がるほど高くなるので，年齢を引き上げるべきだという意見もある。また，理想の数だけ子どもをもてない理由として子育ての経済的負担をあげる声が多いため，少子化対策として児童手当の充実を図るべきだという意見も強い。年金によって高齢者の経済的扶養が社会化されたのに，子育ての経済的負担が社会化されないままでは，世代間の連帯が続かないという意見もある。

　このような意見を背景に，2000 年から児童手当の対象となる子どもの年齢が引き上げられ始め，現在は，中学校修了時まで支給されている。また，金額も引き上げられ，現在は，子ども 1 人当たりで 3 歳未満は 1 万 5000 円，3 歳から小学校修了までの 1 人め，2 人めは 1 万円，3 人め以降は 1 万 5000 円，中学生は 1 万円。

　一定以上の所得があると給付が制限される「**所得制限**」があり，2023 年度においては，4 人世帯（共働きの両親と扶養されている 2 人の子ども）で所得が 698 万円以上の者には支給されない。ただし，当分の間は所得制限を超えても 4 人世帯で所得が 934 万円までの者に

Column⑩ 税制控除と手当

　所得税の額は，次の算式で決まる。

　　(収入−必要経費−控除)×税率＝所得税額
　　　　　所得
　　　　　　　　課税所得

　必要経費とは，その収入を得るために必要だった経費であり，たとえば物を売って収入を得た場合はその物の仕入値が必要経費となる。収入から必要経費を引いた額が，所得である。所得からさらにいろいろな控除が引かれた後の額を課税所得という。控除額が大きくなると課税所得は小さくなる。また，税率は**累進税率**といって課税所得の高い人ほど高い。

　たとえば，2010 年まで，子どもの**扶養控除**は 38 万円が認められていた。所得税率は 5〜45％ だが，所得が低くすでに基礎控除などほかの控除を引いた結果，課税所得がゼロで税金を払っていない人は，扶養控除があっても利益は受けない。所得が低く，税率が 5％ の人は，年額 1 万 9000 円税金が安くなる。所得が高く，税率が 40％ の人は，年額 15 万 2000 円，8 倍も税金が安くなる。このように，税制上の所得控除は，所得の高い人の方が大きく税金の額が下がるのに対して，手当は，同一の額が給付される。

　このような所得控除は所得の高い人に有利であり，控除を廃止してその分の財源を現金給付に回すべきだというのが「控除から手当へ」の考え方。これに基づいてなされた改正には，次のようなものがある。

	手当		控除
2000 年	児童手当の年齢引上げ（3 歳未満から小学校就学前まで）	2000 年	16 歳未満の子どもの扶養控除の加算の廃止
2004 年	児童手当の年齢引上げ（小学校 3 年生まで）	2004 年	配偶者特別控除の一部廃止
2010 年	子ども手当創設（中学校 3 年生まで）	2011 年	16 歳未満の子どもの扶養控除の廃止
2010 年	高等学校等就学支援金	2011 年	16 歳から 18 歳までの子どもの扶養控除の加算の廃止

　一方で，こうした一見わかりやすい公平論は，じつは所得税の累進税率に起因するもので，子育ての費用は家族を維持していくうえで不可欠の費用なので，これに必要な費用はまず家族に残し課税すべきではない，という議論もある。

限り，子ども1人当たり5000円が特例的に給付される（特例給付）。

　制度の運営管理は国が行うが，支給の事務は法定受託事務として市町村が行っている。

　財源は公費のみでなく，勤め人の3歳未満の子どもについては事業主負担も行われていて，社会福祉制度の中では特殊な性格をもっている。ただし勤め人の子どもであっても近年拡大された3歳以上や特例給付は扶養控除の廃止による増税財源をあてていることなどもあり，事業主負担がない。負担割合は，表2-5のとおりである。

　事業主負担といっても，児童手当をもらっている人を雇っている会社がその手当の7/15を負担するというのではない。日本全体で勤め人の3歳未満の子どもに対する児童手当の給付に必要な総額の7/15を事業主が全体で負担する。具体的には，各会社は雇っている人の給与・ボーナスの一定割合（2024年度0.36%）を，児童手当の給付のために**子ども・子育て拠出金**として国に支払う。この各会社が支払う額で，勤め人の3歳未満の子どもに給付される児童手当の費用の総額の7/15を賄うということである。子ども・子育て拠出金は児童手当のほか，放課後児童クラブや企業主導型保育事業，2018年度からは0〜2歳の子どもの教育・保育給付の費用のためにも使われている。

　事業主負担があるのは，児童手当は当初，賃金として各会社から支払われていた**扶養手当**に代わる給付と考えられたからである。賃金には基本給のほかに，仕事とは直接関係のない妻や子どもを扶養するための手当が含まれることが多い。これでは，子どもがいる人を雇っている会社の負担が大きくなるなどの問題がある。児童手当は，子どもの扶養手当を各会社がそれぞれ支払う代わりに，子どものいる人を雇っているかどうかを問わず，払っている給料の額に応じて会社がお金を出し合って，児童手当を出すという考え方である。

ただ，実際は児童手当ができた後も，個々に扶養手当を払っている会社も多い。

2022年2月末で受給者数は約960万人（施設等受給者を除く）。

児童手当のほかに，2023年1月から妊娠届出時に5万円相当，出生届出後に5万円相当の給付を行う出産・子育て応援交付金が創設された。所得制限はない。給付の実施主体は市町村で，費用は国が2/3，都道府県，市町村が1/6ずつ負担する。財源は税。

| 児童扶養手当 |

児童扶養手当は，ひとり親家庭の父や母などに対する金銭給付である。

死別母子家庭であれば，遺族年金が支給される。ところが，離婚母子家庭は年金の対象とならない。社会保険は，病気やけがや死亡という偶然の事故に備えて，あらかじめお金を出し合っておいて，お互いに助け合う制度であり，本人の決定によって起きる離婚という事態はなじまないからだ。といっても，母子家庭にとっては，死別であろうと離別であろうと，現に主たる稼ぎ手を失ったという状況に変わりはない。それで，遺族年金を支給されない母子家庭の母への所得保障を行うため，1961年にこの制度が創設された。

2008年からは，手当の受給期間が5年を超える場合には，最大で半額まで減額されることとなった。これは，家族の多様化，女性の就業の増加などの社会変化を背景に，手当の目的として，離婚母子家庭の低所得の一般的な改善だけでなく，離婚直後の生活の激変を緩和し母子家庭の自立を促進するという点がより重視されたためだ。この観点から，この法律改正とあわせて，母子及び寡婦福祉法等が改正され，母子家庭の仕事と育児の両立支援など新たな自立支援施策もとられることとなった。

2010年からは父子家庭も対象となった。したがって今では，失った所得の保障というより，ひとりで仕事をしながら育児を行うこ

とになったひとり親家庭の生活の困難さに着目した給付となっているといえよう。

　全額支給される場合の手当の月額は毎年物価スライドされ，2024年4月現在，子ども1人の場合は月に4万5500円，2人の場合は1万750円が加算，3人以上の場合は子ども1人当たり6450円が加算される。子どもとは18歳の誕生日の属する年度末まで，つまり通常であれば高校を卒業するまでが対象となる。子どもに障害のある場合は，20歳未満まで対象となる。

　児童扶養手当の所得制限は扶養家族の人数によって異なるが，2024年4月現在，勤め人のひとり親と子ども1人の世帯であれば，親の前年の収入が160万円未満の場合には全額支給される。365万円以上だと支給されない。160万円以上で365万円未満の場合には，収入に応じて減額される。2人め以降の加算額も収入に応じて減額される。

　制度の運営管理は法定受託事務として，市または福祉事務所を設置する町村に住む住民の場合は市町村が行う。福祉事務所を設置しない町村に住む住民の場合は都道府県が行うが，その場合でも，請求書の受理や証書の交付などの事務は住民の身近な自治体で行った方が便利だから，法定受託事務として町村が行う。

　費用は，1/3を国が，2/3を制度の運営管理を行う都道府県または市町村が負担する。2023年3月末で受給者は約82万人である。

特別児童扶養手当　　**特別児童扶養手当**は，20歳未満の障害児を育てている父または母に支給される。金額は，2024年4月現在月額で，中度の障害の場合は3万6860円，重度の障害の場合は5万5350円であり，給付には所得制限がある。

　制度の運営管理は国が行うが，給付の要件に当たるかどうかの認定は法定受託事務として都道府県が行っている。また，請求書の受

理や証書の交付などの事務は，市町村が行っている。

費用は国が負担する。財源は税である。2023年3月末，受給者は約26万人である。

20歳以上の者は国民年金制度に加入する義務があり，障害者であれば障害基礎年金が支給される（➡*Column㉖*〔187頁〕）。20歳未満の者は国民年金制度に加入できないので障害があっても障害基礎年金が支給されない。でも，20歳未満であっても介護など障害による特別の出費は想定されるので，それを保障する必要がある。20歳未満の障害児を育てる父または母に金銭給付を行うこの制度は，児童扶養手当と同じく，社会保険を補完する性格をもつ。

Summary サマリー

生活保護は，憲法で定める「健康で文化的な最低限度の生活を営む権利」（生存権）を国が最終的に保障するための制度である。日本人であれば誰でも，ほかのあらゆる手段を活用しても最低生活を維持できない場合には，給付を受けることができる。ただし，資力調査が行われるため，スティグマを与えやすい。原則として金銭給付が行われ，費用は，税を財源に国と自治体が負担する。

社会福祉制度は，低所得の者に限らず，また加入や拠出を要件とせずに，児童や障害者などに給付を行う制度である。サービスには，施設サービスと在宅サービスがある。費用は，税を財源に国と自治体が負担し，利用者も応能負担する。

社会福祉制度のうち，金銭給付を行う制度を社会手当という。これには児童手当などがあり，給付には所得制限がある。費用は税を財源に国と自治体が負担するほか，児童手当の場合は事業主も負担する。

■ 理解を確かめよう ■■■■■

1 生活保護は，どんな考え方に基づく制度なのか，誰がどんな場合にどんな給付を受けられるのか，また，誰が費用を負担してい

るのかを医療保険と比較してまとめてみよう。

2 社会福祉制度では，誰がどんなサービスを受けられるのか，誰が費用を負担しているのか，またサービスを受ける仕組みはどうかについて医療保険と比較してまとめてみよう。

3 社会手当は，誰がどんな場合に給付が受けられるのか，生活保護と比較してまとめてみよう。

★参考文献────────────

① 福祉の制度，施設，人材などについて幅広く学びたい人へ

社会福祉の動向編集委員会編『社会福祉の動向 2023』中央法規出版，2023 年

② 日本の生活保護や社会福祉制度の歴史について学びたい人へ

副田義也『生活保護制度の社会史（増補版）』東京大学出版会，2014 年

北場勉『戦後社会保障の形成──社会福祉基礎構造の成立をめぐって』中央法規出版，2000 年

第3章 介 護 保 険

介護サービスを利用しやすく

2000年4月に始まった介護保険は，医療保険と同じようにサービスを社会保険で給付する制度だ。誰が加入し，保険料はどういうルールで決まり，どう払うのか，介護が必要になったら，どんな手続きで誰からどんなサービスが受けられ，利用料はどうなるのかなど，介護保険の基本的な仕組みを理解しよう。医療保険にはない，要介護認定やケアプランにはどんな意味があるのだろう。また，介護サービスの整備はどう進められているのだろうか。第1章で学んだ医療保険，第2章で学んだ社会福祉制度と比べながら，介護保険の仕組みと考え方をしっかり身につけよう。

1 介護サービスを保障する仕組み

●家族に介護が必要になったらどうする？

> **家族が寝たきりになったら？**

　もしも，おじいちゃんに先立たれてあなたの家で一緒に暮していたおばあちゃんが脳梗塞(のうこうそく)で倒れて，治療が終わっても麻痺(まひ)が残ったためにベッドから起きられず，食事や着替えも1人でできなくなってしまったら，どうする？

　おばあちゃんは家に帰りたいと言うけれど，両親も働いているし，あなたも学校があるし，それに家は古くて段差が多い。どうしたらいいのだろう？

　こんなとき，頼りになるのが2000年4月に始まった介護保険。市役所や町村役場に相談すると，まずおばあちゃんの心身の状況を調査して，介護や支援が必要かどうか，また，必要な場合はどの程度必要かの判定がされる。介護の必要度に応じて，保険でデイサービスに通ったり，ホームヘルパーに来てもらえる。住宅の改修もできる。ケアマネジャーに相談すると，おばあちゃんの状態に合わせてサービスの利用計画をつくってくれるから，これに沿ってサービス提供事業者と契約して，費用の原則として1割を負担すればよい。これらのサービスを利用して，家族で協力すれば希望どおりおばあちゃんは自宅で暮らせるかもしれない。

　自宅での介護が無理であれば，介護保険で施設に入所することもできる。介護保険で利用できる施設には，特別養護老人ホームと老人保健施設と介護医療院などがある。利用したい施設を選んで，その施設に直接入所を申し込む。入所したら，利用者は介護費用の原則として1割と食費，部屋代を施設に払う。費用は施設の種類と介

護の必要度によって違う。

介護保険ができる前,
社会福祉制度では？

介護保険ができる前は，介護サービスは保障されていなかったかというと，そんなことはない。特別養護老人ホームでの介護サービスは，措置制度によって給付されていた（→図3-1）。措置制度では，第2章で学んだように，自治体が給付をとりしきっている。特別養護老人ホームの場合は市町村に相談すると，市町村が利用者の心身の状況や家族の状況，所得の状況などを調査して，特別養護老人ホームに入所させるかどうか，入所させるとしたらどこのホームかを決めて「措置」を行っていた。つまり，利用者が自分で施設を選ぶことはできなかったのだ。また，利用者の負担額は，利用者や家族の所得の状況によって異なる応能負担であり，介護保険が始まる直前の1999年度ではまったくの無料から月額24万円まであった。利用者はこの額を施設にではなく市町村に支払っていた。だから，施設には，利用者負担も含め食費や介護などに必要な費用の全額が市町村から措置委託費として支払われていた。

介護保険ができる前,
老人保健制度では？

介護を受ける施設には，特別養護老人ホームのほかに，老人保健施設やいわゆる老人病院があった。これらの施設は，介護保険ができる前は，医療保険である老人保健制度（→図3-1）で利用することとなっていた。

老人保健制度では，利用者が老人保健施設や老人病院を選んで，入所を直接に申し込むと，入所が必要かどうかの判断を施設の医師が行う。利用者は一部負担金を施設に支払い，施設は残額を市町村に請求して市町村から支払いを受ける。利用者の負担金は1996年度老人保健施設では月額約6万円，老人病院では約5万3000円であった。

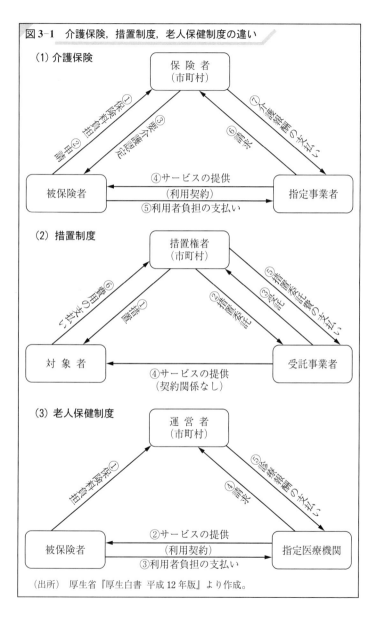

図 3-1 介護保険, 措置制度, 老人保健制度の違い

(1) 介護保険

保険者
(市町村)

①要介護認定の申請
②認定
③要介護認定
④サービスの提供
（利用契約）
⑤利用者負担の支払い
⑥請求
⑦介護報酬の支払い

被保険者

指定事業者

(2) 措置制度

措置権者
(市町村)

①申請
②措置依頼
③委託
④サービスの提供
（契約関係なし）
⑤措置委託費の支払い
⑥費用の徴収

対象者

受託事業者

(3) 老人保健制度

運営者
(市町村)

①要介護認定の申請
②サービスの提供
（利用契約）
③利用者負担の支払い
④請求
⑤診療報酬の支払い

被保険者

指定医療機関

（出所）厚生省『厚生白書 平成 12 年版』より作成。

この仕組みでは，利用にあたって老人保健制度を運営している市町村は利用者の前面には出てこない。いわば事後に支払いの段階で登場するだけである。

なぜ介護保険をつくったのか　介護保険がなくても介護サービスを保障する仕組みはあったのに，なぜ介護保険をつくったのだろう？

　以前は，介護サービスを老人保健制度と社会福祉制度という2つの制度で給付していたため，異なる制度で給付されるサービスの間で内容や費用負担にバランスを欠いていた。たとえば，同じような心身の状況にある人が老人病院に入った場合と特別養護老人ホームに入った場合を比較すると，病院では，介護よりも医療に重点を置いたサービスが行われ，実際にかかっている費用は特別養護老人ホームよりも高いのに，中程度以上の所得があると自己負担額は病院の方が低くなる。また，当時はまだ，歴史的な理由などから社会福祉制度の利用にも生活保護と似たスティグマが残っていて，とくに高齢者に強かった。

　このため，施設の選択がその人の心身の状況ではなく，自己負担額の多寡やスティグマの有無によって左右されることも多かった。つまり，本来特別養護老人ホームに入った方がよい人が，負担が少なくスティグマもない病院に入院することが多かったのだ。これがいわゆる**社会的入院**（入院医療の必要ではなく介護などの必要からの入院）を生む理由の1つであった。社会的入院は，病院という治療の場であるために介護や生活の場という観点からは質の低いサービスが行われる場合が多いことや，医療資源が医療の必要のない人に使われているという意味で非効率な使われ方をしているなどの問題があった。

　このような2つの制度による縦割りの弊害をなくすためには，介

護サービスを介護保険という独立した1つの制度で給付することが必要だったのだ。

独立した介護制度が必要だったとしても、それを社会保険にしたのはなぜだろう？　理由の1つは、スティグマを完全になくすためである。社会保険は保険料を払って給付を受ける仕組みであるから、給付を受けることに対する権利意識をもちやすい。高齢者を中心に残っているスティグマを早急になくして、適切な介護サービスを利用してもらうためには、社会保険の仕組みの方が合っていた。

しかし、社会保険にした最大の理由は財源を確保しやすいことである。社会保険では給付と負担の関係が明確だから、介護のための新たな負担を国民に納得してもらいやすい。一般の税金では使途が特定されていないので、なかなか負担の増加を納得してもらいにくいし、また、増税できたとしても、それをそのまま介護のための財源に使えるわけではない。財源の確保はどうしても財政状況や市町村長などの姿勢に左右されてしまい、十分な量のサービスは確保しにくかった。この点、社会保険であれば保険料はそのまま給付のために使うことができる。

ただ、保険料は、勤め人の場合給与にかけられ、会社負担分もあるので、会社が人を雇う費用を増加させる。また、低所得者には一般に税より負担が重くなる。天引きではなく保険料を払ってもらう場合には、どうしても払わない人が出てきて、保障から漏れる人ができたり、保険財政の悪化につながったりもする。だから、保険ではなく税で行うべきだとの強い意見もあった。あなたはどう思う？

2 保　険　者

　介護保険は，医療保険のように制度が分立していない。医療保険が健康保険，国民健康保険，共済組合などに分かれているのは，歴史的に職場ごとに少しずつできてきた制度だから。でも，制度によって給付や負担の仕組みが異なると不公平になることもある。だから，新しくできた介護保険では，日本に居住するすべての人に対して同じ1つの制度とした。

　制度が1つでも保険者が1つとは限らない。医療や介護のようなサービス給付では，保険者の規模が大きすぎない方がきめ細かな対応ができる。健康保険では，大きな会社では，会社が健康保険組合をつくって保険者となっている。でも，要介護になる人は退職した高齢者に多いから，健康保険組合のように職場ごとにグループをつくるのには向いていない。だから，介護保険は職場ではなく，住んでいる地域ごとにグループをつくっている。保険者は，住民に一番身近な自治体である市町村だ。地域だけに基礎を置き，職場に基礎を置いた保険者がまったくないという社会保険は，介護保険だけである。

　介護サービスのような基礎的なサービスは，できるだけ住民に一番身近な自治体が行うことが望ましい。しかし一方で，介護保険は社会保険だから，財政規模が小さいと保険者間に保険料の著しい格差ができたり，保険財政が不安定になるという問題がある。このため介護保険には，第3節で述べる調整交付金など市町村の保険料に著しい格差が生じないようにする仕組みや，次のような財政を安定化させるための仕組みが設けられている。

予想以上に保険料を払わない人が多かったり，予想以上に給付費が増えてしまった場合に，市町村にお金を出したり貸したりするための基金（**財政安定化基金**）が都道府県につくられている。財源は国，都道府県，市町村が 1/3 ずつ出し合う。全国の基金の積立て残額は，2022 年度末で 1143 億円。

　また，いくつかの市町村が一緒になって財政を調整し，統一の保険料を設定する仕組み（**市町村相互財政安定化事業**）も設けられている。

3 被保険者と保険料

●誰が加入して保険料はどう決まる？

> 被保険者

社会保険は制度に加入して被保険者であることが給付の前提。介護保険の被保険者は誰だろう？

　40 歳以上の日本に住む人は原則としてすべて，住んでいる市町村の介護保険の被保険者である。なぜ 40 歳以上かというと，40 歳以上になると，脳梗塞や初老期認知症などの年をとることに伴う病気により，要介護状態になる可能性が高くなるからだ。それに，40 歳以上になると親が要介護状態になる可能性も高くなるからと説明されている。たしかに親が要介護状態になったときに給付が受けられれば子どもとしても助かるけれど，それは親が被保険者になっているからで，そのことと子ども自身が被保険者になることは別だから，この説明は理屈としては説得力がない。ただ，まだ自分自身が要介護状態になる可能性は比較的低い 40〜50 歳代の人に保険料の支払いを心情的に納得してもらううえでは有効な説明かもしれない。

　40 歳未満の障害者の要介護状態は給付対象としていない。若い

Column⑪ 若い障害者も介護保険の給付対象にするかどうか ━▄━▄━

　現在の介護保険は，年をとることに伴って生じる要介護状態というリスクに対して給付を行う仕組みだが，これを，年齢も要介護状態になった原因も問わないで給付対象にする仕組みに改めるかどうかが議論になっている。給付対象にするということは，社会保険である以上，被保険者となり保険料を支払ってもらうということでもある。これは，介護保険という制度を誰にでも広く適用する，つまり普遍化する方向だ。

　普遍化に賛成する側はその理由として，①そもそも対象とする要介護状態を年をとることに伴って生じるものだけに限定する理由がなく，欧米諸国でもそのような限定はしていないこと，②年齢による制度の縦割りでは地域でのケアを進めにくいこと，③被保険者の拡大は介護保険の財政的な安定につながること，④介護保険により障害者サービスに安定的な財源が確保できること，⑤共助の仕組みである社会保険に障害者サービスを組み入れることにより，障害の問題を他人事ではなく自分のこととしてとらえることができるようになること，があげられている。

　逆に普遍化に反対する側はその理由として，①障害者施策は，公の責任として，全額公費（税）による実施を基本とするべきであること，②若い人にとって新たに負担が増えることになり，介護保険料や国民健康保険料の未納や滞納が増えるおそれもあること，③健康保険に加入している人については，勤めている会社が介護保険料の半額を負担することになっているので，その分会社の負担が増えること，④介護保険では，高齢者とは異なる若い障害者のニーズに応えたサービスが給付されないおそれがあること，⑤検討すべきことが多いので，まだ決めるには時期尚早であること，があげられている。

　反対する理由の①④は，障害者サービスの側から見てその後退などを心配するもの。介護保険側から見た反対理由は②③。いずれも保険料負担の増加に納得できないということ。若い人が負担に納得しないのではないかと心配されているけれど，あなたはどう？

　障害者も介護保険の給付対象とするかどうかは，制度創設時にも施行5年後の見直し時にも大きな議論となった（➡***Column⑪***）が，結論が得られなかった。

　被保険者は年齢によって大きく2つのグループに分けられる（➡表3-1）。65歳以上の**第1号被保険者**と呼ばれるグループと，40歳以上65歳未満の**第2号被保険者**と呼ばれるグループである。この2

表 3-1　被保険者

	第 1 号被保険者	第 2 号被保険者
対象者	65 歳以上の者 （約 3589 万人）	40 歳以上 65 歳未満の医療保険加入者 （約 4185 万人）
受給権者	・要介護者 ・要支援者	左のうち，初老期認知症，脳血管障害等の老化に起因する疾病によるもの
保険料負担	所得段階別定額保険料（低所得者の負担軽減）	・健保：標準報酬×介護保険料率（事業主負担あり） ・国保：所得割，均等割等に按分（公費負担あり）
賦課・徴収方法	・市町村が徴収 ・年金額 18 万円以上は天引き，それ以外は普通徴収	医療保険者が医療保険料として徴収し，納付金として一括して納付

（出所）　厚生省『厚生白書 平成 12 年版』を厚生労働省「令和 3 年度介護保険事業状況報告（年報）」により修正。人数は第 1 号被保険者は 2021 年度末，第 2 号被保険者は 2021 年度内の月平均値。

つのグループは保険料の計算や納め方，サービスの受給要件にも違いがある。

第 1 号被保険者の保険料

　第 1 号被保険者の保険料は**所得段階別定額保険料**で，市町村によって算定される。市町村民税が本人は非課税であるが世帯の中には課税されている人がいて，かつ本人年金収入等が年額 80 万円を超える場合を基準として，それよりも所得の低い層を 4 段階に分けて，段階別に基準より安い保険料を設定する。また，基準よりも所得の高い層も 4 段階以上に分けて，やはり段階別に基準より高い保険料を設定する（➡図 3-2）。また，2015 年からは低所得者について保険料をさらに軽減し，その分の費用を国，都道府県，市町村が 1/2，1/4，1/4 ずつ負担する仕組みができた。それとは別に，災害

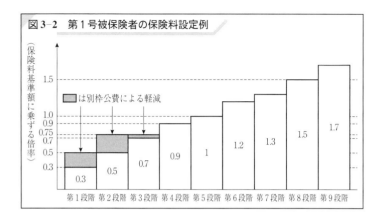

図3-2　第1号被保険者の保険料設定例

（保険料基準額に乗ずる倍率）

□は別枠公費による軽減

第1段階	0.3
第2段階	0.5
第3段階	0.7
第4段階	0.9
第5段階	1
第6段階	1.2
第7段階	1.3
第8段階	1.5
第9段階	1.7

時など一時的に負担能力の低下が認められる場合は，市町村は保険料を減免することもできる。

　保険料は原則としてその人の老齢年金等から天引きされる。つまり，あらかじめ年金額から保険料の額が差し引かれて，残りが年金として給付されるわけである。差し引いた保険料は年金保険者から介護保険の保険者である市町村に納められる。年金からの天引きは，介護保険の保険者である市町村の保険料徴収事務を軽減し，徴収漏れを防ぐためだ。もちろん，第1号被保険者自身も，納める手間が省かれ，納め忘れもなくなる。

　ただし，年金額が月額1万5000円未満の人については，この天引きが行われない。この人たちの保険料は，市町村が個別に集めなければならない。第1号被保険者のうち約10％（2022年度）の人がこれに該当する。なぜ天引きが行われないかというと，低い年金額から保険料が天引きされると手元に渡る年金額がさらに低くなるというので，高齢者からの強い反対があったからだ。天引きされなくても支給された年金から納めなければならないのだから理屈としては同じことだともいえるけれど，どうだろう？

Column ⑫　介護保険と生活保護 〜〜〜〜〜〜〜〜〜〜〜〜〜〜〜〜〜〜〜〜〜〜〜

　第1号被保険者の介護保険料は生活保護を受けていても免除されない。介護保険料を支払うためのお金が生活保護の枠組みから支給される。また，サービスを利用する場合の1割の利用者負担や食費についても，生活保護を受けていても免除されない。その分のお金も生活保護から支給される。

　たとえば，国民健康保険には生活保護を受けている人は加入できない。また，国民年金の保険料は生活保護を受けていると免除されるが，その代わり後でもらう年金額が低くなる。これに対して介護保険では，生活保護を受けている人も社会保険できちんとカバーしてほかの人と同様の権利義務を負う。そのために必要な費用は生活保護で給付する。これは，社会保険と生活保護との新しい役割分担のあり方だ。

　ただし，第2号被保険者は保険料の拠出の面では医療保険の枠組みを借りたような形になっているので，医療保険に加入していない人は介護保険にも加入できない。だから，第1号被保険者の場合と違い，生活保護を受けていて国民健康保険に加入できない人は，介護保険にも加入できない。この人たちには，必要な場合は介護保険ではなく生活保護から介護サービス（介護扶助）が給付される。

　納める義務があっても現実には納得しなければ納めない人も出てくるから，介護保険が始まるとき，市町村は一所懸命説明会を開いた。納めないとどうなるかというと，給付が償還払いになったり，給付の一時差止めなども行われる。それでも納めなければ財産を差し押さえて強制徴収ができることになっているのは，国民健康保険と同じだ。

第2号被保険者の保険料

　第2号被保険者の保険料は，医療保険の保険者が医療保険の保険料とあわせて徴収する。保険料の算定も医療保険と同様の方法で行われる。したがって，勤め人などの健康保険に加入している人であれば，介護保険料の金額は原則として報酬比例で算定され，半分は会社が負担する。徴収も給与からの天引きで行われる。自営業者など市町村の国民健康保険に加入している人であれば，介護保険

Column ⑬　介護保険は世帯単位か個人単位か ◆◇◆◇◆◇◆◇

　介護保険の第1号被保険者は，医療保険と違って，1人ひとり個人単位で保険に加入し，保険料を支払う。所得段階別定額保険料の段階を設定するにあたって世帯の所得が考慮されることがあったり，保険料の支払いについて世帯主や配偶者に連帯責任が課されるということはあるが，加入も保険料支払いも個人単位である。

　しかし，第2号被保険者は医療保険の枠組みを借りているので，夫が勤め人の場合は，本人だけでなく無業の妻の分もあわせて，夫が加入している健康保険組合などが全体として負担する。また，自営業などの場合も，加入は個人単位だが，保険料は世帯単位で支払う。したがって，介護保険でも第2号被保険者は個人単位とはいえない。

料にも半分の公費負担があり，金額は応能割，応益割によって算定され，市町村が個別徴収する。徴収された保険料は医療保険者から社会保険診療報酬支払基金をとおして介護保険の保険者である市町村に納められる。

　医療保険者が第2号被保険者の保険料の徴収を行うのも，第1号被保険者の保険料の年金天引きと同様，できるだけ介護保険の保険者である市町村の徴収の手間を軽くするためだ。介護保険ではこのように，保険者の市町村を助ける仕組みがいろいろと組み込まれている。

保険料の額はどうやって決まるのか

第1号被保険者の基準額や第2号被保険者の保険料率などは具体的にはどんなふうに決まるのだろう？

　介護費用から利用者負担を引いた残りを**給付費**という。2021年度は約10.4兆円である。その財源構成は，50%が公費，50%が保険料である。公費とは，税金を財源とする国や自治体の負担金である。公費で負担する50%のうち，居宅給付費では，国が25%，都道府県が12.5%，市町村が12.5%を負担する。施設等給付費では，

表 3-2　給付費負担割合（全国ベース）

（2021〜23 年度）

公　費	50%	国 25%（居宅） 20%（施設等）	定　率	20%（居宅） 15%（施設等）
				調整交付金 5%
		都道府県		12.5%（居宅） 17.5%（施設等）
		市　町　村 12.5%		
保険料	50%	第 1 号保険料 23%		
		第 2 号保険料 27%		

（注）　施設等とは，都道府県知事が指定権限を有する介護老人福祉施設，介護老人保健施設，介護療養型医療施設，特定施設に係る給付費。居宅とは施設等以外に係る給付費。

国が 20%，都道府県が 17.5%，市町村が 12.5% を負担する（➡表 3-2）。

　国庫負担の 25% または 20% のうち，5% はとくに年齢の高い高齢者（75〜84 歳，85 歳以上）の割合や第 1 号被保険者の所得の状況等に応じて市町村に交付する。とくに年齢の高い高齢者の割合が高い市町村では要介護者が多くなるので，給付費が膨らみ財政状況が悪化する。また，所得の低い第 1 号被保険者が多いと保険料収入が少なくなるのでやはり財政状況が悪化する。5% は，このような市町村の財政を支援するために交付する**調整交付金**である。

　また，2024 年度から 26 年度までは，保険料で負担する 50% のうち，23% が第 1 号被保険者の保険料負担分，27% が第 2 号被保険者の保険料負担分である。

　23% と 27% という割合は，日本全国の第 1 号被保険者の総数と第 2 号被保険者の総数の割合によって定められている。この割合は

表3-3　費用負担割合（個々の保険者ベース）

(2021〜23年度)

利用者負担				
国	都道府県	市町村	第2号保険料	第1号保険料
20%（居宅） 15%（施設等）｝+ α	12.5%（居宅） 17.5%（施設等）	12.5%	27%	28% − α

（注）　αは国の調整交付金。

3年ごとに見直される。高齢化が進むと，第2号被保険者の人数割合が減り，それに応じて第2号被保険者の負担割合も減る。つまり，高齢化がどんなに進んでも，第1号被保険者の1人当たり平均保険料と第2号被保険者の1人当たり平均保険料はほぼ同じ額になるように定められているということである。以上が全国ベースで見た費用負担割合である（➡表3-2）。

これを個々の保険者ベースで見てみよう。どの保険者にも，国から調整交付金の5%を除いた居宅給付費の20%，施設等給付費の15%，都道府県から居宅給付費の12.5%，施設等給付費の17.5%，市町村の一般会計から12.5%，医療保険の保険者から社会保険診療報酬支払基金をとおして27%は交付される。残りは28%だ。そのうち，どれだけをその市町村に住む第1号被保険者が負担するかは，国の調整交付金との関係で決まる（➡表3-3）。

第1号被保険者の基準額や第2号被保険者の保険料率は，上に述べた負担割合によってそれぞれのグループの負担額が決まった後，保険料の総額がこの負担額と等しくなるように計算して決まる。

第1号被保険者の保険料は，2021年度から23年度まで全国平均月額約6014円，第2号被保険者の保険料率は，協会健康保険で，2024年度は，1.60%。

4 保 険 給 付

●どんなときにどんな介護が受けられる？

介護保険の給付を受けるには，市町村の**要
介護認定**を受けなければならない（➡図

要介護認定

3-3）。これが，医療保険とは異なるところ。医療保険では保険証 1
枚を持って医療機関に行けば医療サービスを受けられたが，介護保
険ではまず要介護認定を受けないと，サービスは受けられない。

要介護認定は**介護認定審査会**で行われる。介護認定審査会とは，
市町村に設置される専門的な第三者機関で，医師，保健師，社会福
祉士など保健医療福祉の学識経験者から構成される。

介護認定審査会は，市町村が共同で設置することができる。また，
地方自治法に基づいて一部事務組合や広域連合という市町村が共同
で事務をする仕組みをつくって，認定業務を共同で行うこともでき
る。また，認定業務を都道府県に委託することもできる。

要介護認定の申請を市町村に対して行うと，市町村のケースワー
カーや保健師などが訪問して心身の状況を調査する。市町村は，こ
の調査の結果と主治医の意見書を介護認定審査会に提出する。介護
認定審査会は，これらに基づき，その人の要介護の状態と，その状
態が維持または改善される可能性がどれくらいあるかを審査し，自
立，要支援 1，2，要介護 1〜5 までの 8 段階のいずれに該当するか
を判定する（➡表3-4）。審査は全国一律の**要介護認定基準**によって
行われる。

また，40 歳以上 65 歳未満の第 2 号被保険者については，その状
態が特定の疾病によるものかどうかの判定も行われる。第 2 号被保
険者は，脳血管疾患や初老期の認知症など，年をとることに伴って

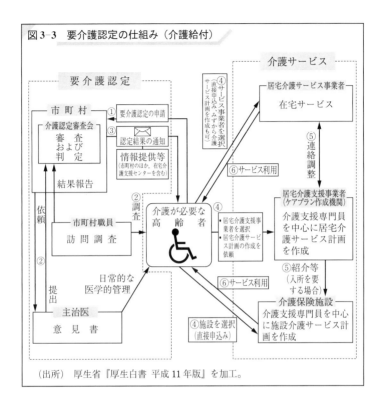

図3-3　要介護認定の仕組み（介護給付）

介護サービス

要介護認定

市 町 村

介護認定審査会
審　査
および
判　定

① 要介護認定の申請

③ 認定結果の通知

情報提供等
（市町村のほか，在宅介護支援センターを含む）

結果報告

依頼

②

提出

② 調査

市町村職員
訪 問 調 査

介護が必要な
高　齢　者

日常的な
医学的管理

主治医
意 見 書

④ サービス事業者を選択
（直接申込みのみから介護サービス計画を作成から可）

④
・居宅介護支援事業者を選択
・居宅介護サービス計画の作成を依頼

⑥ サービス利用

⑥ サービス利用

④ 施設を選択
（直接申込み）

居宅介護サービス事業者
在宅サービス

⑤ 連絡調整

居宅介護支援事業者
（ケアプラン作成機関）
介護支援専門員を中心に居宅介護サービス計画を作成

⑤ 紹介等
（入所を要する場合）

介護保険施設
介護支援専門員を中心に施設介護サービス計画を作成

（出所）　厚生省『厚生白書 平成 11 年版』を加工。

起きる特定の 16 の病気が原因の場合に限って，介護保険から給付
が受けられる。これは，介護保険は年をとることに伴って生じる要
介護状態に対する給付を行う制度だからだ。第 1 号被保険者につい
ては原因となった疾病の判定は行われない。社会保険の給付要件は
生活保護と異なり定型的なので，65 歳以上の高齢者が要介護状態
になったというだけで，それ以上の個別の要件審査はせずに，年を
とったことに伴って要介護状態になったものとして取り扱われる。
したがって，第 1 号被保険者はたとえ交通事故によって要介護状態
になったとしても，介護保険から給付が受けられる。これに対して，

表 3-4　要介護（要支援）認定者数

(2021 年度末)

区分	要支援1	要支援2	要介護1	要介護2	要介護3	要介護4	要介護5	総数
人数 （万人）	97	95	143	116	92	87	59	690
構成比 （%）	14.1	13.8	20.7	16.9	13.3	12.7	8.5	100.0

（出所）　厚生労働省「令和3年度介護保険事業状況報告（年報）」。

　第2号被保険者は高齢者ではないので個別の要件審査が行われ，交通事故では介護保険からの給付は受けられない。この場合は，社会福祉制度による介護サービスを受けることになる。

　判定は訪問調査の結果をもとにコンピュータで行う1次判定と，これに主治医意見書などの情報を加えて介護認定審査会で話し合って決める2次判定の2段階で行われる。

　要介護認定は，介護保険で初めて取り入れられた仕組みである。要介護度が判定されることにより，より必要性の高い人に重点的に給付がなされ，また，全国統一の客観的な基準に基づいて行われるので，より公平に給付が行われることとなる。

給付の種類　　　　介護保険で受けられる給付は，要介護の人に対する**介護給付**と要支援の人に対する**予防給付**に分けられる。給付されるサービスは，**施設サービス**，**居宅サービス**，**地域密着型サービス**，**居宅介護支援**，**介護予防支援**である（➡図3-4，表3-5）。

　サービス給付といってきたが，じつは法律上は現物給付ではなく，介護に要する費用を支給することとなっている。利用者は，サービスを利用して支払った額の原則として9割を保険から償還される仕

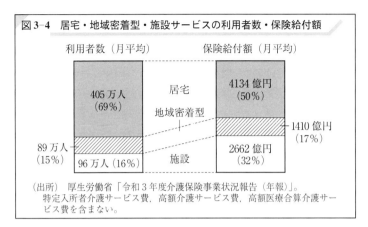

図3-4 居宅・地域密着型・施設サービスの利用者数・保険給付額

利用者数（月平均）　　　保険給付額（月平均）

居宅
405万人（69%）
4134億円（50%）

地域密着型
1410億円（17%）

89万人（15%）
96万人（16%）
施設
2662億円（32%）

（出所）　厚生労働省「令和3年度介護保険事業状況報告（年報）」。
特定入所者介護サービス費，高額介護サービス費，高額医療合算介護サービス費を含まない。

組みだ。しかし，利用者が便利なように，実際上はほとんどの場合に，利用者に償還される費用をサービス事業者が代わって受け取る仕組み（代理受領）を使って，現物給付化が行われている。

施設サービス　　介護保険で入所できる施設は，特別養護老人ホーム（介護老人福祉施設），**老人保健施設，介護医療院**の3種類である。このうち特別養護老人ホームについては，利用は原則として要介護3以上の人に限られている。

介護医療院は2018年度に創設された施設で，日常的な医学管理や看取り・ターミナルケア等の機能と，生活施設としての機能とを兼ね備えた，新たな介護保険施設。療養病床や介護療養型医療施設からの転換が見込まれている。介護療養型医療施設は2011年度末で廃止されたが，廃止前に介護保険施設として指定を受けていたものに限り23年度末まで認められている。

このほかに有料老人ホームや認知症老人グループホームなどがあるが，これらでのサービスは施設サービスとはされていない。

もともと，介護保険ができる前から，特別養護老人ホームなどの社会福祉施設や老人病院などの医療施設では，そこでかかる費用は

表 3-5　サービスの種類

	介護給付で行うサービス	予防給付で行うサービス
都道府県が指定・監督を行うサービス	居宅サービス 　訪問サービス 　・訪問介護（ホームヘルプサービス） 　・訪問入浴介護 　・訪問看護 　・訪問リハビリテーション 　・居宅療養管理指導 　通所サービス 　・通所介護（デイサービス） 　・通所リハビリテーション 　短期入所サービス 　・短期入所生活介護（ショートステイ） 　・短期入所療養介護 　その他 　・特定施設(有料老人ホーム，ケアハウス)入居者生活介護 　・福祉用具貸与・販売 　・住宅改修	居宅サービス 　訪問サービス 　・介護予防訪問入浴介護 　・介護予防訪問看護 　・介護予防訪問リハビリテーション 　・介護予防居宅療養管理指導 　通所サービス 　・介護予防通所リハビリテーション 　短期入所サービス 　・介護予防短期入所生活介護（ショートステイ） 　・介護予防短期入所療養介護 　その他 　・介護予防特定施設（有料老人ホーム，ケアハウス）入居者生活介護 　・介護予防福祉用具貸与・販売 　・介護予防住宅改修
	施設サービス 　・介護老人福祉施設 　・介護老人保健施設 　・介護医療院 　・介護療養型医療施設 [1]	
市町村が指定・監督を行うサービス	地域密着型サービス 　・夜間対応型訪問介護 　・定期巡回・随時対応型訪問介護看護 　・認知症対応型通所介護 　・小規模通所介護 　・小規模多機能型居宅介護 　・複合型サービス 　・認知症対応型共同生活介護（グループホーム） 　・地域密着型特定施設（有料老人ホーム，ケアハウス）入居者生活介護 　・地域密着型介護老人福祉施設入居者生活介護	地域密着型介護予防サービス 　・介護予防認知症対応型通所介護 　・介護予防小規模多機能型居宅介護 　・介護予防認知症対応型共同生活介護（グループホーム）
	居宅介護支援	介護予防支援

（注）　1）　2011 年度末にすでに指定を受けていた施設は 23 年度末まで認められるが，新たな指定は行われない。

部屋代や食費も含めて，措置費や医療保険の給付対象となっていた。しかし，在宅で福祉サービスや医療サービスを利用している人は，当然，部屋代や食費は自分で負担しているから，施設と在宅で負担面にアンバランスがある。介護保険になって，施設入所者に部屋代や食費を負担してもらう方向にあるが，一時に急激に負担を増大させるわけにはいかないし，負担が困難な低所得の人もいるので，所得や部屋の状況に応じた負担軽減を行っている。

これに対して，有料老人ホームやグループホームは，社会福祉施設ではなく，もともと部屋代や食費はもちろん介護の費用も利用者が負担していた。介護保険ができて初めて，介護の費用について在宅の人と同じく介護保険から給付されることになったのだ。こういう経緯があるため，これらの施設でのサービスは，介護保険上は施設サービスとはされていない。

| 居宅サービス | 居宅サービスには，主なものとして訪問サービス，通所サービスおよび短期入所サービスがあり，医師等が訪問する居宅療養管理指導なども含まれる。

訪問サービスにはホームヘルパーによる訪問介護や訪問看護などが，通所サービスにはデイサービスセンターに通う通所介護などが，短期入所サービスには特別養護老人ホームなどの施設への短期入所がある。

また，上述のとおり，有料老人ホームやケアハウスでの介護も施設サービスではなく居宅サービスとして受けられる。これらのサービスは，「居住系サービス」と呼ばれることもある。

そのほか，福祉用具の購入費や住宅改修費も給付される。

| 地域密着型サービス | 施設サービスや居宅サービスは都道府県がサービス事業者の指定や監督を行う。これに対して，市町村が指定や監督を行い，利用者も原則としてその市

町村の住民に限られている新しい類型として，2006年から地域密着型サービスができた。小規模な施設でのサービス，地域の実情に応じたきめ細かで柔軟な対応が必要なサービスがこの類型に整理されている。認知症老人グループホームや小規模の特別養護老人ホーム，小規模の通所介護，夜間対応型訪問介護などがある。

支給限度額　デイサービスに行っているときには訪問介護はいらないし，特別養護老人ホームに短期入所しているときにはデイサービスも訪問介護もいらない。つまり，訪問サービス，通所サービスおよび短期入所サービスには，相互に代替性があるので，まとめて1カ月当たりの介護保険で利用できる限度額が定められている。この3つのサービスであれば，居宅サービスであっても地域密着型サービスであっても限度額が適用される。これらに福祉用具貸与を加えた限度額は表3-6のとおりで，要支援や要介護の度合によって異なる。医療保険のように，医師が必要と判断すればいくらでもサービスが受けられるわけではない。

居宅介護支援　居宅サービスを現物給付で受けるには，あらかじめ**ケアプラン**（居宅介護サービス計画）をつくって保険者に提出することが必要である。ケアプランを提出しない場合は，そのサービスが利用者ごとの支給限度額を超えていないことをあらかじめ市町村が確認できないので，事業者による代理受領の仕組みは活用できない。いったん全額を利用者が自分で支払って，後で限度額の範囲内のサービスの原則9割の償還を受ける償還払いの方式となる。うっかり限度額を超えていたら，その分は償還されないので，超えた分は全額自己負担となる。

　ケアプランは自分でつくってもよい。でも，どうしたら限度額内でより自分に合った介護サービスを受けられるか，計画をつくるのはそう簡単ではない。介護保険以外の保健医療福祉サービスや，場

表3-6　居宅サービス（訪問・通所・短期入所）の支給限度額

（2024年4月）

要支援1	5,032 単位/月
要支援2	10,531 単位/月
要介護1	16,765 単位/月
要介護2	19,705 単位/月
要介護3	27,048 単位/月
要介護4	30,938 単位/月
要介護5	36,217 単位/月

（注）　1単位：10.00〜11.40円
（地域やサービスにより異なる）。

合によっては全額自己負担での上乗せサービスなども含めて考えた方がよい場合もある。また，計画が絵に描いた餅にならないようにするには，希望したサービスが現実に受けられるように複数のサービス提供事業者と調整する必要もある。だから，専門家によるケアプランの作成などの居宅介護支援が介護保険の給付対象となっている。

　ケアプランは，介護保険で初めて取り入れられた仕組みである。ケアプランは，単なる支給限度額の管理という意味だけでなく，介護保険がそのねらいとしている「被保険者の心身の状況，その置かれている環境等に応じて，被保険者の選択に基づき，適切な保健医療サービス及び福祉サービスが，多様な事業者又は施設から，総合的かつ効率的に提供される」（介護保険法2条3項）状況をつくりだすうえで，欠かすことのできない重要な意義をもっているのだ。

　介護予防サービスについても同様に，あらかじめ介護予防サービス計画をつくる。居宅サービスを生活機能の維持・改善の観点からマネジメントする必要があるので，介護予防サービス計画は一般の介護支援事業者ではなく，より専門性の高い地域包括支援センター

*Column*⑭ ケアプランは注文書 ∎∎∎∎∎∎∎∎∎∎∎∎∎∎∎∎∎∎∎∎∎∎

　施設サービスは，たとえていえば，スープはA，メインはB，デザートはCと全部決まっているレストランのセットメニューのようなもの。食事の時間，お風呂の時間，リハビリの時間，すべて集団生活のルールによって決まっている。最近は，メインコースは魚か肉かとか，デザートかコーヒーかという程度の選択はできるようになった。だから，介護保険では，施設でも1人ひとりに合わせたケアプラン（施設サービス計画）が作成される。

　といっても，施設では，それほど自由な選択ができるわけではない。これに比べ，居宅サービスは，一品料理。もちろん無限のメニューがあるわけではないけれど，自由度がはるかに高い。ただし，好き勝手に注文すると予算オーバーの可能性もある。だから，会計を預かる幹事としては，1人いくらまでという制限をつける。でも，みんながそれぞれウェイターに注文したら，うっかり制限額を超えてしまっても幹事にはわからない。だから，あらかじめ注文を幹事である市町村に届けてもらう。しかも，注文書は，栄養バランスがその人に最適になるようにプロにつくってもらうことができる。この注文書がケアプランだ。注文書づくりのプロはケアマネジャーだ。

で作成することになっている。介護予防サービス計画をつくる介護予防支援も介護保険の給付対象となっている。

サービスの上乗せ・横出し

市町村は，厚生労働大臣の定める支給限度額を超える額を独自に条例で定めることもできる。この超えた部分で給付されるサービスが**上乗せサービス**である。また，法に定めるサービス以外のサービス，たとえば寝具乾燥や移送サービスを給付することもできる。これが**横出しサービス**である。いずれも，そのための費用は第1号被保険者の保険料のみで賄わなければならない（➡図3-5）。これは，住民の保険料負担によってより高い水準のサービスを給付することを市町村が自分で決められる仕組みである。

　また，利用者自身が自分の負担でサービスの上乗せ・横出しをするのも自由である。医療保険ではサービスの上乗せに伴う利用者負担は差額負担といって，限られた場合にしか認められない。これに

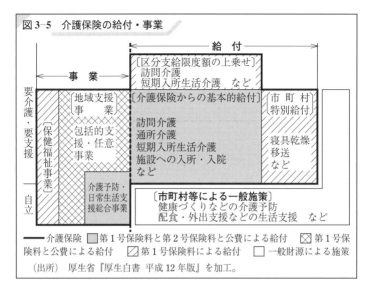

図 3-5　介護保険の給付・事業

```
                                        ┌─────────── 給　付 ───────────────→
                       ┌─────── 事　業 ──────→
                                     [区分支給限度額の上乗せ]
                                     訪問介護
                                     短期入所生活介護　など
要          ┌ 地域支援      [介護保険からの基本的給付]      市 町 村
介          │ 事　業                                      特別給付
護          │              訪問介護
・  保健    │ 包括的支      通所介護
要  福祉    │ 援・任意      短期入所生活介護              寝具乾燥
支  事業    │ 事　業        施設への入所・入院            移送
援          │              など                          など
     ┌──────┤ 介護予防・
     │      │ 日常生活支
自   │      └ 援総合事業   〔市町村等による一般施策〕
立   │                     健康づくりなどの介護予防
                           配食・外出支援などの生活支援　など
```

──── 介護保険　▨ 第 1 号保険料と第 2 号保険料と公費による給付　▩ 第 1 号保険料と公費による給付　▧ 第 1 号保険料による給付　□ 一般財源による施策

（出所）　厚生省『厚生白書　平成 12 年版』を加工。

対して介護保険では，たとえば訪問介護を限度額を超えて利用し，超えた分を自己負担することもできる。また，一般には保険給付となっていない配食サービスを自己負担で組み合わせて利用することもできる。

利用者負担　利用者の負担額は，原則として 1 割だが，第 1 号被保険者で一定以上の所得のある人は 2 割。さらに所得の高い人は 3 割。

施設サービスの場合は，このほかに食費と部屋代を支払う。これは，施設サービスの場合の食費と部屋代が介護保険の給付から除外されることとなったためで，その額は施設との契約で決まる。ただし，低所得者に対して負担が重くなりすぎないように，低所得者についてはその所得や資産に応じた負担限度額を定め，限度額と実際の食費や部屋代との差額を補足給付として介護保険から支払う。その場合は，保険から給付される額には上限として基準が定められる

Column⑮ **家族介護についての金銭給付** ～～～～～～～～～～～～～～～

　ドイツの介護保険制度では，家族介護についての金銭給付が行われている。日本でもさまざまな議論が行われたが，結論としては介護保険で家族介護についての金銭給付は行わないこととなった。

　金銭給付に反対の意見として代表的なものは，次のようなものであった。

①家族介護が固定化され，女性が家族介護に拘束される。

②現金をもらい続けるために，高齢者をできるだけ自立させずにおいて要介護状態を長引かせようとするおそれがある。家族介護だけでは介護の質を確保できないおそれがある。

③家族介護に頼ってサービスの拡大が十分に図られなくなるおそれがある。

④費用の増大につながる。

　これに対して賛成の意見として代表的なものは，次のようなものであった。

①外部のサービスを受けるか家族介護かは高齢者や家族が選択すべきで，介護をする家族と介護をせずに外部サービスを利用する家族の公平を考えるべき。

②高齢者の希望も実態としても家族介護が多く，介護のために支出も増えているという実態への配慮。

③サービスを受けられないときの，保険料に対する見返りが必要。

　家族介護についての金銭給付は行われないが，ただし，離島，へき地などでホームヘルパーが不足しているとき，一定の要件のもとで同居家族に対する訪問介護を認めることとした。これによって，介護している家族は事業者からヘルパーとしての報酬を受けられることとなる。

（➡図3-6）。短期入所系の居宅サービスの場合も同様である。

　通所系では部屋代はないが食費が利用者負担となる。補足給付はない。

　ケアプランの作成などの居宅介護支援，介護予防支援については利用者の一部負担はなく，全額が保険から給付される。利用者負担がなくても必要以上に利用されるおそれはなく，逆に，相談助言サービスに費用を支払う習慣のない日本で利用者負担を置くと，必要な場合にもサービスが利用されないおそれがあるからだ。

　定率負担の最大の難点は，介護費用が高額になったときに，それ

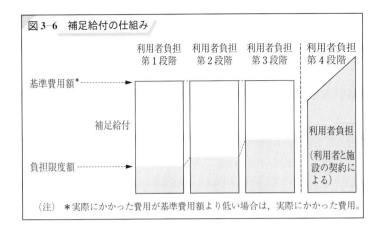

図 3–6　補足給付の仕組み

	利用者負担 第1段階	利用者負担 第2段階	利用者負担 第3段階	利用者負担 第4段階

基準費用額*

補足給付

負担限度額

利用者負担

（利用者と施
設の契約に
よる）

（注）　＊実際にかかった費用が基準費用額より低い場合は，実際にかかった費用。

につれて利用者負担額も高額になること。もっとも，介護保険では施設サービスは包括払いだし，居宅サービスには限度額があるので，高額になるといっても一定の限度がある。医療費ほどの高額になることはない。でも，低所得者や，1世帯で複数の利用者がいるような場合には，やはり配慮が必要だ。利用者負担額が月に一定の額を超えた場合は，超えた分が介護保険から償還される仕組み（**高額介護サービス費，高額介護予防サービス費**）が設けられている（➡表3-7）。医療保険の場合の高額療養費制度と同様の仕組みである。さらに，医療保険と介護保険の自己負担額を合算して年に一定の限度額を超える場合には，超えた分が償還される高額医療・高額介護合算制度もある。

　また，災害時などには市町村は利用者負担を減免することもできる。

介　護　報　酬　　介護サービスの値段は**介護報酬**として単位で定まっており，3年に1回改定される。医療保険の診療報酬は全国どこでも1点10円だが，介護報酬では，

表3-7　高額介護（予防）サービス費

（2024年4月）

対　象	負担限度額（月額）
課税所得690万円以上	140,100円（世帯）
課税所得380万円〜690万円未満	93,000円（世帯）
市町村民税課税〜課税所得380万円未満	44,400円（世帯）
市町村民税課税の者がいない世帯	24,600円（世帯）
前年の合計所得金額と公的年金収入 　額の合計が年間80万円以下の者等	24,600円（世帯） 15,000円（個人）
生活保護受給世帯	15,000円（個人）

地域によってサービス内容によって1単位当たりの金額が異なる（➡表3-8）。これは，地域によって人件費や物価も異なるからである。生活保護や社会福祉制度でも地域差を設けてある。もちろん，医療でも人件費や物価に地域差はあるが，医療保険は地域を母体としない保険者も多いので，制度の単純さを優先している。これに対して，介護保険の保険者は市町村のみなので，より地域の実情を反映する仕組みとしている。

　施設サービスの介護報酬は，施設の種類と利用する人の要介護度によって異なるが，医療保険でいうところの包括払いであって，出来高払いではない。一定の金額の中でその人に必要なサービスをひととおりすべて施設が提供する。

　居宅サービスの介護報酬のうち訪問サービスは，基本的には1回当たりの単位で定めてある。1つひとつの医療行為に点数がついている医療保険の診療報酬とは違って，食事の介助〇単位，更衣介助〇単位と，介護の行為ごとに単位がつく仕組みではない。介護は，できるだけその人に残された能力を生かして自立を支援することが大切だから，介助すればするほど高い単位になる仕組みは合わない。

表 3-8　介護報酬の地域差：1単位の額

（2024 年 4 月）
（単位：円）

	東京都 23 区	大阪 市等	名古屋 市等	神戸 市等	福岡 市等	仙台 市等	札幌 市等	その他 の地域
訪問介護等	11.40	11.12	11.05	10.84	10.70	10.42	10.21	10.00
訪問リハ等	11.10	10.88	10.83	10.66	10.55	10.33	10.17	10.00
施設サービス等	10.90	10.72	10.68	10.54	10.45	10.27	10.14	10.00
福祉用具貸与等	10.00	10.00	10.00	10.00	10.00	10.00	10.00	10.00

1 回の訪問介護で滞在時間に応じて○単位というようにつけられている。

　また，介護報酬は，医療サービスの全国統一単価である診療報酬と異なり，いわば値段の上限であり，実際の値段がこれより低かった場合は，実際の値段が優先する。その場合は，限度額内で通常よりもたくさんサービスが受けられるということになる。

　介護報酬請求の審査支払いは，医療保険の診療報酬支払いと同様の仕組みで行われ，都道府県の国民健康保険団体連合会が担当する。

地域支援事業　要支援と判定されない被保険者でも介護予防が必要な人もいる。また，要介護者が必要としている支援も介護サービスだけではない。このように，要件，内容が定型的な保険給付では対応できないサービスについて，市町村は一般施策として行うほか，第 1 号保険料を財源とした保健福祉事業として行うことができる。

　ただ，第 1 号保険料だけではなかなか幅広い事業展開は難しい。2006 年から，市町村は，第 1 号保険料のほかに公費や内容によっては第 2 号保険料も財源とした地域支援事業を行うこととなった。地域支援事業は，①介護予防・日常生活支援総合事業，②包括的支援，③任意事業に分かれる（➡図 3-5）。

Column⑯ 地域包括ケアシステム

最近，介護保険や医療に関連して「地域包括ケアシステム」という言葉を聞くことがあると思うけど，地域包括ケアシステムとは何だろう？ 社会保障改革プログラム法（➡*Column㊴*〔300頁〕）では「地域の実情に応じて，高齢者が，可能な限り，住み慣れた地域でその有する能力に応じ自立した日常生活を営むことができるよう，医療，介護，介護予防，住まい及び自立した日常生活の支援が包括的に確保される体制」と定義され，今後の医療や介護がめざす方向性とされている。

どこが今までと違うのだろう？ 第1に病院や施設ではなく地域でケアを確保すること。第2に内容が，①医療や②介護，③介護予防だけでなく，④住まいや⑤生活支援にまで広がっていること。第3にこれらを包括的に確保すること。

なぜ地域包括ケアシステムが求められているのだろう？ 疾病構造の変化や高齢化により病院で病気を完全に治してからだと，いつまでも地域の生活に戻れない場合が多くなってきている。だから，病気を抱えながらも地域で生活することを支えることが求められているのだ。地域での生活は医療や介護だけがあっても成り立たない。増加している高齢者のひとり暮らしではなおのことそうだ。といって，必要な支援をすべて公的に提供することは困難だ。だから，民間や住民が主体となって必要な住まいや介護予防や生活支援をつくりだしながら，さまざまな支援を地域で包括的に確保するシステムが必要になっているのだ。

じゃあ，どうやってそんな地域包括ケアシステムをつくるのだろう。地域医療構想の策定などもその方策の1つだが，介護では，地域支援事業に住民主体による介護予防や生活支援の活動への支援が創設された。生活支援コーディネーターや協議体設置の費用も介護保険から支出することができ，各地で取組みが進められている。

政府は第1次ベビーブームの世代が75歳以上となる2025年までに地域包括ケアシステムの実現をめざしているが，あなたの住んでいる地域ではどこまで進んでいるだろう？

2015年には，それまで要支援者に対して給付されていた介護予防通所介護（デイサービス）と介護予防訪問介護（ホームヘルプサービス）が介護予防・日常生活支援総合事業に移行した。

包括的支援は，総合相談，虐待防止などを内容とするが，市町村

はその実施を地域包括支援センターに委託することができる。地域包括支援センターには，保健師，主任ケアマネジャー，社会福祉士などがいなければならない。

　介護予防・日常生活支援総合事業は，事業の財源も給付費と同じだが，包括的支援と任意事業の財源は，事業の受益者であるその市町村民が負担する第1号保険料と，税財源である公費のみとなっている。第2号保険料は使われない。

5 介護提供体制
●良質のサービスが必要に応じて提供されるためには？

サービス提供事業者　　　　介護保険で給付されるサービスを提供するのは，介護保険施設，居宅サービス事業者，地域密着型サービス事業者，居宅介護支援事業者，介護予防支援事業者である。あらかじめ都道府県知事や市町村長の指定や許可を受けた事業者や施設でなければ，原則としてサービスは保険給付の対象とされない。

　営利法人は介護保険施設を設置できない。特別養護老人ホームは原則として自治体か社会福祉法人，老人保健施設と介護医療院は原則として自治体か医療法人か社会福祉法人でなければ設置が認められない。

　これに対して，居宅サービス事業や居宅介護支援事業などは，NPO法人や株式会社などの営利法人でもできるし，介護保険の事業者としての指定も受けられる。法人格をもっていない住民参加型非営利組織などは，事業はできるが，指定は受けられない。ただし，そのサービスが一定の水準を満たしていると市町村が判断した場合には，現物給付はできないが償還払いの対象となる。指定がなくて

も償還払いという形でそのサービスを給付対象とするのは，介護保険が始まるときに「保険あって介護なし」になるのではないかという心配から，できるだけ多様な主体に参入してもらうためにとられた仕組みだ。

指定や許可を受けるには，人員，設備及び運営に関する基準を満たしていることなどが必要である。指定や許可は6年ごとの更新制で，また，指定や許可を受けた事業者や施設は介護サービスの内容や運営について公表することを義務づけられている。また，都道府県も事業者の介護サービス情報を公表する。利用者が良質の事業者を選択しやすくするためだ。

| 地域密着型サービス | 介護保険の保険者は市町村なのに施設や事業者の指定や許可を都道府県知事が行って |

いるのは，サービスが市町村域を超えて広域的に提供されるからだ。しかし，サービスによっては，被保険者に身近な市町村の域内で提供されることが適当なものもある。これらを地域密着型サービスとして，2006年から，市町村長が指定を行うこととなった（➡表3-5）。原則としてその市町村の住民しか利用できない。指定基準や介護報酬も全国画一的なものではなく，その市町村の実情に応じて市町村で変えられる。

| 介護保険事業計画 | 介護保険では，市町村は3年ごとに**介護保険事業計画**をつくることになっている。こ |

の計画では各年度ごとの介護サービスの見込み量を定め，それをどうやって確保するかの方策も定めることになっている。つまり，これは市町村ごとの介護サービスの基盤整備計画である。

そして，この介護サービス見込み量に介護報酬を掛ければ，そのサービスの費用を支払うのに全体でいくら必要なのかがわかり，その市町村で介護給付に要する費用が算定できる。原則としてその

23％が第1号被保険者の保険料で賄わなければならない費用である。これによって，第1号被保険者の保険料も算定できる。つまり，介護保険事業計画は，介護保険の給付と負担の水準を決める計画でもあるわけだ。

　また，地域密着型サービスを提供する施設等については，その種類ごとに必要定員総数を定め，現在ある施設等の定員総数が必要定員数を超える場合には施設等が多すぎるということなので，市町村は新たな施設等について保険給付の対象とする指定を拒否できる。これは，医療計画とよく似た仕組みである。

　市町村介護保険事業計画の作成には，作成委員会等を設置することとされ，被保険者の意見を反映させるため，公募などによる住民参加や公聴会の開催などを行うことになっている。この仕組みによって，住民は自分の地域のサービス水準について，負担の裏づけをもった責任ある提案をすることができるようになっている。

　市町村の介護保険事業を支援するために，都道府県は**介護保険事業支援計画**を定める。これも，市町村の介護保険事業計画と同じに，3年ごとにつくられる。この計画では，介護サービスの中でも地域密着型でない施設にとくに重点が置かれている。そのような施設は市町村を超えて広域的に整備する必要があり，都道府県の役割が重要になるからだ。この計画では，一定の圏域を定めて介護保険施設の種類ごとに**必要入所定員総数**を定める。そして，現にある介護保険施設の定員総数が必要入所定員総数を超えたら，新たな介護保険施設に対して許可や保険給付の対象とする指定を拒否できるのは，市町村介護保険事業計画と同じ。

6 権利保護

●利用者の権利を守る仕組みは？

介護保険審査会

介護給付を社会保険で行うことにした理由の1つに，スティグマをなくし，利用者の権利性を確保しやすいことがあげられていた。

保険料や給付に関して市町村がとった処分に対して不服がある被保険者は，**介護保険審査会**に対して**審査請求**をすることができる。介護保険審査会は，被保険者，市町村，公益それぞれの代表で構成される専門の第三者機関で，都道府県に設置されている。このような審査会は，ほかの社会保険にもある。

苦情解決制度

また，事業者・施設などに対するサービス内容などについての苦情・相談を受け付け，解決するいわゆる**オンブズマン**の業務は，都道府県の国民健康保険団体連合会が行う。苦情等に基づき，必要な調査を行い，改善事項を示して申立人に通知する。また，市町村に対しても連絡する。

苦情解決については，もちろん事業者自身やケアマネジャーも迅速に対応しなければならない。また，市町村も苦情に関し事業者を調査指導する。市町村の中には，独自にオンブズマン制度を設けているところもある。

このように，苦情に対しては，事業者自身，市町村，国民健康保険団体連合会が重層的に対応することとなっている。

成年後見制度

介護保険は，社会福祉制度の措置と異なり，要介護認定も本人の申請によって始まり，サービスの提供も本人との契約が前提となっている。しかし，介護を要する高齢者の中には，認知症の高齢者のように要介護認定の申

請や介護サービスの利用契約を行うための判断能力が十分でない場合もある。このような場合に，判断能力を補い，権利が守られるよう法的な支援を行う仕組みが**成年後見**だ。以前にあった禁治産，準禁治産が利用しにくかったため，抜本的に改めて法定後見と任意後見をつくる民法改正などが行われ，介護保険と同じ 2000 年から施行された。

　法定後見は，本人の判断能力の程度に応じて，家庭裁判所の審判により選ばれた成年後見人などが，必要性の程度に応じて，法律行為の代理権や取消権を得る仕組みだ。つまり，成年後見人等は，本人が必要な法律上の申請ができない場合に代理して申請したり，本人が不利益な契約をしてしまった場合にそれを取り消したりすることができる。すべての法律行為を一律に代理，取消しできるようにすることは，本人の自己決定が尊重されず望ましくないので，その範囲は必要性に応じて個別に判断される。代理権・取消権の広い順に，後見，保佐，補助の 3 つの制度がある。

　任意後見は，判断能力が不十分になったときのために本人があらかじめ任意後見人となる人を選んで任意後見契約を結んでおくものである。

　成年後見制度を利用しやすくするために，市町村は地域支援事業として成年後見制度に関する情報提供などを行うことになっている。また，老人福祉法の改正により 2012 年から，市町村は成年後見等を行う人材の育成・活用のために研修や推薦などを行うこととなった。

福祉サービス利用援助事業

　成年後見を補完する仕組みとして，社会福祉事業法（現・社会福祉法）の改正により福祉サービス利用援助事業が 2000 年に法定化された。これは，都道府県社会福祉協議会などが軽い認知症のあ

る高齢者など判断能力の不十分な人と契約を結び，生活支援員を派遣してサービス利用手続きや利用料の支払いなどの日常的金銭管理を代行し，福祉サービスの利用を援助する仕組みである。地域福祉権利擁護事業や日常生活自立支援事業という名前で実施されていて，多くの社会福祉士が活躍している。

Summary サマリー

介護保険の保険者は市町村で，被保険者は，65歳以上の第1号被保険者と40歳以上65歳未満の第2号被保険者に分かれる。保険料は，第1号被保険者は所得段階別保険料で，原則として年金から天引き徴収される。第2号被保険者は，医療保険の保険者が医療保険の保険料に含めて徴収する。財源構成は，公費と保険料が1：1で，公費の内訳は国，都道府県，市町村。保険給付は要介護認定を受け，要支援または要介護と認定された場合に行われる。居宅サービス，地域密着型サービス，施設サービス，居宅介護支援，介護予防支援が給付され，原則として1割の利用者負担がある。サービス価格の上限は介護報酬で決まっており，代理受領の仕組みで現物給付化されている。

■ 理解を確かめよう ■■■■■

　1　保険者，被保険者，保険料，財源構成，給付の仕組みなど，介護保険の基本的仕組みについてまとめてみよう。同じようにサービスを給付する医療保険と比べて，どこが違うのか，それはなぜかを考えてみよう。

　2　介護保険と社会福祉制度による措置を比べて，財源や給付の仕組みの違いについてまとめてみよう。

★参考文献

①介護保険の創設経緯や考え方について学びたい人へ

　池田省三『介護保険論——福祉の解体と再生』中央法規出版，

2011 年
②介護保険の制度について詳しく学びたい人へ
社会保険研究所『介護保険制度の解説　令和 3 年度版』2021 年
③介護保険の中でのケアマネジメントについて学びたい人へ
白澤政和『介護保険とケアマネジメント』中央法規出版, 1998
年

第4章 年 金

老後の生活費は？

年金広報用のアニメキャラ（厚生労働省年金局）

　　年金制度は，主にサービスを給付する医療保険や介護保険とは異なり，金銭を給付する代表的な社会保険。保険者の数は1つで，サービス提供体制も必要ないので，基本的な仕組みは簡単。ただ，何十年も保険料を納めて将来の給付を約束する長期保険であるため，複雑な経過措置がついていて制度がわかりにくくなっているだけ。まずは，細かい枝葉を取り除いて年金制度の基本的な仕組みを押さえよう。誰が加入し，どういうときに給付が受けられ，保険料や給付金額はどんなルールで決まっているのか，勤め人とそれ以外の人でどう異なるのか。そして，背景にある基本的な考え方をしっかり理解しよう。

1 所得を保障する仕組み

> 国民年金

あなたは**国民年金**に加入している？ 年金は勤め始めてから会社が手続きしてくれるものと思ってない？

20歳になったら日本に住所のある人はすべて，国民年金に加入しなければならない。勤めていれば会社が加入の手続きや保険料の納付をしてくれるけれど，それ以外の人，学生やフリーター，自営業の人などには国民年金加入のお知らせが送られてくるから，同封されている納付書で自分で保険料を納付しなければならない。もし，20歳になってもお知らせが来なかったら，住んでいる市町村の国民年金を担当している課か近くの年金事務所で自分で加入の手続きが必要。20歳以上60歳未満の日本に住所のある人はすべて国民年金加入の義務がある。

国民年金に加入した人は2024年4月現在，月額1万6980円の保険料を納めなくてはならない。これが原則。でも，所得が低くて納められない人には免除の仕組みがある。学生も，普通はあまり働いてなくて所得がないので，在学中は納めずに卒業後にその分を納めることができる仕組みがある。ちゃんと手続きをしていれば，保険料をまったく納めていなくても，交通事故などで重度の障害になったとき，生涯，年金を受け取り続けることができる。受け取る金額は2024年4月現在，月額6万8000円（2級）だけれど，この額は物価や1人当たり手取り賃金が上がればそれに応じて引き上げられていく。

でも少し話がうますぎる気がする？ そんな話がなぜ成立するか

Column ⑰　公的年金の役割の大きさ

　「公的年金制度はあてにしてないから保険料は払わない」と言う人もいるけれど，本当にそう？　公的年金制度をあてにしないで老後の準備ができる？

　現実に高齢者世帯の収入の 63% は公的年金。さらに年金をもらっている高齢者世帯の 44% は年金収入だけで生活している。

　保険料を払わないと言っている人の親も，老後は年金で生活する。そしてその年金の財源は，ほかの若い人たちが払う保険料だ。自分は年金をあてにしていないと言っている人も，親の老後の生活費を自分が払う覚悟まであるわけではない。それでは単にほかの人にツケを回しているだけ。

　公的年金制度なしでは，日本の社会は成り立たないほどに，もうその役割は大きくなっているのだ。

(1)　高齢者世帯の収入の 6 割が年金　　**(2)　年金を受給している高齢者世帯の半数近くは年金収入だけ**

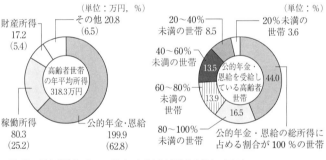

（出所）　厚生労働省　「2022（令和 4）年国民生活基礎調査の概況」。

というと，国民年金制度は日本に住んでいる人みんなの助け合いの制度だから。働ける人がみんなで保険料を納めて，高齢や障害などで働けない人，親を亡くした子どもなどに年金を支給する仕組み。年金は老後のためだけのものと思っていたかもしれないけれど，障害をもったとき，子どもを残して死亡したときなどにも支給される。学生は勉学をしているから通常は働けなくて保険料を納められない。納めない（滞納）のではなく，納められないのだから，もしものと

きはみんなが助けてくれる。その代わり，卒業して働くようになったら保険料を納めて助ける方に回る。そして，高齢になって働けなくなったら，また，助けてもらう方に回る。国民年金制度はそんなお互いさまの助け合い（相互扶助）の仕組み。

その仕組みにちゃんと参加していないと，助けてはもらえない。加入していても，納めるべき保険料を納めない滞納期間が長ければやはり助けてもらえない。納められないから納めなくてよいと自分で勝手に決めてはだめ。それでは滞納になる。きちんと認めてもらう手続きが必要。

厚生年金 20歳になっても自分で手続きをしなくてよいのは，勤めている人。

医療保険と同じで，年金制度でも，勤め人とそれ以外の人では制度が違う。民間の会社などに勤めている人の加入や保険料の納付は，健康保険と同じで全部会社がやってくれる。保険料は給与・ボーナスに決まった率を掛けた額であること，半分は会社が負担してくれること，残りの半分は本人の給与から天引きされることなども，健康保険と同じ。

でも，医療保険では勤め人は健康保険だけに加入していればよかったけれど，年金制度では**厚生年金**と国民年金の両方の制度に加入しなければならない。とはいっても，厚生年金に加入すると，自動的に国民年金にも加入したことになり，厚生年金に保険料を納めれば，別に国民年金の保険料を納める必要はない。

基礎年金のねらいと仕組み どうしてこんなやり方になっているのだろう？ もともとは，医療保険のように，厚生年金制度は民間の勤め人，国民年金制度は自営業者など勤め人でない人の，それぞれ独立した制度だった。でも，戦後日本では働き方が変わり，農業などの自営業の人は減っ

Column ⑱　国民年金と国民皆年金体制 ～～～～～～～～～～～～

　国民年金は，もともとは1961年に，厚生年金や共済年金などの勤め人の
年金制度に加入していない人たちすべてが加入する公的年金制度として始ま
った。これによって，国民皆年金が実現したのだ。ちょうど同じ年に国民健
康保険が健康保険や共済組合に加入していない人をまとめて加入させて国民
皆保険を実現したのと同じやり方だ。このように，その他グループの年金制
度として生まれた国民年金は，後に1985年の改正で国民全員に共通の基礎
年金に生まれ変わる。

　ところで，国民皆年金といっても，1961年には強制加入が義務づけられ
なかった主なグループが2つある。学生と勤め人の妻である専業主婦などだ。
この人たちは希望すれば国民年金に加入できる任意加入者として残された。
しかし，加入しない人が障害をもったときや離婚したときの保障に欠けるた
め，勤め人の妻である専業主婦などは基礎年金ができた1985年改正で，学
生は89年改正で，いずれも強制加入に変更された。

て，若い人は勤め人になっていった。ということは，自営業の人の
年金制度である国民年金では，若い頃農業をしていて，やめて年金
を受け取る高齢者がたくさんいるのに，保険料を納める若い人の多
くは農業ではなく会社勤めをするために国民年金には加入しない。
それで，国民年金は財政がとても苦しくなってしまった。でも，お
父さん・お母さんは農業をしていたけれど，子どもたちは会社に勤
めるというのはよくあること。そのとき，子どもたちの納める保険
料はお父さん・お母さんの年金を支えるためにはまったく使われな
いで，よその，昔勤め人だった高齢者を支えるためにだけ使われる
のはおかしいよね？　それで，国民年金を自営業者だけの年金では
なく，国民みんなの基礎となる年金（**基礎年金**）にした。そして，
厚生年金の保険料の中から保険者がまとめて国民年金制度に拠出金
を納めることとした。これが1985年のことだ。

年金制度は3階建て

　基礎年金をつくったことによって，図4-1
のように，いわば縦割りの制度だったのを

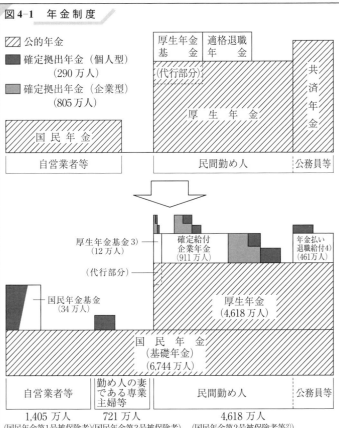

図4-1　年金制度

凡例:
- 公的年金
- 確定拠出年金（個人型）（290万人）
- 確定拠出年金（企業型）（805万人）

上段:
	厚生年金基金	適格退職年金		共済年金
国民年金	（代行部分）厚生年金			
自営業者等	民間勤め人			公務員等

下段:
厚生年金基金3)（12万人）
確定給付企業年金（911万人）
年金払い退職給付4)（461万人）
（代行部分）
国民年金基金（34万人）
厚生年金（4,618万人）
国民年金（基礎年金）（6,744万人）

自営業者等	勤め人の妻である専業主婦等	民間勤め人	公務員等
1,405万人	721万人	4,618万人	
（国民年金第1号被保険者）	（国民年金第3号被保険者）	（国民年金第2号被保険者等2)）	

（注）　1)　数値は2023年3月末現在。
　　　　2)　第2号被保険者等とは，被用者年金被保険者のことをいう（第2号被保険者のほか，65歳以上で老齢または退職を支給事由とする年金給付の受給権を有する者を含む）。
　　　　3)　厚生年金基金は企業年金の1つだが，新設は認められておらず，以前あったものもほとんどが確定給付企業年金へ移行または解散している。
　　　　4)　年金払い退職給付の加入者数は，厚生年金第2～4号被保険者数としている。
（数字の出所）　厚生労働省「令和4年度厚生年金保険・国民年金事業の概況」，企業年金連合会ホームページ，一般社団法人信託協会ホームページ，iDeCO公式サイト，国民年金基金連合会ホームページ。

基礎部分をくっつけて2階建て構造にした。2階部分までを公的年金制度という。

　じつは日本の年金制度はこの上にもう1つ，3階部分がある。これは，大企業などにある企業年金や公務員などの年金払い退職給付だ。さらに，自営業など公的年金制度としての2階部分がない人たちも，基礎年金の上にもう1つ上乗せすることができる。国民年金基金や確定拠出年金（個人型）だ。企業年金や年金払い退職給付，国民年金基金や確定拠出年金（個人型）は強制加入ではなく，公的年金制度には入らない。

　なぜこんな複雑な階層構造になっているのだろう？ 医療は，国民誰にとっても必要な水準は基本的に同一だ。しかし，老後の暮らしを支えるために必要な年金の水準は人によって異なる。勤めを辞めると収入がまったくなくなる勤め人と，農地やお店などの資産をもっていて，老後もそれを活用して収入を得ることができる自営業の人では，年金に求める水準は違う。これが，勤め人には2階部分がある理由だ。また，会社が社員の福利厚生のために，年金を上乗せする場合もある。これが3階部分だ。自営業の人でも，現役時代により高い保険料を出しても，老後により豊かな年金を望む人もいるだろう。これに対応するのが国民年金基金や確定拠出年金（個人型）だ。

保険者

　保険者は，国民年金も厚生年金も国だ。年金は，長期にわたって保険料を納め続けることにより給付を受ける仕組みだから，何よりも財政の安定が大切だ。制度が小さいと，基礎年金のところで説明したように，若い人が少なくなって財政が苦しくなることもある。それに，一生のうちには職場を変わることもあるから，職場によって保険者が違うと，老後にどちらの保険者がどれだけ年金を支給するのか複雑になって

Column⑲ 公的年金の一元化

公的年金制度は完全積立て方式ではないため，産業構造が変わったりして加入者の数が減少すれば負担が過重になり，維持が困難になったり，複数の年金制度の間で負担についての不公平感が強まる。歴史的な経緯があって制度は分立していたけれど，財政の安定のためにも，国民の間での負担の公平のためにも，公的年金制度はできるだけ一元化した方が望ましい。公的年金の一元化という場合には，次の3つがある。

(1) 全制度の基礎的部分の一元化

1985年改正で導入した基礎年金は，自営業者の制度だった国民年金と勤め人の制度だった厚生年金や共済年金との間で基礎的な部分を一元化した。

(2) 勤め人の制度の一元化

1997年にJR，JT，NTTの各共済組合が，2002年には農林漁業団体職員共済組合が，そして残る国家公務員共済組合，地方公務員共済組合，私立学校教職員共済の3制度も2015年に厚生年金に統合され，勤め人の制度の一元化が完成した。

(3) 全制度の全部の一元化

さらに，基礎年金部分だけでなく，報酬比例部分も含めて完全に全制度を一元化する案も議論されている。勤め人とそれ以外を区別せず1つの制度にし，所得比例の保険料を財源に所得比例の年金を給付する。そして，所得が低かったために給付も低い人には，一定の額になるように国庫負担で補足的給付を行うというもの。その理由としては次のようなことがあげられている。

①勤め人と自営業者で分けた制度では，勤めながら副業をしたり，勤めを辞めて自営になったりするような，働き方の多様化，流動化が進むこれからの時代にうまく対応できない。

②自営の人も老後，現役時代の所得に比例した年金が必要。

一方，次のような問題も指摘されている。

①現状では，勤め人以外は所得がちゃんと把握できない。

②定額の基礎年金部分がなくなるので，所得が低かった人の給付が大きく低下するおそれがある。

③そうならないように補足的給付を大きくすると，税による多額の国庫負担が必要となる（今は高所得者の保険料の一部が基礎年金という形で低所得者の給付に回っているが，それがなくなるため。→*Column⑳*）。

④補足的給付に所得・資産による制限をするとした場合，その調査がちゃんとできるか。

これは，国会や政府でも今後，議論を継続していくことになっている。

しまう。また年金制度の給付は金銭給付だけなので，医療や介護のようにサービスの地域性もなく，全国どこにいる人にでも銀行などの口座に振り込めばすむ。だから，年金制度では保険者はできるだけ大きく，数は少ない方がよい。そのため，制度はどんどん統合されていった（➡ *Column ⑲*）。

とはいっても，企業年金などの3階部分は，職場や地域ごとにつくるので，保険者は小さい。だから，この部分は，若い人が少なくなったからといって財政が苦しくならないように，自分たちが積み立てた分を後で自分たちが受け取る，完全積立て方式という財政方式をとっている。財政方式については第4節で詳しく学ぶ。

| 年金の種類 |

年金が給付されるのは，長期にわたって生活費を得ることができなくなったとき，具体的には，高齢になったとき，障害をもったとき，生計維持者が死亡したときだ。

高齢になったときには**老齢年金**，障害をもったときには**障害年金**，生計維持者が死亡したときには**遺族年金**が給付される。国民年金にも厚生年金にもこの3つの年金がある（➡表4–1）。

病気や失業など短期的な場合には，それぞれ第1章で学んだ傷病手当金や第5章で学ぶ雇用保険の給付がある。

また，長期短期を問わず所得を保障する仕組みとして，第2章で学んだ生活保護もある。でも，生活保護の給付を受けるには，もてる能力や資産をすべて活用しても最低限度の生活が維持できないことが要件で，それを調べるために資力調査がある。これに対して年金は，高齢や障害や死亡という要件に当てはまれば，貧困に陥ったかどうかは問わずに給付が行われる。だから，生活保護は貧困になってからそれを救うという意味で救貧機能，社会保険は貧困になる前にそれを防ぐという意味で防貧機能をもつといわれている。

表 4-1　年金の種類

制度	保険料	年金額	受給者数（万人）	給付の種類
国民年金	定額 （月額 16,980 円）	定額 （月額 68,000 円）	3,616	老齢基礎年金 障害基礎年金 遺族基礎年金
厚生年金	報酬比例 （18.30％）*	報酬比例 （給付乗率 5.481/1,000〜 7.308/1,000）	4,092	老齢厚生年金 障害厚生年金 遺族厚生年金

＊国家公務員，地方公務員，私立学校教職員は経過的にこれより低い率。
（注）　1）　数値は 2024 年 4 月現在。ただし，受給者数は 2023 年 3 月末現在。
　　　　2）　厚生年金の受給者数には共済年金の受給者数が含まれている。
　　　　3）　受給者数には併給している者が重複して含まれている。
　　　　4）　厚生年金受給者の方が国民年金受給者より多いのは基礎年金創設前
　　　　　　の厚生年金受給者が含まれるため。

保険料と年金額の関係　医療保険でも介護保険でも，保険料は所得によって異なるけれど，給付は納めた保険料にかかわらず医療や介護の必要性に応じて行われた。でも，年金は多く保険料を納めた人が高い年金を受け取る。国民年金の保険料は所得にかかわらず定額なので，年金額も**定額**。厚生年金は保険料も年金も所得に比例する（**報酬比例**）（➡表 4-1）。つまり，所得の高い人ほど，保険料も年金額も高い。ただし，基礎年金の仕組みを通じて給与の高い人から低い人への再分配も行われているので，2 倍の保険料を納めた人が 2 倍の年金を受け取るわけではない（➡*Column*⑳）。また，年金額は保険料納付済期間にも比例している。国民年金も厚生年金も保険料納付済期間が長いほど年金額は高くなる。最低限度の生活を維持するのにちょうど必要な額を給付する生活保護とはまったく考え方が異なる。

第1号被保険者の保険料は免除を除けば定額で，基礎年金の額も免除期間を除けば納付済期間当たり定額だから，基本的にはみんな損得はない。ところが第2号被保険者は保険料が給与に比例しているから，給与の低い人は少ししか保険料を払っていない。でも，給与が高く，高い保険料を払っていた人と基礎年金額は同じだ。だから，第2号被保険者は所得の低い人の方が得をする仕組みだ。その分は所得の高い第2号被保険者の保険料の一部が回っているわけだ。つまり，所得の高い人から低い人に所得が移転している。このような仕組みを，給与という形で一度分配された所得をもう一度分配することになるので「所得再分配」という。社会保障には所得再分配が組み込まれていることが多い。

2 被保険者と保険料

●誰が加入し，保険料はいくらか

国民年金の被保険者　第1節で述べたように，20歳以上60歳未満の日本に住所のある人はすべて外国人も含めて国民年金加入の義務がある。国民年金の被保険者は約6740万人いるが，**第1号被保険者，第2号被保険者，第3号被保険者**の3種類に分けられる。

第1号被保険者とは，次に説明する第2号被保険者でも第3号被保険者でもない人。約1410万人いる。この人たちは，第1節で述べたように，自分で加入の手続きをし，定額（2024年4月現在月額1万6980円）の保険料を自分で納める。

保険料には免除の仕組みがある。生活保護の受給者など一定の基準に該当する人は届出によって免除される。それ以外にも，低所得の人は申請によって世帯の所得状況などを審査して承認されれば保険料の全部または一部を免除される。免除は老齢基礎年金額の減少

Column ㉑　国民年金の空洞化　～～～～～～～～～～～～～

　「国民年金の空洞化」という言葉を聞いたことがある？　勤め人は会社など
が加入手続きをしてくれるから未加入はほとんどないけれど，学生や自営業
者などには未加入の人がいる。また，加入はしていても，保険料を納付して
いない未納者もいる。未加入者が9万人，直近2カ年の保険料の全部が未納
となっている者が106万人。第1号被保険者として保険料を支払うべき者
（第1号被保険者＋未加入の者）に対する割合は約8％，これは公的年金加
入対象者の約2％に当たる。また，その年に納められるべき保険料の総額に
対して，実際にその年には納められなかった保険料の割合（現年度未納率）
は，26％（2021年度分）。2年の時効までに納められた分を引いた最終未納
率は，22％（2021年度分）。未加入・未納者の割合8％より高いのは，保険
料のうち一部を納付，一部を未納の人は未納者とは数えないけれど，未納分
の保険料は未納率の計算には入っているから。このような状況を「国民年金
の空洞化」と呼び国民年金制度は破綻すると主張している人たちがいる。

　だけど，2008年，社会保障国民会議の公的年金制度に関する量的シミュ
レーションによって次のことが明らかになった。①年金財政上は，未加入・
未納が多いとそれに対する将来の基礎年金給付費も減るので，大きな影響は
生じない。②無年金者は高齢者人口の約2％弱であり，未納率がこのままで
あれば無年金者の割合もこの程度で変わらない。

　また，未加入・未納を減らすために個別の届出案内などの対策もとられ，
2004年の改正で保険料を払いやすくするように負担能力に応じた4段階の
免除制度が導入され，納付猶予制度も創設された。低所得層への免除の周
知・勧奨，高所得層への厳正な対応なども行われている。現在国民年金の対
象となっているパート勤めの人たちがもっと厚生年金に加入できるようにす
れば，その分，未加入・未納者は減るだろう（➡*Column*㉓）。

　さらに，2017年には老齢基礎年金の受給に必要な資格期間が25年以上か
ら10年以上に短縮され，それまでの無年金者の4割が低額ではあるが年金
を受給できることとなった。これで無年金者の割合はさらに下がり，高齢者
人口の1％程度となった。

　だから，年金財政上も，国民の老後の所得保障という点でも，現在の国民
年金制度が破綻しているという批判は当たらない。

　この問題の抜本的解決のために税方式への転換を主張する人もいるが，そ
れはそれで難しい問題がある（➡*Column*㉕）。

　（数字の出所：厚生労働省年金局「令和3年度の国民年金の加入・保険料納付
状況について」「令和3年度厚生年金保険・国民年金事業の概況」，厚生労働省年
金局・日本年金機構「公的年金制度全体の状況・国民年金保険料収納対策につい
て」2022年）

～～～～～～～～～～～～～～～～～～～～～～～～～～～～～～～～～

につながる（➡第3節）ので，10年以内であれば保険料を追納できる仕組みがある。学生については，本人の所得が一定（年間所得で118万円——これはアルバイトの収入でいうと年収約180万円に相当する）以下であれば申請によって在学中は保険料を納めず，10年以内に払う納付猶予制度がある。学生でない50歳未満の者についても同様の仕組みがある。

また，2019年4月から産前産後期間（出産予定日の前月から4ヵ月間）の保険料も免除されることになった。この期間は，年金額の計算上納付期間と同じに扱われ，年金額の減少にはつながらない。

第2号被保険者とは，厚生年金に加入している勤め人。約4620万人いる。この人たちの加入手続きや保険料納付は会社など勤め先がやってくれる。厚生年金の保険料の中に，国民年金の保険料も含まれている。

第3号被保険者とは，第2号被保険者に扶養されている配偶者。つまり，勤め人の妻で専業主婦などがこれに当たる。約720万人いる。この人たちは，保険料は納めなくてよい。扶養している夫（妻）の加入している厚生年金が，扶養されている妻（夫）の分も含めて国民年金に拠出してくれる。扶養されているかどうかの基準は健康保険と同じで年収130万円未満であること。パート勤めなどで厚生年金に加入していなくて，年収が130万円以上の場合には，国民年金の第1号被保険者として自分で保険料を納めなければならない。

なお，第3号被保険者についても，2020年4月からは，健康保険の被扶養者と同様に，国内居住要件が追加された（➡25頁）

厚生年金の被保険者　厚生年金に加入するのは，70歳未満の勤めている人。医療保険では健康保険ではなく共済や船員保険に加入している人も，年金では厚生年金に加入す

国民年金第 3 号被保険者は，1985 年改正で基礎年金ができたときにつくられた仕組み。それまで，勤め人に扶養されている妻は年金制度に加入の義務がなく，夫の年金で夫婦 2 人が暮らすことを前提に厚生年金の水準が決められてきた。妻は希望すれば国民年金に任意加入することができ，その場合は自分の年金がもらえたが，そうでなければ，離婚した場合などに老後の生活に困ることもあった。このため，夫の厚生年金の一部を独立させて，妻の基礎年金としたのだ。

もともと健康保険でも厚生年金でも，勤め人 1 人の保険料で扶養されている家族みんなの面倒をみようという仕組みだ。この考え方からは，夫 1 人の保険料で扶養されている妻にも年金を出すのは何も問題ないことになる。妻には所得がないのだから保険料は払えないし，今までだって，夫に出していた年金の中に妻の分も含まれていたのだから，それを名義上もはっきりさせただけ，ということだ。

これに対して，次のような問題を指摘して，反対する人もいた。

①同じ専業主婦でも，自営業者に扶養されている妻は第 1 号被保険者として自分で保険料を支払わなくてはならないのに比べて不公平。

②第 3 号被保険者の分の国民年金保険料を，専業主婦の夫だけでなく，共働きや単身の勤め人も負担していることは，不公平。

③勤め人の妻には，保険料を払わないようにするために年収が 130 万円以上にならないように働き方を調整している人も多いので，女性の就労を抑制する働きをしている。

2004 年の改正では，この問題についての 1 つの解決方策として，勤め人の夫が払った保険料は専業主婦の妻と夫婦で共同して負担したものであることを基本的認識とする旨が法律上明記された。ただし，これで第 3 号被保険者問題が解決したかどうかは意見の分かれるところ。

今の年金受給世代の女性が生きてきた時代は，雇用の場における性差別が今よりずっと大きく，勤め人と結婚したら専業主婦になって家事や子育てをするのが一般的だと考えられていた。これに対し，今の被保険者世代では，専業主婦になるかどうかはそれぞれの夫婦の選択の問題だ。実際，共働き世帯は専業主婦世帯の 2 倍を超えている。だから，老後保障のあり方では同じ専業主婦でも世代によって区別して考えるべきだと思うけど，あなたはどう考える？

る。約 4620 万人いる。

　ただし，勤めていても，パート勤めやフリーターで労働時間が通常の就労者の 3/4 未満の人には原則として厚生年金制度は適用されない。また，逆に，労働時間が通常の 3/4 以上であれば，派遣労働者も厚生年金の対象となり，派遣元の会社（人材派遣会社）に加入義務がある。どんな事業所に勤めていると厚生年金が適用になるかは，健康保険と同じ。なお，2016 年からパート勤めの人たちに対する厚生年金の適用が一部拡大された（➡ *Column* ㉓）。

　また，加入や保険料の納付手続きを会社がやってくれること，保険料は給与やボーナスに決まった率を掛けた額であって，半分は会社が負担し，残りの半分は本人の給与等から天引きされること，保険料がかかる給与等には上限があって，これを超える部分には保険料はかからないことなども，第 1 節で述べたとおり，健康保険と同じ。ただし，標準報酬月額は，健康保険よりも段階が少なく，第 1等級 8 万 8000 円から第 32 等級 65 万円までの 32 段階となっている。だから保険料がかかる上限は給与で月額 65 万円となる。ボーナスの場合は 1 回当たり 150 万円が上限。保険料の率は，2024 年 4 月現在 18.3％。

　出産休暇，育児休業の場合は保険料は免除される（➡ *Column* ㉘）。

| 保険料 |

保険料水準はどうやって決めているのだろう？

　以前は，老後の生活にどれだけの年金が必要かをまず考え，必要な年金給付を賄うためにはどれだけの負担が必要かを 5 年ごとに再計算し，保険料を決めてきた。給付水準維持方式という。これは，年金を受け取る人にとっては安心できる仕組みだけれど，保険料を負担する若い人たちにとっては，将来どれだけ保険料が上がるかわからないという意味で不安な仕組みだ。上がり続ける保険料をみん

Column㉓ パート勤めの人への厚生年金適用 ～～～～～～～～～～

　パート勤めの人については，フルタイムの人の3/4以上の日数・時間働いている人だけが厚生年金の適用対象になっていた。つまり週30時間未満のパート勤めの人は，厚生年金の対象にならなかった。これについて，次のような批判があった。

①厚生年金が適用されないと，国民年金の第1号被保険者か第3号被保険者になるが，どちらも基本的に基礎年金しか給付されないので，老後の生活保障が十分でない。

②独身フリーター，母子家庭の母などのパート勤めの人は，所得にかかわらず第1号被保険者として定額の保険料を払わないといけないので，負担が重い。

③勤め人の夫をもつパート勤めの妻は，年収が130万円以上になると第1号被保険者として国民年金の保険料を納めなければならないので，働き方を調整している。これは女性の就労を抑制する働きをしている。

④パート勤めの人を雇っている会社は，保険料を払わずにすむのでフルタイムよりパートタイムで人を雇おうとする。また，パート勤めの人たちが第3号被保険者になっていれば，その保険料はフルタイムの人を雇っている会社が全体で負担しているので，会社どうしの間で負担に不公平がある。

⑤第3号被保険者になっているパート勤めの人は，保険料を納めずに基礎年金をもらっているので，厚生年金を適用して保険料を納めてもらうほうが，年金財政にとってプラスだ。

　もともと，パート勤めは例外的な働き方だし，それで生活をしているわけではないという考え方から厚生年金と健康保険が適用されていなかった。ところが，経済の変化で最近は勤め人の夫をもつ妻に限らず，パート勤めや派遣など正社員以外の働き方が増えている。勤め人の約4割はそういう働き方だし，自営業の人たちを想定していた国民年金の第1号被保険者の3割がそんな勤め人だ。この人たちの生活保障をもっときちんと考える必要がある。

　このため，2016年からパート勤めの人の一部に厚生年金の適用が拡大された。①労働時間が週20時間以上，②月額賃金8.8万円以上，③勤務期間が1年以上と見込まれること，④学生でないこと，⑤従業員501人以上の企業の要件をすべて満たす人には，厚生年金と健康保険が適用される。さらに，2020年の法改正によって要件が緩和され，22年10月からは③の要件が削除されてフルタイムと同様の2カ月以上となり，⑤の要件は従業員101人以上の企業に，24年からは51人以上の企業になる。

なが負担できないときがきたら年金制度は破綻する，という意味で，若い人たちは負担する側としてだけでなく給付を受ける側としても不安があった。

　だから，2004年の法改正では，まず最終的な保険料水準を法律で決めたうえで，その保険料水準の範囲内で給付を行えるように給付水準の方を自動的に調整する仕組みを組み込んだ。**保険料水準固定方式**という。保険料水準を，厚生年金では2017年9月以降18.3%（半分は会社負担）に，国民年金では17年4月以降04年度価格で1万6900円に固定することとし，そうなるよう，厚生年金では毎年度0.354ポイントずつ，国民年金では毎年度280円（2004年度価格）ずつ引き上げてきた。なお，国民年金の保険料は，産前産後期間の保険料を免除する財源を確保するため，2019年4月にさらに引き上げ，04年度価格で1万7000円（名目賃金の変動に応じて調整した24年度価格は1万6980円）で固定している。

3　老齢年金

●高齢になったときの給付

老齢基礎年金

老齢基礎年金は，**資格期間**が10年以上ある人が65歳になったときに受け取れる。資格期間には，保険料を納めた期間のほか，保険料を免除，猶予された期間も含む。また，外国に住んでいた期間や1985年以前のサラリーマンの妻など，年金加入が強制でない期間も含む。

　年金額の具体的な計算式は，

　　　　満額の老齢基礎年金額×保険料納付月数÷480カ月。

　国民年金の加入義務のある20歳以上60歳未満の間の合計40年間保険料を納めた場合は，満額の老齢基礎年金額（2024年4月現在6

表 4-2　老齢基礎年金額の計算における免除期間の扱い

免除率 （納付率）	免除期間にかける割合＝納付率×本人負担率＋国庫負担率 ［　］内は 2009 年 3 月までの免除期間について
全額免除 （0 納付）	$1/2＝0×1/2＋1/2$ $[1/3＝0×2/3＋1/3]$
3/4 免除 （1/4 納付）	$5/8＝1/4×1/2＋1/2$ $[1/2＝1/4×2/3＋1/3]$
1/2 免除 （1/2 納付）	$3/4＝1/2×1/2＋1/2$ $[2/3＝1/2×2/3＋1/3]$
1/4 免除 （3/4 納付）	$7/8＝3/4×1/2＋1/2$ $[5/6＝3/4×2/3＋1/3]$

万 8000 円），保険料納付済期間がそれより短かければ，それに比例して減額される。たとえば，30 年間しか納めていないと金額は，全期間納めた場合の 3/4 になる。

　保険料が全額免除された期間は 1/2 として計算される。納めなかった 10 年のうちの 2 年間は全額免除期間だとすると，

$$（12 カ月×30 年＋12 カ月×2 年×1/2）÷480 カ月＝31/40$$

で満額の 31/40 となる。全額免除期間が 1/2 として計算されるのは，後で述べるように基礎年金には 1/2 の国庫負担があるので，保険料を納めていなくても国庫負担の分は支給しようという考え方だ。また，保険料の一部免除の場合は，その期間は免除の率に応じて，表 4-2 のとおりの率を掛けて計算される。もちろん，未納の場合はだめで，免除の場合だけ。学生や若年者の納付猶予の期間は後から 10 年以内に納付しない限り，資格期間の計算には入れても，年金額の算定に入れられない。また，外国居住などで加入していなかった期間も同様に，資格期間の計算には入れても，年金額の計算には

入れられない。

　老齢基礎年金等の平均月額は，2022 年度末で約 5.6 万円（資格期間が 25 年以上あるもの）。低いのは，未納や免除の期間があったり，次に述べる繰上げ受給をしている人がいるからだ。

　老齢基礎年金の**支給開始年齢**は原則 65 歳だが，**繰り上げて** 60 歳から受け取ることもできる。その場合は，1 カ月繰り上げるごとに 0.4％ 年金額が減る。一度減ったら，65 歳になっても年金額が元に戻ることはなく，生涯減ったままの額だ。逆に 75 歳まで**繰り下げる**こともできる。この場合は 1 カ月ごとに 0.7％ 増える。平均的な年齢まで生きていれば，繰り上げても繰り下げても受け取る総額は変わらないようになっている。

　社会保障と税の一体改革の中で，消費税が 8％ から 10％ に引き上げられる 2019 年 10 月から年金生活者支援給付金が支給されることとなった。

　年金を含めても所得が低く，前年の所得額が老齢基礎年金満額（2024 年 4 月現在月額 6 万 8000 円）以下の 65 歳以上の老齢基礎年金受給者に対し，老齢基礎年金に上乗せして支給する。金額は月額で 2024 年 4 月現在 5310 円×保険料納付済月数/480。保険料免除期間は全額免除の場合で，老齢基礎年金満額の 1/6×保険料免除月数/480 月。所得が老齢基礎年金満額を超えても一定額までは，年金生活者支援給付金を受給する者との所得総額の逆転が生じないよう，補足的な給付が行われる。

　対象を基礎年金受給者に限っていること，金額を保険料納付済月数や保険料免除月数に比例することとしているのは，保険料納付などの意欲を害さないようにするため。

　一定の所得以下の障害基礎年金または遺族基礎年金の受給者に対

しても支給される。その場合の所得制限は20歳未満で障害者になった人への障害基礎年金（→*Column*㉖）と同額。

費用は全額国庫負担。給付件数は約780万件。

老齢厚生年金　**老齢厚生年金**は老齢基礎年金の資格期間を満たしていて，厚生年金にも加入していた人が，65歳になったときに受け取れる。厚生年金の加入期間は1カ月でもよい。支給開始年齢については，次に述べるように男性は2024年度，女性は29年度まで経過的な措置があり，65歳未満でも支給される。

金額は働いていた頃の給与・ボーナスと被保険者期間に比例する。給与・ボーナスが高ければそれに決まった率を掛けた保険料も高くなるので，高い保険料を納めていた人ほど，また，長く保険料を納めていた人ほど，つまりは，たくさん保険料を納めた人ほど，それに比例してたくさん年金を受け取るということだ。具体的な計算式は年額で次のとおり。

平均標準報酬額×5.481/1000×被保険者期間の月数

平均標準報酬額とは，過去の給与・ボーナスの平均（月額）。ただし，たとえば40年前の1万円は今の1万円とは価値が違う。だから，過去の給与・ボーナスはその後の手取り賃金の伸び率を掛けて，今だったらいくらに相当するかを**再評価**する。そうやって再評価した過去の給与・ボーナスの平均をもとに厚生年金額は計算する。

ただし，以前は，ボーナスには保険料がかからず年金額も給与だけをもとに計算されていたので，今でも，2003年3月以前の期間の分は，

平均標準報酬月額×7.125/1000×被保険者期間の月数

で計算する。平均標準報酬月額とは，過去の給与（月給）の平均。先にあげた式で計算するのは2003年4月以降の期間の分で，両方

Column⑳ 合意分割と3号分割

　勤め人夫婦に対してどのように年金を保障するかは難しい問題だ。国民年金の第3号被保険者制度は，勤め人に扶養されている妻に基礎年金を保障するための仕組み（→Column⑳）。合意分割と3号分割は，離婚時等に勤め人夫婦それぞれに厚生年金の報酬比例部分を保障する仕組みだ。両方とも2004年の法改正で導入された。

　合意分割は，結婚している間に夫婦が払った保険料によって得られた年金受給権は，夫婦の共有財産であり，ほかの共有財産と同様，離婚時にどうするかを決められるようにするという考え方に基づく。したがって，第3号被保険者だけでなく共働きの場合も含まれる。分割割合は夫婦で話し合って決めるが，夫婦の差額の1/2が上限。決まらない場合は裁判による。

　3号分割は，国民年金の第3号被保険者制度と同様，年金給付の個人単位化の考え方に基づく。ただし，基礎年金と異なり，離婚，失踪などの場合に限る。第3号被保険者からの請求だけで相手方の同意は不要。分割の割合は1/2。

　いずれの分割も原則として離婚等から2年以内に請求する必要がある。

　2つの分割には適用期間などにも違いがあり，表のとおり。

　離婚時の厚生年金報酬比例部分の分割に，異なる考え方に基づく2つの仕組みが並存することとなったため，わかりにくいし，2つの仕組みの違いが合理的かどうかは意見が分かれるところ。ただし，あくまで夫婦間で年金を分割するだけなので，国民年金の第3号被保険者制度に対するような不公平という批判は生じていない。

	合意分割	3号分割
基本的性格	離婚時の夫婦共有財産の清算	年金給付の個人単位化
施　　行	2007年4月	2008年4月
分割対象となる被保険者期間	2007年4月より前も対象で，また，共働きの期間も対象	2008年4月以降で，かつ，第3号被保険者の期間に限る
要　　件	離婚	離婚，失踪など
分割割合	夫婦の差額の1/2までで当事者の合意による。合意がまとまらない場合は裁判による	分割割合は必ず1/2

を合計したものが年金額になる。

　老齢厚生年金の支給開始年齢は 1994 年の法改正で 60 歳から 65 歳に引き上げることになった。このとき，急に引き上げると，老後の生活設計が狂ってしまうので，長い年数をかけて，1 歳ずつ引き上げることにした。完全に 65 歳からの支給になるのは，じつは男性で 2025 年度からだ。女性はその 5 年遅れの 2030 年度からだ。女性の方が 5 年遅れなのは，女性は，以前は 55 歳から支給されていたのを，やはり長い年数をかけて，1 歳ずつ引き上げ，2000 年度に男性と同じ 60 歳にしたばかりだったからだ。

　引上げは 2 段階に分けられる（➡図 4-2）。じつは，60 歳以上 65 歳未満の人の厚生年金は，通常の報酬比例で計算される部分に加えて，65 歳以降に受け取る基礎年金に相当する定額部分も支給されている。これは，1985 年に，それまで厚生年金だけに加入していた勤め人も国民年金に加入して，基礎年金と厚生年金の 2 階建てにする制度に組み替えたとき，基礎年金が受け取れない 60 歳以上 65 歳未満の年金額が下がらないように，基礎年金に相当する分も厚生年金として支給することとしたからだ。

　第 1 段階の引上げは，この定額部分の支給を 3 年間に 1 歳ずつ引き上げるというものだ。2001 年度から始めて 13 年度に定額部分が支給されなくなった。女性は 5 年遅れ。

　第 2 段階の引上げは，報酬比例部分について 2013 年度からやはり 3 年間に 1 歳ずつ引き上げる。65 歳になるのは，2025 年度だ。女性はやはり 5 年遅れ。

　したがって，支給開始が完全に 65 歳になるのは，男性は 1961 年度生まれ（2025 年度に 64 歳で支給されない），女性は 1966 年度生まれ（2030 年度に 64 歳で支給されない）からの話だ。

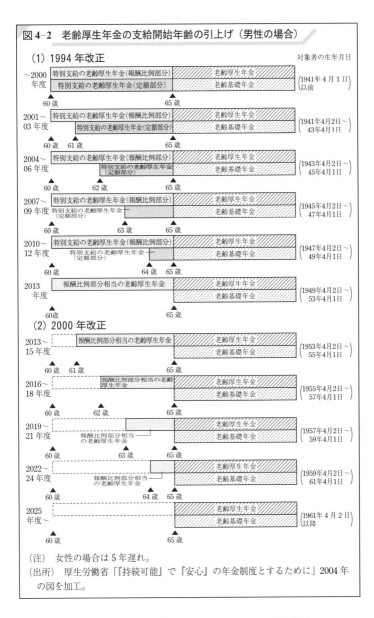

図4-2　老齢厚生年金の支給開始年齢の引上げ（男性の場合）

（1）1994年改正

対象者の生年月日

~2000年度
| 特別支給の老齢厚生年金（報酬比例部分） | 老齢厚生年金 |
| 特別支給の老齢厚生年金（定額部分） | 老齢基礎年金 |
60歳　　　65歳
（1941年4月1日以前）

2001~03年度
| 特別支給の老齢厚生年金（報酬比例部分） | 老齢厚生年金 |
| 特別支給の老齢厚生年金（定額部分） | 老齢基礎年金 |
60歳　61歳　　　65歳
（1941年4月2日~43年4月1日）

2004~06年度
| 特別支給の老齢厚生年金（報酬比例部分） | 老齢厚生年金 |
| 特別支給の老齢厚生年金（定額部分） | 老齢基礎年金 |
60歳　　62歳　65歳
（1943年4月2日~45年4月1日）

2007~09年度
| 特別支給の老齢厚生年金（報酬比例部分） | 老齢厚生年金 |
| 特別支給の老齢厚生年金（定額部分） | 老齢基礎年金 |
60歳　　　63歳　65歳
（1945年4月2日~47年4月1日）

2010~12年度
| 特別支給の老齢厚生年金（報酬比例部分） | 老齢厚生年金 |
| 特別支給の老齢厚生年金（定額部分） | 老齢基礎年金 |
60歳　　　　64歳65歳
（1947年4月2日~49年4月1日）

2013年度
| 報酬比例部分相当の老齢厚生年金 | 老齢厚生年金 |
| | 老齢基礎年金 |
60歳　　　　65歳
（1949年4月2日~53年4月1日）

（2）2000年改正

2013~15年度
| 報酬比例部分相当の老齢厚生年金 | 老齢厚生年金 |
| | 老齢基礎年金 |
60歳　61歳　　　65歳
（1953年4月2日~55年4月1日）

2016~18年度
| 報酬比例部分相当の老齢厚生年金 | 老齢厚生年金 |
| | 老齢基礎年金 |
60歳　　62歳　65歳
（1955年4月2日~57年4月1日）

2019~21年度
| 報酬比例部分相当の老齢厚生年金 | 老齢厚生年金 |
| | 老齢基礎年金 |
60歳　　　63歳　65歳
（1957年4月2日~59年4月1日）

2022~24年度
| 報酬比例部分相当の老齢厚生年金 | 老齢厚生年金 |
| | 老齢基礎年金 |
60歳　　　　64歳65歳
（1959年4月2日~61年4月1日）

2025年度~
| | 老齢厚生年金 |
| | 老齢基礎年金 |
60歳　　　　65歳
（1961年4月2日以降）

（注）　女性の場合は5年遅れ。
（出所）　厚生労働省「『持続可能』で『安心』の年金制度とするために」2004年の図を加工。

在職老齢年金

老齢年金は老齢で働けなくなった人に対して所得を保障するものだけれど，生活保護のように，実際に働けないかどうかを調べてから年金を支給するわけではない。一定の年齢になれば支給する。でも，60歳代でも働いている人はたくさんいる。中には，会社の役員などで高い給与をもらっている人もいる。そんな人に，若い人たちが納めている保険料から年金を支給する必要があるだろうか？　一方で，ちゃんと保険料を納めてきた人たちに，年金をまったく支給しないのもおかしい気がする。それに，働くと年金が受け取れないことにすると，働くのをやめる人もいるかもしれない。そうすると，これからの時代はできるだけ高齢者にも働いてもらう必要があるのに，逆効果だ。

こんな考え方で，働いているときに老齢年金をどれだけ支給するかを調整する仕組みが，**在職老齢年金**だ。

まず，老齢基礎年金は全額支給される。調整されない。

老齢厚生年金は，賃金と老齢厚生年金額の合計額が月額50万円（2024年4月現在）までは調整されない。50万円を超えると，賃金の増加2に対して年金額が1支給停止する。

老齢厚生年金の繰上げ・繰下げ支給

老齢厚生年金も老齢基礎年金と同様に，繰り上げて60歳から受け取ることもできる。金額は老齢基礎年金と同様，繰り上げなければ受け取れるはずの額を基準として1カ月早く受け取るごとに0.4%低くなる。繰上げは老齢基礎年金と同時に行わなければならない。

また，65歳より繰り下げて受け取ることもできる。75歳までの間で遅くに繰り下げるほど年金額が増える。増える額は老齢基礎年金と同様，1カ月遅く受け取るごとに0.7%。75歳まで繰り下げると年金額は84%の増額となる。ただし，65歳未満に特別に支給さ

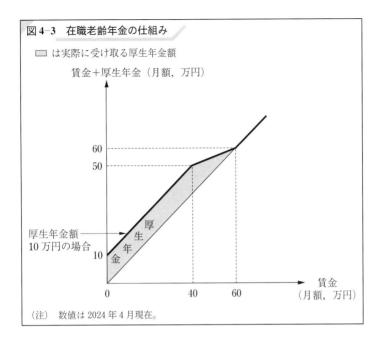

図4-3 在職老齢年金の仕組み

□ は実際に受け取る厚生年金額

賃金＋厚生年金（月額，万円）

厚生年金額
10万円の場合

厚生年金

賃金
（月額，万円）

（注）　数値は2024年4月現在。

れている老齢厚生年金を繰り下げて年金額を増やすことは認められない。

給付水準の決め方　老齢基礎年金や老齢厚生年金の水準はどうやって決めているのだろう？

　以前は5年ごとに年金財政再計算を行い，そのときに，老齢基礎年金は，生活のためにどれだけものを買っているか，現役世帯や高齢者世帯の消費実態などを見て決めていた。老齢厚生年金は，標準的な年金受給世帯（夫が平均的収入で40年間勤め，妻がその期間パート以外では働いたことがない夫婦。あくまで年金額の設定をするためのモデルであって，そういう世帯が多いとか望ましいとかいう意味ではないので，念のため）の年金額を現役世帯の収入のどれくらいにするかで決めていた。2000年の法改正では，現役世帯の手取り年収の約6割に

なるように計算式を設定した。

　2004年の法改正では，00年の法改正で設定した水準をもとにして，一定の考え方で金額の引上げ，引下げを行っていくこととした。引上げ，引下げの方法は可処分所得スライド，物価スライド，マクロ経済スライドの3つである。

可処分所得スライドと物価スライド

可処分所得スライドとは，現役世帯の手取り年収，つまり実際に使うことのできる額（可処分所得）の伸びと同じ率で年金水準を引き上げる方法。すでに述べたように，年金額の計算にあたって，過去の報酬に手取り賃金の伸び率を掛けて再評価するが，これによって**可処分所得スライド**が行われていることになる。新しく年金を受け始めるときは，この可処分所得スライドが行われる。

　いったん受け取り始めた後の年金の額は，可処分所得スライドではなく，物価の伸びに応じて改定する。**物価スライド**という。インフレにより物価が大きく上がると，年金の額は同じでも買えるものが少なくなり，生活水準が下がってしまう。逆にデフレのときは，年金の額を物価の下がった分下げても，生活水準は維持できる。ただし，物価スライドでは，生活水準は維持できても，現役世帯の手取り年収が物価より上がっていけば，現役世帯との生活水準の差は開いていく。でも，老後は，一般的には年齢が上がるにつれて消費は減るので，物価スライドでいいという考え方だ。

　この仕組みは経済が成長して物価より手取り年収の伸びが大きいときには問題がなかった。ところが，近年は残念ながら，物価も手取り年収も下がり，その下がり方が物価よりも手取り年収のほうが大きいというような場合も出てきた。そうすると，物価スライドでは現役世帯の生活水準は下がっているのに年金生活者は維持されるというようなことが起きてしまう。それで，2016年の法改正で21

年以降は，手取り年収の下がり方が物価より大きいときは受け取っている年金の額も可処分所得スライドにして，年金を手取り年収に合わせて引き下げることにした。

| マクロ経済スライド) | 原則は，可処分所得スライドと物価スライドなのだけれど，そうして年金額の改定を |

行うと，将来，固定した保険料水準の範囲内で給付が賄えそうにない場合がある。少子高齢化がどんどん進んでいる今がまさにそう。その場合は，一定の調整つまり引下げを行うという仕組みが，2004年の法改正でできた。調整率は，公的年金被保険者数の変動率×平均余命の伸び率。**マクロ経済スライド**という。少子化の影響で保険料を納める被保険者が減少して保険料収入の総額が減る場合はその分を毎年度の年金額の引上げから引く。また，平均寿命が伸びるとそれだけ長く1人に年金を支給するので給付総額が伸びる，その分をやはり年金額の引上げから引く。ただし，調整すると年金額が下がるような場合には，年金額が下がらない範囲にとどめる。2018年からは，引けなかった分を翌年度以降に引くこととした。

この調整を続けていくと，固定した保険料水準18.3%の範囲で給付が賄えるようになるので，調整は終了する。この時点で，標準的な年金受給世帯が受け取り始めるときの年金額は，現役世帯の手取り年収の約5割まで下がっている。以後はこの水準が維持される。ただし，受け取り始めた後は物価スライド（2021年からは可処分所得スライドのほうが低い場合は可処分所得スライド）なので，現役世帯の手取り年収が物価より上がっていけば現役世帯との差はさらに開いていき，5割を切っていく。厳しいけれどそうしないと給付と負担のバランスがとれない。

2024年度は物価変動率が3.2%で，可処分所得の変動率が3.1%，マクロ経済スライドによる調整率がマイナス0.4%。だから，2024

Column㉕ 基礎年金の税方式化 ━━━━━━━━━

　税財源によって，保険料を納めなくてもすべての高齢者が基礎年金を受け取れるようにするというのが基礎年金の税方式化。保険料を納めなくても受け取れるなんてすごくいい話に聞こえるけれど，どう考えたらいいのだろう？

　税方式への転換を主張する人が理由としてあげているのは，国民年金には未納，未加入が多いので，年金財政上も，国民の老後の所得保障という点でも，制度が維持できず，破綻するということだったが，この批判については当たらないことが，社会保障国民会議の公的年金制度に関する量的シミュレーションによって明らかになった（➡*Column㉑*）。

　また，このシミュレーションによると，全額税方式では，

①事業主負担分の保険料がなくなりその分も税負担に回るので，仮に消費税で賄えば，企業の負担は減少し，第2号被保険者の負担は増加する。また，第1号被保険者の負担はおおむね減少するが，免除の対象となるような低所得層で増加する。

②全額税方式で基礎年金の額を7万円とすると，今まで拠出した保険料を年金額にどう反映させるかによるが，2009年度で9兆～33兆円（消費税率換算で3.5～12%），50年度で32兆～50兆円（消費税率換算で6～9.5%）の追加財源が必要となる。

　さらに，全額税方式には，次のような点を指摘する人もいる。

③個人が保険料を拠出して将来のリスクに事前に備えることを共同化した仕組みである社会保険の方が，自立・自助を基本とする日本の経済社会に合っている。

④拠出と給付の関係が切れると，所得制限がもちこまれたり，権利性が弱められ，第2の生活保護化するおそれがある。

⑤給付と負担の関係が明確でないため，制度の健全性，持続可能性がわかりにくくなる。

　税方式と社会保険方式，どちらの方式でも，給付に見合う負担を誰かがしなければならないのは確か。税方式にしたら負担がなくなるわけではない。大切なのは，給付と負担の水準について国民の間で，合意をつくること。老後の生活保障にはどの程度の年金が必要で，そのために誰がどの程度の負担をするのか，その合意がなければどちらの方式も立ちいかない。それからもう1つ，制度の変更は白紙に絵を描くようにはいかないということ。「抜本改革」という言葉はカッコいいけど，現実化するには移行のコストがかかる。とくに長期保険である年金ではそのコストは大きい。

　国民の生活にとって大切な公的年金制度をどう構築したらよいのか，あなたもしっかり考えてみてほしい。

━━━━━━━━━━━━━━━━━━━━━

年度の年金額は可処分所得の変動率（3.1%）にマクロ経済スライドによる調整率（マイナス0.4%）を加えて2.7%の引上げ。

4 財 政 方 式

● 給付と負担のバランスをとるとはどういうことだろう？

年金財源と財政検証

年金給付費の財源は，保険料と国庫負担それに積立金の運用収入だ。国庫負担については，1985年に基礎年金制度が創設されて以来ずっと基礎年金給付費の1/3とされてきたが，2004年度に引上げに着手して09年度に1/2への引上げが完了した。

年金は，将来，給付をする約束で何十年もの長い年月，保険料を納めてもらう仕組みの**長期保険**。だから，財政も長期的に将来を見通してバランスをとらなければならない。そうでないと，将来，約束した給付ができなくなってしまう。

このため，少なくとも5年ごとに，人口構造の変化，就業構造の変化，賃金・物価の変動などによって，将来の被保険者数・年金受給者数，年金給付費等がどうなるか推計し，将来ともに給付と負担のバランスがとれるかどうか財政を検証する。直近では，2019年度に検証が行われた。

でも，バランスがとれるってどういうことだろう？ バランスのとり方には，**賦課方式**と**積立て方式**の2つの考え方がある。

賦課方式と積立て方式

賦課方式というのは，今年度の保険料で今年度の給付を賄う方式。つまり，医療保険と同じだ。年金給付に必要な費用の大部分は老齢年金だから，これはつまり，高齢者に対する年金給付を若い世代の保険料で賄うということ。つまり世代と世代の助け合いだ。「年金は世代と世代の助

け合い」という言葉はよく聞くよね。

　でも一方で，年金について「納めた保険料が戻ってこない」という言葉も聞く。私たちが今納めている保険料は，今の高齢者に年金として支給するのに使われているのだとしたら，もともと，戻ってくるものではないよね？　なぜ戻ってくることを期待するのだろう？　それは，年金は積み立てるものという考え方があるからだ。若いうちに毎月少しずつお金を積み立てて運用し，老後はそのお金を少しずつ年金として取り崩す。これが積立ての考え方。

積立て貯金と積立て方
式の年金保険の違い

　　　　　　　　老後のために個人で積み立てるとしたら，いくら積み立てれば足りるのだろう？　65歳から年金で暮らすと想定して何年分の生活費を積み立てればいい？　女性なら65歳からの平均余命である約20年分の生活費を積み立てなければならない。でも，もし，もっと長生きしたらどうしよう？　お金がなくなってしまう。100歳まで生きる人も珍しくないから，最低30年分は積み立てておかないと安心できない。ということは，20歳から59歳までの40年間で30年分の生活費を積み立てるということ。

　こんなふうに個人で積み立てると，何歳まで生きるかわからないから多めに積み立てなきゃいけなくて大変。でも，大勢で一緒に積み立てるなら，みんながみんな平均寿命より長生きするなんてことはない。早く死んだ人の分を長生きした人の分に回すことにすれば，みんなで平均寿命までの20年分を積み立てれば長生きした場合でも安心できる。

　長生きはめでたいことだけれど，長生きするとお金がたくさんかかる。お金がたくさんかかるという面に着目すれば，1つのリスクだ。老齢年金は長生きというリスクに対応するための社会保険。保険だから，個人で積み立てた貯金の場合と違って自分の納めた分が

確実に手元に戻る保障はない。長生きしなければ納めた額の方が多いことも当然ある。でも，世代としてみれば自分たちが積み立てた保険料が自分たちに年金として戻る。これが積立て方式の年金保険。

有限均衡方式

積立て方式と賦課方式，実際の日本の公的年金はどっちの財政方式をとっているのだろう？

日本では，公的年金はもともとは積立て方式で始まった。とはいうものの，制度創設後の加入期間が短い人にも，老後の生活保障のためにある程度の額の年金を出した。また，賃金や物価上昇率に応じて年金額を引き上げる一方で，年金制度に加入できなかった老親を私的に扶養しながら，みずからの老後のために保険料を納める世代の負担能力を考えて，保険料は低く抑えてきた。結果的に，この世代は積み立てた保険料よりも多く年金を受け取ることになった。その財源はどこからもってきたかというと，後の世代が納めている保険料からだ。その分，約束している給付額に比べて積立金は少なくなっている。それでは年金制度が破綻しそうで心配？ たしかに，今の高齢世代が受け取っている年金の財源の大部分は，積立金ではなく今の若い人が納めている保険料だ。でも，それはつまり，日本の公的年金がもうほとんど賦課方式になっているということ。

2021年度末，公的年金制度全体で積立金は約246兆円（時価ベース）で，年間給付費総額は約53兆円。賦課方式の考え方に立てば，積立金は足りないどころかこんなに要らないともいえる。

2004年の改正では，おおむね100年後を見通して，100年後に給付費の1年分の積立金を保有すればいいとの考え方で積立金を取り崩して給付費にあてることとした。100年間という，限られた期間で財政バランスを考えるので有限均衡方式という。2004年の法改正では2100年度までを考えた。その後も5年ごとにおおむね100年

後までの年金財政の見通しを作成し，つねに 100 年後にも給付費の 1 年分の積立金が残っているように，固定した保険料水準のもとで給付水準を調整することとされた。

5 障 害 年 金

●障害者になったら？

| 障害基礎年金 |

障害基礎年金は，①被保険者である間，②被保険者だった者が 60 歳以上 65 歳未満の間，のいずれかに病気やけがをして障害者になったときに支給される。老齢基礎年金のような資格期間はない。加入してすぐに障害者になった場合でも支給される。ただし，原則として，保険料納付済期間と免除期間の合計が 2/3 以上あることが要件となる。納めるべきなのに納めていなければ助けてもらえないのは，老齢年金と同じ。

支給金額は，障害の重さによって 2 段階。1 級の人は満額（40 年間保険料を納めた場合の額）の老齢基礎年金の額（2024 年 4 月現在月額 6 万 8000 円）の 1.25 倍。2 級の人は満額の老齢基礎年金と同じ。ただし，子の数によって加算がある。

| 障害厚生年金 |

障害厚生年金は，厚生年金の被保険者期間中に病気やけがをして障害者になったときに支給される。ただし，原則として国民年金の保険料納付済期間と免除期間の合計が 2/3 以上あることが要件となる。

障害の重さは 3 段階に分けられている。1 級，2 級のほか，障害基礎年金にはない 3 級もある。金額は 1 級が老齢厚生年金と同じ式（平均標準報酬額×5.481/1000×被保険者期間の月数）で計算した額の 1.25 倍，2 級と 3 級は老齢厚生年金と同じ式で計算した額と同額である。ただし，被保険者期間が 25 年に満たない場合は 25 年で計算

Column㉖ **20歳未満で障害者になった人**

国民年金に加入していない 20 歳未満の間の病気やけががもとで障害者に
なった人は，障害基礎年金は受けられないのだろうか？ 社会保険の考え方
では，加入していなかった人に給付することはできない。でも，加入できる
のに加入しなかったのではないから，この人たちの責任ではない。そう考え
ると支給してもいい気がしない？ 1985 年の改正で，この人たちにも 20 歳
から障害基礎年金が支給されることとなった。社会保険の考え方からは特例
だ。ただし，保険料を納付していないので所得制限があり，財源も国庫負担
割合が 3/5 と高い。この人たちが 20 歳になるまでは，その父または母に対
して特別児童扶養手当が支給される（➡第 2 章第 3 節）。

する。3 級には障害基礎年金が出ないので，2 級の障害基礎年金の
3/4 が最低保障額として決められている。1 級と 2 級には，配偶者
の加算がある。

6 遺族年金

●生計維持者が死亡したとき

遺族基礎年金

遺族基礎年金は，①被保険者で国民年金の
資格期間が加入期間の 2/3 以上ある人，
②国民年金の資格期間が 25 年以上ある人などが死亡したときに遺
族に支給される。

遺族とは，死亡した人によって生計を維持されていた，①子の
ある配偶者，②子である。ここでの子とは，①18 歳の年度末まで
の子，②20 歳未満で 1, 2 級の障害の状態にある子，である。

生計維持されているかどうかの認定は，緩やかである。たとえば
前年の収入が 850 万円未満であればよい。

遺族基礎年金の額は，老齢基礎年金の満額（40 年間保険料を納めた
場合の額）と同じ。ただし，子の数によって加算がある。

遺族厚生年金は，①厚生年金の被保険者で国民年金の資格期間が国民年金の加入期間の 2/3 以上ある人，②厚生年金の被保険者期間があって，国民年金の資格期間が 25 年以上ある人，③1 級または 2 級の障害厚生年金の受給権者などが死亡したときに支給される。

遺族厚生年金を受け取れる遺族とは，遺族基礎年金を受け取れる遺族のほか，死亡者により生計を維持されていた子のない妻，55 歳以上の夫，父母，孫，祖父母も含まれる。ただし，たとえば妻または子が受け取れば，父母は受け取れない。また，子のない 30 歳未満の妻は夫の死亡後 5 年間しか受け取れない。若くて子どもがいなければ女性でも職を見つけて 5 年の間には自分の生計を維持できるようになるだろうとの考え方。

遺族厚生年金の額は，老齢厚生年金の額の算定式で計算した額の 3/4。ただし，被保険者期間が 25 年に満たない場合は 25 年で計算する。

老後，夫婦であれば，2 人分の老齢基礎年金と老齢厚生年金で暮らしている。夫婦のどちらか片方が亡くなった場合は，遺された方は自分の老齢基礎年金と老齢厚生年金で生活する。ただ，妻は勤めたことがなかったり，あっても期間も短く賃金も低いことが多かったりして，自分の老齢年金だけでは生活水準が維持できない場合が多い。だから，次のどちらか高い方の額と自分の老齢厚生年金を比べて，自分の老齢厚生年金の方が低ければ，差額が夫の遺族厚生年金として支給される。

①夫の老齢厚生年金×3/4

②自分の老齢厚生年金×1/2＋夫の老齢厚生年金×1/2

7 年金の業務体制

●大切な記録の管理をしているのは誰？

　年金は40年にもわたる保険料納付の記録が年金給付に結びつくので，記録の管理はとても大切な仕事だ。コンピュータがなかった頃，年金の加入・保険料納付は手書きで紙に記録していた。その後，コンピュータ管理を始めたが，会社から自営業への転職や結婚退社などの場合には，1人の人の加入・保険料納付が複数の記録で管理されることも多かった。1997年，1人に1つの基礎年金番号をつけて，複数の制度にまたがっていても，公的年金の全加入期間を通じて，記録の管理を一元的に行うこととし，1人の人がもつ複数の記録を統合することが始まった。当時，記録は3億件あったというから，平均すれば1人が3つの記録をもっていたことになる。年金の請求があったときには，統合された記録をもとに，受給権があるか，いくらになるかなどについて確認（裁定）している。

　年金記録の管理は，国が保険者である国民年金や厚生年金については，社会保険庁という国の機関で行ってきた。ところが，その仕事ぶりに大変な問題があることがわかったため，2010年から社会保険庁を廃止して日本年金機構という新たな公法人を設置し，運営業務を国から委任・委託して行わせることとなった。日本年金機構は，本部と312カ所の年金事務所からなる。

　1人ひとりの被保険者の保険料納付の記録などは，本部にあるコンピュータで，一元的に管理する。年金事務所と本部のコンピュータはオンラインで結ばれて，年金事務所に提出された届出などの情報に基づいて情報がつねに更新されている。

　国民年金の加入などについては，従来どおり国からの法定受託事

務として，住民により身近な市町村が行う。

　年金は，年6回，銀行などの口座に振り込まれる。

8 企業年金等

●より豊かな老後生活を保障してくれるのは？

企業年金の機能

　日本の年金給付は3階建て構造になっている。これまで，1階部分の基礎年金，2階部分の厚生年金について学んだ。公的年金はここまで。その上にさらに，民間勤め人グループの**企業年金**と，自営業者グループの**国民年金基金**などが乗る。

　企業年金は，企業がそこに勤めている人のためにつくっている年金だ。企業年金をつくるかどうかは企業の自由だから，企業年金は公的年金ではない。でも，国民の老後の生活を保障するうえでは重要な役割を果たしているので，企業年金には税制上の優遇措置を設けて奨励している。

　企業年金には，老後の生活を保障するうえで，2つの機能がある。**上乗せ機能**と**つなぎ機能**という。上乗せ機能とは，より豊かな老後を送るために，基礎年金，厚生年金の上にさらに年金を乗せて額を高くする機能だ。つなぎ機能とは，退職から基礎年金や厚生年金を受け取れるまでの間をつなぐ機能だ。基礎年金や厚生年金の支給は原則65歳から。ところが，多くの企業で定年はまだ65歳にはなっていない。そこで，定年から公的年金を受け取るまでの間の所得を保障する必要がある。もちろん，企業には65歳までの雇用確保義務があり，定年退職後も多くの人は何らかの仕事をしているが，定年前に比べれば賃金は低い。このような場合に，企業年金は減収分の一部を補って，公的年金受給までをつなぐ機能をもっている。

　企業年金には，**確定給付企業年金，確定拠出年金**などがある。確定給付企業年金は，公的年金と同じで，こういう場合にはこれだけの年金給付を行うという約束を事前にしている。給付が事前に確定しているから「確定給付」という。

　規約型と**基金型**に分けられる。規約型は，企業と社員が話し合ってつくった年金規約に基づき，企業が外部の信託銀行などと契約して，その信託銀行などが年金資金の管理・運用，給付を行う仕組み。

　基金型は，同じように企業と社員が話し合って年金規約をつくるが，規約型と違うのは，会社とは別に「企業年金基金」という法人を新たにつくって，ここが年金資金の管理・運用，給付を行うところである。企業年金基金とは，企業年金の積立て基金のことではなく，株式会社などと並ぶ法人組織の1つなので，気をつけよう。

　この仕組みは，運用収益が予定を下回った場合に，財政が悪化し追加の拠出を行う必要があるなど，企業にとって負担が重い。また，会社を移ったり，途中で辞めたりしたときに勤め人本人に不利になることが多い。転職をしない個人にとっては，確定給付企業年金の方がよいが，企業年金をつくるかどうかは企業の自由だから，企業にとって負担が重すぎると企業年金をつくらなくなる。このため，確定拠出年金の仕組みがつくられた。

　確定拠出年金　確定拠出年金は，あらかじめ給付額を約束せず，拠出した掛け金の額を個人ごとに明確に区分し，掛け金とその運用収益との合計額をもとに給付額を決める仕組みだ。これだと，企業は定められた掛け金を負担すればよく，追加の負担がない。制度設計も簡単だ。だから，大企業でなくても導入しやすい。また，個人の持ち分が明確で転職のときにその分を持ち運べば，不利になることもない。だから，終身雇用制が崩

れて転職が多くなる時代には適している。

　ただし，給付額は運用しだいで，運用がうまくいかなかったら，給付額が少なくなる。確定給付企業年金だったら，企業が当初約束した給付額を確保するために少なくとも一部は追加で拠出する。つまり，運用のリスクの一部は企業も負担するわけだ。ところが，確定拠出年金では，運用のリスクは給付が少なくなるという形で全面的に個人が負う。給付が確定していないから，老後の生活設計も立てにくい。

　といっても，何もないよりは確定拠出年金があった方が，転職をしない個人にとってもプラスだ。1つの会社が確定給付と確定拠出の両方のタイプの企業年金をもつことも可能だ。選択肢は多い方がよい。どういう企業年金をつくるかは，会社側と社員側がよく話し合って決めることが大切だ。

　個人型の確定拠出年金もある。国民年金第1号被保険者だけでなく，第2号被保険者でも第3号被保険者でも誰もが加入できる（➡図4-1）。

　掛け金は，企業型では企業が，個人型では個人が拠出する。ただし，企業型でも企業の掛け金の額を超えない範囲で個人も拠出できるし，個人型でも，確定給付企業年金も企業型確定拠出年金もない300人以下の中小企業では，加入する社員の拠出に追加して企業も拠出できる。

　積み立てた年金資産をどう運用するかは，企業型であっても加入者が自分で決めて，企業や企業から運営管理を委託された銀行などに指図する。運用は預貯金や投資信託などで行われ元本割れのリスクを伴うものもあるので，企業は加入者に対して投資教育などの情報提供を継続的に行うこととされている。

Column㉗ 年金と税制上の優遇措置 ━━■━━━━■━━━━━

(1) 社会保険料や掛け金を払うとき（個人）

　公的年金などの社会保険料や確定拠出年金などの掛け金を支払った場合には，一定のルールのもとに，その金額が所得控除の対象となる。所得控除の金額が大きくなれば，その分課税所得（税率を掛けることとなる額）が小さくなるため，所得税額も小さくなる。具体的な所得控除の額は以下のとおり。

　①社会保険料の掛け金　→全額所得控除

　②国民年金基金と確定拠出年金の掛け金　→全額所得控除。ただし，掛け金には上限がある。

　③確定給付企業年金の掛け金　→「生命保険料控除」という所得控除の対象となる。生命保険料控除は，生命保険の掛け金とあわせて年間4万円という上限がある。

(2) 社会保険料や掛け金を払うとき（事業主）

　企業の負担する社会保険料や確定給付企業年金，確定拠出年金の掛け金は，全額損金の対象となる（ただし，確定拠出年金の掛け金には上限がある）。損金が大きくなれば，法人税額は小さくなる。

(3) 年金をもらうとき

　公的年金，確定給付企業年金，確定拠出年金，国民年金基金のいずれの年金給付についても，「公的年金等控除」という所得控除の対象となる。所得や年金額によって異なるが，少なくとも年間40万円（65歳以上は90万円）は控除できる。

　65歳以上の「公的年金等控除」については，同じ金額の収入であっても，給与と公的年金等とで控除額が異なるのは不公平だという意見も強い。

━━━━━■━━━━━■━━━━━■━━━━━

> **国民年金基金**

国民年金基金は，国民年金の第1号被保険者つまり自営業の人たちが基礎年金に上乗せする年金だ。公的年金の上乗せという意味で，民間の勤め人にとっての企業年金に相当する。国民年金基金も国民年金とは別の制度。国民年金の積立て基金ではないので気をつけよう。

　都道府県ごとの地域型の国民年金基金と，医師などの同種の仕事をしている人たちが集まってつくる職域型の国民年金基金との2種類がある。

　加入するかどうかは個人個人が自由に決めてよいが，いったん加

入したら，その地域を出たり，その仕事を辞めた場合以外はやめることはできない。

　給付は，65歳からの終身年金を基本に，各個人の生活設計に応じて額を増やしたり，有期年金を付け加えたりすることができる。基本となる終身年金は，35歳誕生月までに加入の場合は月額2万円だが，年齢がそれより高い場合はより低い年金額に設定されている。加入時の年齢が高いと同じ内容でも掛け金が高くなるので加入しやすくするためだ。

　掛け金は給付内容によって異なり，同じ内容でも性別，加入時の年齢によって異なる。女性の方が高い。また，加入時の年齢が高い方が高い。女性の方が高いのは，女性の方が長生きだから。加入時の年齢が高い方が高いのは，これから納める回数が少ないからだ。

Summary サマリー

　年金は高齢，障害，生計維持者の死亡などのときに所得を保障する制度。日本の公的年金制度は，国民すべてに共通の国民年金と勤め人が加入する厚生年金からなる。国民年金も厚生年金も保険者は国。保険料は国民年金は定額，厚生年金は報酬比例で会社と本人が折半で負担。また，勤め人やその扶養している配偶者の国民年金の費用は，厚生年金保険料の中からまとめて拠出する。年金額は，基礎年金は定額，厚生年金は報酬比例。財源構成は保険料，国庫負担，積立金とその運用益。給付水準の決め方は，最終的な保険料水準を固定してその範囲内で賄えるよう給付を調整する保険料水準固定方式。財政方式は，おおむね100年間の財政バランスを考える有限均衡方式。

■ 理解を確かめよう ■■■■■

1 日本の公的年金制度について，対象とするリスク，保険者，被保険者，保険料，財源構成，給付などの基本的な仕組みについて

まとめてみよう。医療保険と比べてどこが共通していて，どこが
違っているか考えてみよう。

2 日本の公的年金制度について，同じ金銭給付の生活保護と比べ
て，仕組みの違いと背景にある基本的考え方の違いを考えてみよ
う。

3 社会保険である公的年金制度の財政方式について，基本的な考
え方と日本でとられている方式をまとめてみよう。

★参考文献───────

年金制度やその論点について幅広く学びたい人へ

　花輪賢一監修『よくわかる年金制度のあらまし　令和5年度版』
　サンライフ企画，2023 年

　大江英樹『知らないと損する年金の真実』ワニブックス PLUS
　新書，2021 年

第5章

雇 用 保 険

失業したら？

大勢の若者たちが訪れる東京都内の「わかものハローワーク」
（写真提供：共同通信社）

　失業したときに所得を保障してくれる雇用保険は，今まで学んできた医療保険や介護保険等と違い，勤め人だけが加入する社会保険だ。誰が加入し，どんな給付が受けられるのだろうか。失業した場合だけでなく，雇用継続のための給付もある。育児休業給付も雇用保険の給付の1つだ。また，雇用保険では失業予防などを目的に事業主への助成事業も行っている。これらの費用を賄う保険料は，どんなルールで決まっているのだろうか。今まで学んだ社会保険とどこが違い，どこが共通なのかを考えながら，雇用保険の基本的な仕組みを学ぼう。

1 失業した場合に所得を保障する仕組み

●会社をクビになったらどうする？

会社をクビになってし
まったら？

上司から，突然，「もう来なくていい」と言われたら，どうする？　もちろん，合理的な理由のない解雇はできないことになっているから，会社と争うこともできる。でも，もうこんな会社にいたくない，と思った場合，明日からの生活はどうなる？　こんなとき頼りになるのが**雇用保険**。あなたが最近1年間のうち6カ月以上勤めていれば，原則最低90日分の求職者給付が受けられる。その間に新しい会社を探せる。

　勤め人は勤めをやめたら，収入の途がない。でも，世の中には会社が倒産することもあれば，勤めた会社がどうしても合わないこともある。そんなとき，失業して収入の途を失った勤め人に所得を保障してくれるのが，雇用保険。勤めている人は，原則としてみんな加入している。

制度は1つ，保険者も
1つ

自営業の人はクビになることもないし，仕事の内容を自分で変えられる。通常，経営のための何らかの資産ももっている。だから，雇用保険の対象は，勤め人だけ。今まで見た社会保険は，医療保険も介護保険も年金もみんな，自営業も含めた国民をカバーできるように制度がつくられていた。でも，雇用保険は勤め人，つまり雇用労働者だけの制度。だから，次に学ぶ労働者災害補償保険とあわせて，**労働保険**と呼ぶこともある。

　勤め人だけが対象だから，制度は1つだけ。健康保険と国民健康保険，厚生年金と国民年金というように分かれていない。

じゃあ，保険者の数はどうだろう？　介護保険は制度は１つだけれど，保険者は市町村だから数が多い。雇用保険では，健康保険組合のように会社ごとに保険をつくると，会社の経営状況が悪化した場合に，解雇されたり会社に見切りをつけて辞めたりする人が増えるから，保険財政も悪化する。最悪の場合，会社が倒産すると，全員が失業するから，保険料を納める人はいなくなって受給者だけになり，保険は成り立たなくなる。地域ごとに保険をつくったら，どうだろう？　その地域に多い業種が時代の変化に合わなくなって構造不況業種になると，やはり失業者が増えて財政が悪化する。だから，雇用保険は職場ごとや地域ごとではなく，できるだけ大きい単位でないと財政が安定しない。それで，雇用保険は全国を単位として国が保険者になっている。

　また，雇用保険は金銭給付が中心だから，サービス提供機関への支払い方などの問題はない。

　制度は１つ，保険者も１つ，給付は金銭，というわけで，雇用保険はほかの社会保険に比べると，とても単純な仕組みだ。

雇用保険の業務体制　　給付を受けるには，住んでいる所を所管する**公共職業安定所**に行く。国の機関だが，全国に 436 カ所ある。ハローワークという愛称で呼ばれて，雇用保険の給付手続きと職業紹介の仕事をしている所。ここで，求職の申込みをして，失業の認定を受け，給付を受ける。

　ただし，保険料の徴収はここではない。次に学ぶ労働者災害補償保険の保険料とあわせて都道府県ごとに置かれている国の機関である**都道府県労働局**が取り扱っている。

2 被保険者と保険料

被保険者 雇用保険が適用される事業所で働いている
労働者は，一部の例外を除き強制的に被保
険者となる。加入手続きは会社がする。

適用となる事業所は，労働者を使用しているほとんどすべての事
業所。ただし，公務員等は，身分が普通の会社員などに比べて安定
しており，また，法律等で保障されている退職手当が雇用保険の給
付を上回るので，対象となっていない。

パート勤めの人も，所定労働時間が週20時間以上で，かつ引き
続き31日以上雇用されることが見込まれれば，一般被保険者とし
て雇用保険の適用を受ける。健康保険や厚生年金では，原則として
労働時間が通常の労働時間の3/4以上でないと制度に加入できない
ので，雇用保険の方がパート勤めの人への適用は広い。医療保険で
は，本人が健康保険に加入していなくても家族として給付されるし，
年金は，厚生年金に加入できなくても，第1号被保険者か第3号被
保険者として国民年金に加入して給付が受けられる。でも，失業し
た場合の給付は，雇用保険の被保険者でないと給付されないので，
広くパート勤めの人も，対象になっている。

パート勤めの人のなかには，複数の仕事をかけもちして働いてい
るマルチジョブホルダーと呼ばれる人もいる。1つの事業所では週
20時間以上にならないが，2つの事業所での労働時間をあわせると
週20時間以上になる65歳以上の人について，2022年1月から雇
用保険が適用されることとなった。

このほか，短期雇用特例被保険者（いわゆる季節労働者や出稼ぎ労

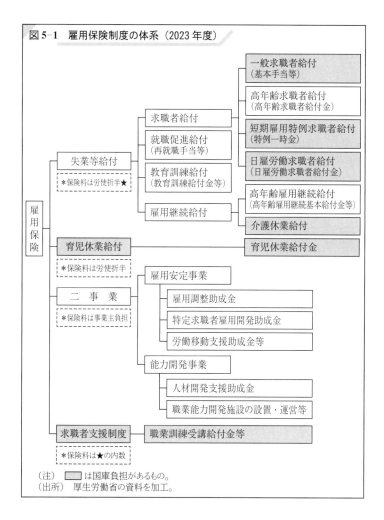

図 5-1　雇用保険制度の体系（2023 年度）

雇用保険
- 失業等給付
  *保険料は労使折半★
  - 求職者給付
    - 一般求職者給付（基本手当等）
    - 高年齢求職者給付（高年齢求職者給付金）
    - 短期雇用特例求職者給付（特例一時金）
    - 日雇労働求職者給付（日雇労働求職者給付金）
  - 就職促進給付（再就職手当等）
  - 教育訓練給付（教育訓練給付金等）
  - 雇用継続給付
    - 高年齢雇用継続給付（高年齢雇用継続基本給付金等）
    - 介護休業給付
- 育児休業給付
  *保険料は労使折半
  - 育児休業給付金
- 二　事　業
  *保険料は事業主負担
  - 雇用安定事業
    - 雇用調整助成金
    - 特定求職者雇用開発助成金
    - 労働移動支援助成金等
  - 能力開発事業
    - 人材開発支援助成金
    - 職業能力開発施設の設置・運営等
- 求職者支援制度
  *保険料は★の内数
  - 職業訓練受講給付金等

（注）　☐ は国庫負担があるもの。
（出所）　厚生労働省の資料を加工。

働者など）や，日雇労働被保険者も加入しているが，これらの人は，
働き方の違いに応じて，給付内容が違う。ここでは，一般被保険者
を中心に話をしよう。

| 保 険 料 | 農林水産，建設等を除く一般の事業の保険料は，2024 年度，給与やボーナスの 1.55%。 |

このうち，0.8% は失業等給付，0.4% は育児休業給付にあてる分で，会社と本人が折半する。残りの 0.35% は第 4 節で述べる雇用保険事業にあてる分で，これは，会社だけが負担する。

保険料は，健康保険や厚生年金と同じように，会社が本人分を給料などから天引きし，会社負担分とあわせて保険者である国に払う。64 歳以上の被保険者については，本人分，事業主分ともに，保険料が免除されていたが，免除は 2020 年度から廃止された。

保険料の率はどうやって決まるのだろう？ 雇用保険の財源は保険料と国庫負担で，保険料率は国庫負担とあわせて給付費を賄える率に設定する必要がある。

国庫負担は給付の種類によって違う。2021 年度まで，一般求職者給付は給付費の 1/4，日雇労働求職者給付は 1/3，育児休業給付と介護休業給付は 1/8，高年齢求職者給付，高年齢雇用継続給付，就職促進給付，教育訓練給付は国庫負担はなし，これが本来の率だった。けれど，失業が減少して雇用保険の積立金が必要な水準を大きく上回っていた一方で，国の財政状況は厳しいため，2017 年度から 21 年度までの 5 年間，本来の率の 10% とされた。

ところが，2020 年，21 年の新型コロナウイルス感染症の流行により休業者や失業者が急増し，給付や事業主への助成が特例として大幅に拡充され，これに対応するために国の一般会計からの任意繰入れ等の特例措置も行われた（➡ *Column* ㉚）。2022 年度からは，国庫負担は雇用情勢と雇用保険の財政状況によって一般求職者給付は 1/4 または 1/40，日雇労働求職者給付は 1/3 または 1/30 のいずれかにされ，また，別枠で機動的に国の一般会計からの繰入れができる制度が導入された。2024 年度は一般求職者給付が 1/40，日雇労

働求職者給付が1/30。育児休業給付は子ども・子育て支援の拡充のため本来の率の1/8に戻されたが，介護休業給付は，引き続き本来の率（1/8）の10％とされた。

3 保 険 給 付

●どんな給付が受けられる？

| 求職者給付 |

失業したときに受ける給付を**求職者給付**という（➡図5-1）。名前のとおり，求職していなければ，単に会社を辞めたというだけではもらえない。雇用保険では，失業とは「被保険者が離職し，労働の意思及び能力を有するにもかかわらず，職業に就くことができない状態にあること」（雇用保険法4条3項）をいうからだ。結婚退職や出産退職で労働の意思がない人は，給付は受けられない。また，病気やけがなどですぐには働けない場合も労働の能力がないので，対象にはならない。ちゃんとした理由もなく，公共職業安定所の紹介した職につかない場合には，1カ月間給付を止められるのも労働の意思がないと見られるからだ。

　一般被保険者に対する求職者給付の中心は，失業前の賃金の5割から8割を受け取る**基本手当**。この賃金には，下限と年齢別の上限が定められている。また，賃金の高かった人ほど率は低い。60歳以上65歳未満の賃金の高い人については，さらに45％まで率が下がる。保険料は賃金に比例しているので，ここでも，所得の高い人から低い人へ所得が移転する，いわゆる所得の再分配が働いている。年金と異なり，被保険者期間が長くても短くても，手当の額は変わらない。65歳以上の被保険者が失業した場合の高年齢求職者給付については，引退過程にあるということから，基本手当ではなく，

表5-1 基本手当の給付日数（一般被保険者）

(1) 一般の離職者に対する給付日数 （日）

区　　分 被保険者であった期間	1年未満	1年以上 10年未満	10年以上 20年未満	20年以上
一般被保険者	——	90	120	150

(2) 倒産・解雇・雇止め等による離職者に対する給付日数 （日）

年　　齢 被保険者であった期間	1年未満	1年以上 5年未満	5年以上 10年未満	10年以上 20年未満	20年以上
30歳未満	90	90	120	180	——
30歳以上35歳未満	90	120	180	210	240
35歳以上45歳未満	90	150	180	240	270
45歳以上60歳未満	90	180	240	270	330
60歳以上65歳未満	90	150	180	210	240

(3) 障害者等の就職困難者 （日）

年　　齢 被保険者であった期間	1年未満	1年以上
45歳未満	150	300
45歳以上65歳未満	150	360

（注）　　　　　は，一般の離職者に比べて上乗せされている部分。
（出所）　厚生労働省の資料を加工。

一時金になる。

給　付　日　数　　基本手当は，再就職できるまでずっと受け取れるわけではない。あらかじめ受け取れる日数は決まっていて，その間に再就職できればもちろん給付は終わるが，再就職できなくても，日数が終われば給付も終わる。この

給付日数は，被保険者期間が長かった人の方が長い。

　自分の都合で辞める人や定年退職者など，あらかじめ失業を予測できる人は事前に再就職先を探すこともできるので，給付日数は短い。倒産や解雇などで辞めた中高年の人は給付日数が長く，最長180日間上乗せされている（➡表5-1）。年齢が高いほど一般に再就職が難しいので，給付日数も長い。いわゆるリストラ，形式的には本人の希望による依願退職だけれど，嫌がらせを受けたり，賃金を大幅に下げられたり，退職勧奨を受けたりして辞めざるをえない場合は，解雇と同等に扱う。職場でのハラスメントや，育児休業等の利用のために不利益な取扱いを受けて辞めた場合も同様だ。また，有期契約が更新されないいわゆる雇止めなどについても，2025年3月までは解雇と同様に扱う。

　また，障害者なども再就職が難しいので，これとは別に，長い給付日数となっている。

　基本手当は，公共職業安定所で求職の申込みをした日以後で失業と認定された日が通算7日間にならないと支給されない。これを**待期期間**という。7日以下の短い失業であれば，保障するまでもないという考え方だ。会社の都合で解雇されたり，定年で離職した人は，待期期間後すぐにもらえるが，転職のためなど，自分の都合で辞めた人は，さらに1～3カ月経たないと給付されない。これは，たいした理由もなく雇用保険を当てにして仕事を辞めることを抑制しようとするものだ。そもそも，保険は一定の確率で起きる事故に対してあらかじめ備えるためのものだから，基本的に本人の選択によるものは，対象にならない。この考え方からすると，自己都合退職は，対象外となる。でも，その後，再就職できず一定期間失業状態が続いた場合には，やはり保障は必要となる。1～3カ月の給付制限は，安易な離職を防止しながら，失業時の生活を保障するという目的も

達するための扱いだ。その間の給付日数が減らされるわけではなく，給付日数の計算は給付制限が終わった時点から始まる。ただし，この期間中に再就職すれば，給付されないままだ。

離職の日から1年以上経ったら，原則として給付は受けられない。雇用保険は，その年度に発生した失業に対してその年度に給付をすることを基本とする短期保険だからだ。仮に給付日数が残っていても，原則として，離職の日から1年経ったら，その時点で給付は打ち切られる。ただし，病気やけが，妊娠，出産，育児等の理由により働くことができないときは，その分の期間を延長できる。

就職促進給付

失業した人の生活を保障することはもちろん大切だけれど，雇用保険の目的はそれだけではない。失業を予防したり失業した人が早く再就職できるようにすることも大切だ。じつは，今の雇用保険は1974年にできたのだが，その前には，失業保険という制度があった。これは，1947年にできており，失業時の対策が中心だった。これに対して，雇用保険では，失業時の給付と並んで，失業の予防，雇用機会の増大，労働者の能力開発なども重要な目的だ。

失業を減らすためにはどうしたらいいだろう？ 会社に求人数を増やしてもらうことが大切。これは，後で述べる雇用安定事業でやっている。会社でなく，勤め人本人に対する働きかけとしてはどんなことができる？ 失業した場合にできるだけ早く再就職するように支援する。雇ってもらえるように職業能力を高める。失業しないように，勤めを続けられるように支援する。そのための給付として，雇用保険には，**就職促進給付，教育訓練給付，雇用継続給付**がある。

就職促進給付には，再就職手当や就業促進定着手当などがある。再就職手当は，失業者が，求職者給付を給付期間が終了するまで受け取ってから再就職するのではなく，できるだけ早く再就職するよ

うに，再就職したときに一定以上給付日数が残っている場合は，残りの日数の60%または70%分の基本手当に相当する額を一時金として支給するもの。早く就職した方が受け取れる金額は高い。

就業促進定着手当は，再就職時の賃金が低下した場合に，再就職した職場に6カ月間定着することを条件に低下分の6カ月相当額を支給する。一般に，再就職したときの賃金は離職したときの賃金よりも低下する傾向があって，早期の再就職をためらう理由の1つとなっている。この手当は，賃金の低下分を補うことにより再就職とそこへの定着を促進しようとするもの。基本手当の支給残日数の30%または40%が限度。再就職手当と合計して，基本手当の残日数の100%が受け取れることとなり，早期の再就職を後押しする。

教育訓練給付　教育訓練給付は，1998年にできた。長期雇用を前提に企業内で訓練し職業能力を高めるという従来の日本的雇用慣行は変化してきている。また，産業構造の変化で，企業が求める人材と，職を求めている人の能力が適合していないために，求人があっても失業者の再就職に結びつきにくい（➡ *Column㉙*）。教育訓練給付は，自分で自分の職業能力を高めようとする勤め人を支援する制度だ。情報処理，税務や簿記など，雇用の安定と就職の促進に役立つと厚生労働大臣が認めた教育訓練を終了した場合に，その費用の20%が教育訓練給付金として受け取れる。額は10万円が上限。とくにキャリアアップ効果が高いものは費用の40%が支給され，20万円が上限。雇用保険は短期保険なので，原則としては離職後1年以内の受講開始が支給の条件だが，出産育児等ですぐには受講できず子育てが一段落してから再就職のために受講するような場合は，最大20年以内であれば支給される。

非正規雇用の人などがもっと職業能力を高めたり異なる職業能力をつけたりして，ある程度長く安定した職につけるようにするには，

長期の訓練が必要となり，費用も高額となる。厚生労働大臣が認めた専門的・実践的な教育訓練を受ける場合には費用の20％ではなく50％が教育訓練給付金として受け取れる。上限は1年間40万円で最大4年まで。専門学校での社会福祉士や介護福祉士などの資格取得講座も認められている。資格取得で実際に就職に結びついた場合にはさらに20％が追加支給され，限度額は1年間56万円。

　また，専門的・実践的教育訓練は長期になるためその間の生活費を支援するために，45歳未満の離職者には，求職者給付の基本手当を受けられない期間に基本手当の80％が教育訓練支援給付金として支給される。これは2025年3月までの暫定措置だ。

高年齢雇用継続給付

雇用継続給付には，**高年齢雇用継続給付，介護休業給付**がある。

　高年齢雇用継続給付は，60歳以上65歳未満の一般被保険者の賃金が，60歳時点の賃金に比べ75％未満となったときに給付される。日本では，定年は60歳が多い。多くの会社では，定年までは年功序列型賃金が適用されるので，同じ会社に勤めていれば賃金が下がることは少ない。それ以後は同じ会社に再雇用されても，ほかの会社に再就職しても，通常，賃金は相当に下がる。賃金が下がっても勤めを続ける気持ちになってもらうために，60歳以後の賃金のうち最高15％が給付されることになった。

　この給付は，1994年にできた。この年，特別給付の老齢厚生年金の定額部分の支給開始年齢が将来的に60歳から65歳に引き上げられることが決まった。つまり，高年齢者雇用継続給付は，高年齢者の就業を後押しして雇用と老齢年金をなだらかにつなげ，老後の安定した生活を保障するためにつくられたのだ。

　その後，高年齢者雇用安定法により，60歳以上65歳未満の労働者に対する雇用確保措置の義務化が行われ，この年齢層の就業率は

約7割（2018年）に達していることから，高年齢雇用継続給付は2025年度から縮小することとなった。

介護休業給付　介護休業給付は，家族が常時介護が必要になった場合に，介護休業を取得した被保険者に対して，3回までの休業について93日間を限度として支給される。介護休業給付の額は，休業前賃金の67％に相当する額である。介護休業給付は退職してしまうのではなく，介護休業を取得して，職場に復帰しようという気持ちになってもらうためのもの。もちろん，介護者支援の意味もあるが，雇用保険から給付される理由は，雇用を継続してもらうことが期待できるから。会社から休業中に賃金が出ている場合は，その賃金と介護休業給付の合計額が休業前の賃金の80％を超えると，超えた分の給付が減額される。

育児休業給付　育児休業給付は，1歳未満の子を養育するために育児休業を取得した被保険者に対して支給される。保育所に入れない場合等は2歳未満まで認められる。金額は，休業して6カ月間は休業前の賃金の67％，その後は50％に相当する額。会社から休業中に賃金が出ている場合は，その賃金と育児休業給付の合計額が休業前の賃金の80％を超えると，超えた分の給付が減額されるのは介護休業給付と同じ。

　日本では，出産を理由として退職する女性は多い。育児休業給付は，もともとは退職してしまうのではなく，育児休業を取得して職場に復帰してもらうためのものとして，介護休業給付と並んで雇用継続給付の1つに位置づけられていた。しかし，育児休業給付の額は一貫して増加し，基本手当に匹敵する給付総額になることも見込まれる状況となった。このため，2020年度から育児休業給付を「子を養育するために休業した労働者の雇用と生活の安定を図る」給付として，失業等給付から切り離して位置づけ，独自の保険料率

Column 28　産休・育休中の人の社会保障での扱い

　出産休暇は何日とれるか知ってる？　出産前6週間（双子以上の場合は14週間），出産後8週間。この間は，健康保険から出産手当金として賃金の2/3がもらえる。その後，子どもが1歳になるまでは，育児休業がとれる。保育所に入れない場合等は2歳未満まで認められる。育児休業は出産休暇と違って，母親だけでなく父親もとれる。でも，現実には育児休業をとっているのは，女性は80.2%，男性は17.1%（令和4年度雇用均等基本調査）。もっと父親が育児休業を取得できるように，2010年から，①母親が専業主婦でも父親が育児休業をとれる，②父母が共に育児休業をとる場合は，1歳までではなく，1歳2カ月までに1年間育児休業をとれるようになり，さらに22年10月から，③男性は普通の育休とは別に子の出生後8週間以内に4週間まで育休を取得することができることになった。

　ところで，産休中や育児休業中も賃金が支払われていれば，その賃金に対して雇用保険や労働者災害補償保険の保険料はかかる。賃金が支払われていなければかからない。これに対して厚生年金や健康保険では休業前の給与をもとに保険料の額が計算されるので，休業中無給でも本来は保険料がかかる。これについては，本人分も事業主負担分も共に免除の措置がとられることとなった。ただし，介護休業中についてはまだこのような免除の措置はとられていない。介護休業中は無給であっても，厚生年金，健康保険共に，本人分，事業主負担分の保険料を支払わなければならない。

　なお，2019年4月から自営業など国民年金の第1号被保険者の保険料についても産前産後期間（出産予定日の前月から4カ月間）は免除されることになった。この免除は国民年金の他の免除と異なり，年金額の減少にはつながらない。

　さらに，2024年1月からは国民健康保険についても，産前産後期間について，保険料の所得割額と均等割額が免除され，その免除相当額を国，都道府県，市町村がそれぞれ1/2，1/4，1/4ずつ負担することとされた。

を設けて収支も明確にして財政運営を行うこととなった。

求職者支援制度　　失業中であっても，求職者給付や教育訓練給付などを受けられない人がいる。たとえば，学校を卒業しても就職できない人，週20時間未満のパートやアルバイトの仕事にしかつけない人は雇用保険に加入できないので給付は受けられない。また，雇用保険からの給付を受けて就職先を

Column㉙ 日本的雇用慣行の変化と雇用保険 ▪-◂-▪-◂-▪-◂-▪

　日本では，1950年代半ばから70年代半ばまでの高度経済成長期に，定年までの長期雇用を前提に，企業の中で訓練を受けて職業能力を高め，勤続年数が長くなるほど賃金が上がるという，長期雇用，企業内訓練，年功序列型賃金の日本的雇用慣行が，広く企業に普及した。この慣行により，企業は，不況期にも余剰労働力をできるだけ解雇せずに維持し，失業の発生を抑えてきた。雇用保険も，雇用安定事業で，このような企業の雇用維持努力を支えてきた。

　しかし，近年の国際競争激化の中，企業は余剰労働力を整理することにより，競争力を高めようとして，いわゆるリストラが進んだ。一方で，情報産業など成長分野の新しい産業では新たに労働力を求めているが，変化の激しいこれらの分野では，長期の企業内訓練で育成するより，即戦力を求めている。このように，経済の変化を背景に日本的雇用慣行は変化し，労働者が企業の間を移動する「雇用の流動化」が進み始めた。雇用保険も，企業の雇用維持努力を支えるだけでなく，雇用の流動化を前提に，新規分野での雇用創出，それに対応できるような労働者の職業能力の向上を支援することが重要となってきている。

探していたけれど，給付期間が終わってもまだ再就職ができない人たちもいる。

　このような雇用保険の給付を受けられない人に対して職業訓練を通じて就職を支援する求職者支援制度が2011年につくられた。ハローワークが作成する個別の就職支援計画に基づき求職者支援訓練や公共職業訓練が無料で受けられ，その間の生活費として月額10万円の職業訓練受講給付金が受けられる。受けるには収入や資産の制限があり，また計画に基づき決められた日に職業相談に行かなければならない。給付は雇用保険から行われ1/2の国庫負担だが，国の財政状況が厳しいため，2021年度までの5年間は本来の率の10%，22年度から当分の間は，本来の率の55%とされる。

Column㉚ 新型コロナウイルス感染症への雇用保険での対応

新型コロナウイルス感染症の拡大に伴う雇用への影響を最小限にするため，2020年4月から雇用保険で特別の措置がとられた。まず新型コロナウイルス感染症等の影響により労働者を休業させ，休業手当を支給する場合の事業主に対する雇用調整助成金について，特例的に，金額の上限が最高1万5000円に，助成率が最高10/10に引き上げられた。週20時間未満のパートタイマーなど被保険者以外も同様の助成の対象とされた。休業手当が支給されない場合には，労働者に対して休業前賃金の最高80%を支給する新型コロナウイルス感染症対応休業支援金が創設された。また，新型コロナウイルス感染症の影響による雇用状況の悪化で求職活動が長期化するため，基本手当の給付日数が原則60日延長された。これら一連の措置の実施のために，国の一般会計から労働保険特別会計雇用勘定へ繰入れが行われた。特例措置の多くは2023年3月で終了した。

4 雇用保険事業

●勤め人の仕事を安定させるためには？

雇用保険制度では，被保険者に対する給付のほか，勤め人の職業安定のために，雇用安定事業と能力開発事業が行われている。事業主に対して助成金を出すものが多い。この事業に要する費用には，事業主だけが負担する料率2024年度0.35%の保険料があてられている。

雇用安定事業は，失業を予防したり，減らしたりするために，雇用を維持，拡大，創出する事業主の努力を支援する事業。たとえば次のようなものがある。

①雇用調整助成金：　仕事が一時的に減って仕事に比べて社員数が多すぎるようになったときにも，社員を解雇するのではなく，一時休業させたり職業訓練を受けさせたりして雇用を維持する事業主に対して，助成するもの。

②労働移動支援助成金：　辞めてもらわざるをえない社員に対して再就職の援助などを行う事業主に対して，助成するもの。

③65歳超雇用推進助成金：　65歳以上への定年引上げ，希望者全員への66歳以上の継続雇用制度の導入などを行う事業主に対して助成するもの。

能力開発事業では，教育訓練を行う事業主を助成したり，公共職業訓練を行ったりしている。企業と学校が一緒になって即戦力のある職業人を育成する，日本版デュアルシステムもこの事業の1つ。

Summary　サマリー

雇用保険は失業というリスクに対応するための社会保険。国が保険者となって，勤め人を被保険者としている。財源構成は保険料と国庫負担。失業等給付と育児休業給付にあてるための保険料は事業主と本人の折半。主な給付には，失業したときに賃金の一定割合を給付する求職者給付がある。割合は5割から8割で，賃金が低い方が割合は高い。給付期間は被保険者期間，退職理由，年齢などによって異なる。また，雇用継続給付として，高年齢雇用継続給付，介護休業給付がある。育児休業給付は子が原則として1歳未満の間，休業前賃金の67％（半年を過ぎると50％）が給付される。このほか，早く再就職するための就職促進給付，職業能力を開発するための教育訓練給付などもある。さらに，雇用保険では，事業主負担の保険料を財源として雇用安定事業などを行っている。また，雇用保険の給付が受けられない人に対する求職者支援制度もある。

■ 理解を確かめよう ■■■■■

1 雇用保険を，同じように勤め人を対象として金銭給付を行う厚生年金と比べて，対象とするリスク，保険者，被保険者，財源構成，保険料率，主な給付の給付要件，給付水準などについて，共通点，異なっている点をまとめてみよう。

2 雇用保険の被保険者に対する主な給付についてまとめてみよう。

★参考文献

①雇用保険の基本的な仕組みを学びたい人へ

　労働調査会出版局編『新よくわかる雇用保険 改訂3版』労働調査会，2016年

②雇用保険の制度を詳しく学びたい人へ

　労働新聞社編『雇用保険制度の実務解説 改訂第12版』労働新聞社，2023年

③雇用保険の背景となる雇用のあり方について幅広く学びたい人へ

　濱口桂一郎『若者と労働――「入社」の仕組みから解きほぐす』中央公論新社，2013年

第6章　労働者災害補償保険

働く場でけがをしたら？

『朝日新聞』2001年11月16日（右上），『日本経済新聞』2022年6月25日〔共同通信配信〕（左），2011年6月22日（右下）

　仕事が原因でけがや病気になったり，障害が残り，あるいは死亡した場合に，その勤め人や遺族に対して必要な医療や所得の補償を行うのが労働者災害補償保険（労災保険）という制度。この制度はなぜ必要なのか。労働基準法上の事業主の災害補償責任との関係は？　その特殊性が，具体的に保険料負担のルールや給付水準などにどう反映されるのだろうか。医療保険や年金制度との比較をしながら，労災保険のこういった特徴をしっかり理解しよう。また，判断が難しい事例も多いが，労災保険の対象となる「業務上」というのはどういう場合かということも，事例をとおして考えてみよう。

1 業務上の事故について補償する仕組み

●仕事でけがをしたり，死んだりしたら，どうする？

> 労災保険はほかの社会
> 保険とどこが違う？

この本の順番では，社会保険の5つの分野の中で最後に労災保険を扱う。正式名称は**労働者災害補償保険**という。長い用語だが，1つ，これまで使われてこなかった特別な言葉が含まれている。それは「補償」という言葉。英語ではcompensate，引き起こした損害を補塡する，穴埋めするという意味だ。社会保障などというときの「保障」ではないので，くれぐれも注意してほしい。

労災保険は，業務災害，つまり仕事による病気，けが，障害，死亡に対して，必要な医療サービスや金銭給付を行う制度。でも，これまで学んできたように，病気やけがのときの医療サービスや所得保障には医療保険がある。障害や死亡時の所得保障には年金がある。労災保険はこれらとどう違うのだろう。なぜ，別の制度が必要なのだろう？ 労災保険の一番大切な点がこの制度の特殊性にある。給付や保険料負担などの面で，ほかの社会保険と違うルールは，すべてここから発している。

> 事業主の災害補償責任

それは，端的に，事故の原因が違うということ。同じ病気やけが，障害，死亡でも，その原因が仕事上の事故だという点だ。じつは，昔は仕事上の原因であろうが，個人的な理由であろうが，病気やけがのときの医療サービスは医療保険から支給されていた。障害や死亡時の年金も年金制度から支給されていた。

しかしその後，各国において，仕事上の原因による病気やけが，死亡などに対しては，人を雇って事業を営み利益を得ている事業主

が，たとえ事故の発生に過失がなくてもすべてその責任で補償すべきだとする法理論が確立してきた。これが日本の法律で一般的な責任として明確に確立されたのが1947年の労働基準法。その第8章「災害補償」では，たとえば医療については，75条で，療養補償として「労働者が業務上負傷し，又は疾病にかかつた場合においては，使用者は，その費用で必要な療養を行い，又は必要な療養の費用を負担しなければならない」と明確に定められている。第4節で見る主な労災保険給付に対応するものが，この章の中で，事業主の責任として定められている。

　このルールについては現在ではおそらくほとんどの人が納得するだろう。では，もう一歩進めて，それならこの規定で十分ではないか？　なぜ労災保険法が別につくられたのか，その理由を考えてみよう。この労働基準法の規定は，個別の事業主の責任を定めている。だから，仕事で事故に遭った勤め人は，会社側の過失を立証して裁判で民法上の不法行為責任や安全な職場環境を保障する契約上の義務違反などに基づく損害賠償を求めなくても，この規定に基づいて補償を請求できる。でも，たとえば危険物を扱っている工場が爆発して勤め人が死亡した場合に，会社がそれで倒産したらどうなる？遺族は補償請求の権利はもっているが，しょせん相手に支払い能力がなければ権利の実現はできない。そこでつくられたのが労災保険制度なのだ。日本では労働基準法と同時に1947年に制定された。そして，これに伴って健康保険法と厚生年金保険法が改正され，それまでこれらの制度で行ってきた業務上の病気やけが，障害，死亡についての医療や所得の保障が労災保険に移管された。

労災保険の特殊な性格
と社会保障的性格

　このように，労災保険は個別の**事業主の災害補償責任**を保険化し，これにより被災労働者への補償が早く，公平で，確実に行わ

れるようにしたものだ。だから，保険料はすべて事業主負担で，勤め人本人はまったく負担しない。療養補償給付を受ける際にも患者負担はまったくない。こういった，ほかの社会保険に見られない特徴は労災保険のこういう基本的な性格を考えれば論理的に導き出せる。

　ただし，このような性格を基本としつつも，労災保険はその後の歩みの中で，労働基準法に定められている事業主の災害補償責任の範囲を超えて，被災した勤め人やその遺族の生活保障の色彩を強めてきた。長期傷病者補償制度（1960 年），障害補償の一部の年金化と国庫補助や特別加入制度（次節で説明。65 年），通勤途上災害に対する保険給付（73 年），特別支給金制度（74 年），傷病年金給付（76 年）などの制度の導入だ。この結果，現在では，社会保障を考えるうえでも欠かせないものとなってきている。

> **労働基準法上の労災補償責任などとの関係**

労災保険制度がつくられた趣旨から，労働基準法 84 条では，同じ労災事故について，労災保険から相当する給付が行われた場合には，その限りで事業主は補償の責任を免れる，つまり，個別の事業主が事故の補償はしなくていいと定めて，両者の調整をしている。これはこれまでの説明から当然に納得できるだろう。

　さらに，労災保険の給付が行われれば，その限度で，事業主は民法上の損害賠償請求についても免れるとされている。逆にいうと，労災保険の給付が行われても，その対象に含まれていない損害は，別途に，民法に基づいて，不法行為または債務不履行に基づく損害賠償を裁判上請求する途もある。最近では，最高裁判所の判例で，使用者の安全配慮義務違反に基づく損害賠償義務も認められてきている。この問題は興味深いが難しい法律問題で，これ以上踏み込むことはできないが，労働災害については，民事上の責任問題にも広

がる事業主の責任という土壌があるということは頭に入れておいて
ほしい。

保険者は国 労災保険は，全国を単位として，国が保険
者となって運営している。実際の仕事は，
事業所が労働基準法やこれをさらに具体化した労働安全衛生法に基
づく基準を守っているかどうか監督する労働基準監督行政と密接な
関わりがあるので，都道府県労働局や労働基準監督署が行っている。
　具体的に事故が起きたときに，それが労働災害かどうかの認定を
受けなければならないが，この仕事も労働基準監督署が行っている。

2 適用事業と保険料
●保険料の決め方にはどんな特別なルールがある？

適用事業 労働者を使用しているすべての事業が労災
保険の適用事業とされる。したがって，補
償を受けられるのはすべての事業所に雇われている勤め人である。
およそ雇われて働く人が労働災害に遭ったときに確実に補償される
という制度の趣旨から，パートタイムで働く人などもすべて対象に
なる。被災労働者に対する事業主の補償責任を背景とした社会保険
であるため，あえてこの制度では被保険者という言い方はしない。
　ただし，国家公務員，地方公務員については，それぞれ独自に国
家公務員災害補償法，地方公務員災害補償法があるため，労災保険
法は適用されない。また，農林水産業のうち，労働者5人未満のご
く小規模なものは暫定任意適用事業とされ，希望して申請すれば加
入が認められる。
　なお，船員の業務上災害については，これまで船員保険法が適用
されてきたが，2010年1月からは一般の労災保険制度の対象とさ

れた。

特別加入制度　労災保険は，労働基準法でいう労働者，つまり雇われて働いている人がその本来の対象者。しかし，たとえば，中小企業のオーナー社長も，たしかに自分が事業主であり人に雇われているわけではないが，労働者と同じように働き，仕事が原因で事故に遭うおそれも同じようにある。また，大工や左官，個人タクシーや個人トラックの運転手など個人で仕事をしている人たちも，仕事上の事故に遭う危険性は同じ。このため，これらの一定範囲の人たちについては，労災保険法上の労働者ではないが，申請により，特別加入できることとされている。

保険料に関する特有の
ルール　労災保険の保険料には，ほかの社会保険と比べていくつかの特徴がある。その第1は，全額が事業主の負担で，勤め人本人の負担はまったくないこと。会社に勤めて給与をもらっている人は，一度給与明細を見てほしい。健康保険，厚生年金，雇用保険，加えて40歳以上の人は2000年4月からは介護保険の保険料の分もしっかり給与から差し引かれているだろうが，労災保険料は控除されていないはず。

　第2の特徴は，もともと各事業主の災害補償責任を保険化したものなので，保険料率が事業の種類ごとに細分化され，その労災発生の危険度に応じて料率が異なっていること。対象業種と料率は労災事故の発生実績に応じて原則として3年ごとに見直される。2024年4月からの労災保険料率は，全体を加重平均すると0.44％だが，54の業種ごとにその労災リスクに応じて27段階に分かれている。一番料率が高いのは，金属鉱業，非金属鉱業または石炭鉱業で，労災保険料率は8.8％。逆に一番低いのは通信業，金融業などで0.25％。これだけの大きな差がある。ただし，通勤災害や2次健康

診断などは事業の危険度と関係なく，すべての事業主の公平な費用負担により被災者に給付を行おうとするものなので，これに見合う保険料率0.06％はすべての事業について一律でそれぞれの料率に含まれている。

　第3は，同じ業種の中でも，一定規模以上の事業所については，事業所ごとに過去3年間の労災保険給付の額，つまりは事故発生の実績に基づいて，翌年度からの労災保険料率が40％の範囲内で増減されること。これを**メリット制**という。労災はまず何よりも事故の発生をなくすことが最善。そのために事業主の労災防止努力を促す必要がある。同じ事業でも，設備や従業員の教育などに多くの費用をかけて労災を最小限に抑えた企業とそうでない企業とが同じ保険料を負担するのは不公平。このために労災の実績が保険料負担に反映されるシステムが採用されている。ただし，この仕組みのために，労災なのに保険料の引上げを嫌がる事業主が従業員に健康保険を使うように言ったりする「**労災かくし**」が問題になっており，しっかりとした監督も必要だ。

　なお，労災保険料は，「労働保険の保険料の徴収等に関する法律」により，雇用保険の保険料とあわせて，労働保険料として一括して徴収される。

3　業務上または通勤による災害の認定
●どういう場合に労災の認定を受けられる？

業務上災害と認められる場合

労災保険の保険給付は，労働者の業務上のけが，病気，障害または死亡，つまり業務上災害に関して行われる。これ以外にも，1973年に法律が改正され，通勤途上災害に対しても業務上災害並

みの給付が行われることになったが，あくまでも制度の中心は業務上災害だ。

そこで，労災保険の補償給付を受けられるかどうかは，病気やけがなどがこの「業務上」といえるかどうかが決定的な分かれ道になる。それだけに，これまでに**業務上・外**をめぐって勤め人やその遺族と会社あるいは**労災認定**を行う労働基準監督署長との間でしばしば争われてきた。行政解釈も多く積み重ねられ，裁判の判例も多く，労災をめぐる論争のもっとも多い分野でもある。

「業務上」とは，行政解釈上，業務遂行性と業務起因性があることとされる。少し堅苦しいが，業務遂行性とは，労働者が事業主の支配や管理下にある中で，という意味。業務起因性とは業務の遂行に伴う危険が現実化したものと経験則上認められることをいう，とされ，一般に業務遂行性が認められれば業務起因性が推定される。わかりやすくいえば，仕事中に，仕事が原因でけがや病気になったり，死亡したということ。

業務上のけがや死亡 仕事によって起きた事故かどうかなんて簡単なことのように思えるかもしれないが，では，次の例はどうだろう。

（例1）出張で宿泊中のホテルが火事になって死亡した。

（例2）仕事をめぐって現場でケンカになり，同僚に殴られたのが原因で死亡した。

（例3）会社が費用を負担して行われた社外の忘年会に参加していて事故に遭った。

（例4）隣にあるよその会社の工場が爆発してけがをした。

業務上・外の認定をめぐっては，1つひとつの事案について，詳細な事実関係を調べたうえで判断されるので，一見似たような事例でも結論が別になることもある。だから上の例でも簡単に結論に結

びつけるのは適当でないが，例1については一般に業務上と認められる。これに対して，例2の職場でのケンカは，それが仕事と密接な関係をもっている特殊な場合に認められた事例もあるが，多くは，個人的な行為として業務外とされる。例3のようなケースも，職責上幹事として参加していた人の場合に業務上と認められた場合もあるが，一般には参加が強制されていないので業務外とされる。でも自由参加とはいえ半ば仕事のようなもの，という反論のある勤め人も多いだろう。

　では，例4はどうだろう。一般には仕事中の事故でも自然災害や外部の原因によるものは業務外とされるが，例4のようにその職場に定型的に伴う危険であれば業務上とされうる。最近では，1995年の阪神・淡路大震災や2011年の東日本大震災で多くの災害が発生した。じつは，このときには地震や津波に際して災害を被りやすい業務上の危険があったとして，仕事場での災害については多くのものが業務上の認定を受けている（➡この章の扉の新聞記事）。

| 業務上の病気 |

以上はけがや死亡の事故の事例だが，仕事が原因の病気かどうかとなると，因果関係などに関して医学的な専門知識を必要とし，もっと難しい問題が生じる。いわゆる**職業病**といわれるものだ。このため，業務上の病気については，労働基準法施行規則別表で職業病を有害因子ごとに整理・分類し，最新の医学知識に照らして類型化できるものをほぼ網羅的に列挙している。たとえば，粉じんが飛散する場所での仕事によるじん肺や，石綿にさらされる業務による肺がん・中皮腫など。福祉の仕事でも無関係ではない。たとえば介護や保育の仕事などで体に過度に負担がかかるために起きる腰痛なども業務上の病気に該当する可能性がある。そして，列挙されたどれにも該当しない場合でも，その最後で「その他業務に起因することの明らかな疾病」と

Column ㉛　いわゆる「過労死」「過労自殺」と労災認定

　毎晩遅くまで働いていた人が，ある日突然自宅で脳出血で死亡する。あるいは，出張先で急に具合が悪くなり心筋梗塞で亡くなった。こういった話をあなたは身の回りで聞いたことはない？　こんな場合，残された家族にすれば，お父さんは仕事が原因で亡くなったと思う。一方で，こういった脳・心臓疾患（脳出血，くも膜下出血，脳梗塞，心筋梗塞など）は日本の死因の1/3を占め，高血圧や動脈硬化，動脈りゅうなどの基礎疾患に加齢や日常生活上のさまざまな要因が関わって，仕事とは関係なくともよく起きる病気。

　このため，従来の行政の認定基準では，こういった脳・心臓疾患が業務上と認定されるためには，仕事によって，基礎疾患が加齢や日常生活の諸要因による自然的経過を超えて，急激に著しく増悪して発症したことが必要だとして，厳しい要件を課していた。

　そこで，業務上と認定されなかった遺族が納得せず訴訟になる事例が相次ぎ，しだいに裁判の結果，業務上と認められるケースが増えてきた。また，厳しい認定に対して世論の批判も強まり，1995年に行政上の認定基準が改正された。これによって，発症前1週間より前の業務も積極的に考慮して総合的に判断し，また業務が過重かどうかをその勤め人の年齢と経験を考慮に入れて判断することになった。これをさらに拡大したのが2001年12月に出された認定基準で，発症前6カ月間の勤務状況を判断根拠に格上げしたうえで，「労災」と認定できる残業時間の目安も盛り込んだ。これらの措置により実際上，脳・心臓疾患の業務上認定は相当に緩和されることになった。

　さらに最近では，仕事上の強い心労が重なって精神疾患を発症したり，その結果自殺するといった事例も増えている。このため，精神障害を対象とした労災の新たな認定基準が1999年につくられ，認定が緩和された。その結果，労災認定される精神障害の事例も急増している。

　これらはいずれも判断の難しい問題ではあるが，働く環境や社会の変化に応じて「業務上」の判断基準も変わっていかなければならないことの好例だろう。この章の扉のような新聞記事も注意して読んでおこう。

「過労死」等と精神障害の労災補償状況（1999〜2022年度）　（件）

年　度		1999	2000	2004	2008	2012	2016	2020	2022
「過労死」等	請求件数	493	617	816	889	842	825	784	803
	認定件数	81	85	294	377	338	260	194	194
精神障害	請求件数	155	212	524	927	1,257	1,586	2,051	2,683
	認定件数	14	36	130	269	475	498	608	710

（出所）　厚生労働省『厚生労働白書 各年版』。

いう条項があり，これに該当すれば業務上の病気と認定される。

　こんなふうに，少し突っ込んでみると，境界線は微妙だ。でも，業務上か業務外かで結果は大きく違う。だから，これをめぐる紛争も絶えない。このため，労災保険の不支給の決定に納得できない場合には，都道府県労働局の労災保険審査官に対して審査請求ができる。その決定にも不服であればさらに国の労働保険審査会に再審査請求もでき，その裁決を経て初めて裁判に訴えることができる。

　最近では，仕事が忙しすぎて起きる過労死や自殺，精神疾患などが業務上になるかどうかが大きな問題となっている。これも境界線がとても難しい問題だが，*Column㉛*を読みながら一緒に考えてみよう。

通勤災害

　通勤災害とは，勤め人の通勤途上で発生するけが，病気，障害，死亡をいう。通勤とは，勤め人が就業に関して，家と仕事場の間を合理的な経路，方法によって往復することをいう。マイカー通勤の人が自宅から少し離れた所に借りている駐車場を経由するとか，子どもを保育所に預けるために立ち寄る道などもこれに含まれる。さらに，最近の就業形態の多様化に対応して，複数の会社に勤めている人の事業所間の移動や，単身赴任者の赴任先住居と帰省先住居との間の移動も2006年4月から対象とされた。

　具体的には，通勤途上で自動車にひかれたり，通勤電車の事故や急停車などで転倒してけがをしたり，駅のホームの階段で転落したり，といった場合が典型的な事例だろう。地下鉄サリン事件（1995年）でも被害に遭った人の多くが通勤災害の認定を受けている。

4 保 険 給 付

● どんな場合にどれだけの給付が受けられる？

どんな保険給付が受け
られる？

業務災害または通勤災害の認定を受けると，以下の各項に該当する保険給付が受けられる。なお，カッコ内は通勤災害の場合で，内容的には業務災害とほぼ変わらないが，給付の性格が異なるため，名称から「補償」の文字が削られている。

それぞれの給付について，もしも業務外であれば，医療保険や年金からどの保険給付が支給されることになるのか，対応させながら確認してみてほしい。なお，同じ事故によって厚生年金や国民年金から障害年金や遺族年金も支給される場合には，労災保険からの給付が一定割合で減額される。

療養補償給付（療養給
付）

業務上または通勤による病気やけがの場合の医療の給付である。原則として，労災病院や労災指定病院などで治療を受ける場合に現物給付として療養の給付が行われる。それ以外の病院で治療を受けた場合には，治療にかかった費用が後で療養の費用の支給として償還払いされる。

療養補償給付については患者負担はなく，全額保険から給付される。通勤災害の場合の療養給付では，200円とごくわずかだが患者の一部負担があり，これは通常，休業給付から差し引かれる。

休業補償給付（休業給
付）

業務上または通勤による病気やけがの療養のために働けず，給与を受けられられなくなった場合に，その4日めから支給される。額は，給付基礎日額，つまりその人の平均賃金の60％に相当する金

額。治療が終わって治るまで支給される。ただし，1年6カ月を超えても治らず，かつその病気やけがの程度が一定の等級に該当する場合には，傷病補償年金（傷病年金）に切り替えられる。病気やけがは治ったが障害が残ったときは？　そのときには，その障害の程度に応じて，後述する障害補償給付（障害給付）が支給されることになる。

では，最初の3日間はどうする？　この間は，労働基準法に戻って，その事業主が給付基礎日額の60%に当たる休業補償を行わなければならない。

このほかに，社会復帰促進等事業（➡第5節）として休業特別支給金が給付基礎日額の20%分上乗せされる。このあたりがさすがに労災は手厚い。

傷病補償年金（傷病年金）

業務上または通勤による病気やけがが1年6カ月経っても治らない場合に，その傷病の程度が一定の等級に該当する場合に支給される。額は，傷病の程度に応じ，年額で給付基礎日額の313日分（第1級）から245日分（第3級）となっている。

このほかに，傷病補償年金（傷病年金）の受給者には，その等級に応じて，社会復帰促進等事業からの特別支給金として，傷病特別支給金（一時金）が支給されるほか，給付基礎日額にはボーナス分が含まれていないことから，このボーナス分を上乗せする傷病特別年金が支給される。

障害補償給付（障害給付）

業務上または通勤による病気やけがが治った後，身体に障害が残った場合に支給される。その障害の程度に応じ，第1級から第7級までの重い障害に対しては給付基礎日額の313日分から131日分までの障害補償年金（障害年金）が，第8級から第14級までの比

較的軽度の障害に対しては給付基礎日額の503日分から56日分までの障害補償一時金（障害一時金）が支給される。

　また，一括前払いの仕組みが設けられており，受給権者が希望すれば，給付基礎日額の1340日分（第1級）から560日分（第7級）を最高額として，その範囲内で年金の代わりに一時金で一括して受け取ることができる。さらに，年金を受けていた人の年金額の総額がこの限度額に満たないうちに死亡した場合には，その遺族は差額を一時金として受け取ることができる。

　このほかに，障害補償給付（障害給付）の受給者には，その等級に応じて，特別支給金として，障害特別支給金（一時金）が支給されるほか，ボーナス分に対応する上乗せとして障害特別年金または障害特別一時金が支給される。

遺族補償給付（遺族給付）　　業務上または通勤により勤め人が死亡した場合に，その一定範囲の遺族に対して，遺族補償年金（遺族年金）または遺族補償一時金（遺族一時金）が支給される。

　遺族補償年金（遺族年金）の受給資格のある遺族は，勤め人の死亡当時にこれによって生計を維持していた配偶者（内縁を含む），子，父母，孫，祖父母と兄弟姉妹である。ただし，妻以外の者は，年齢が60歳以上か18歳未満，あるいは障害を有していることが必要。そして，この順番で最先順位者が受給権者となる。

　額は，受給権者およびこれと生計を同じくしている遺族の数に応じて，給付基礎日額の153日分（1人の場合）から245日分（4人以上の場合）とされる。また，受給権者が希望すれば，前払い一時金を受けることもできる。

　遺族補償一時金（遺族一時金）は，遺族補償年金（遺族年金）の受給資格者がいない場合，またはいなくなった場合などにそれ以外の

表6-1　労働基準法，労災保険法と社会保険各法の給付の対比

対象とするリスクとニーズ	業務上の場合		業務外の場合
	労働基準法上の災害補償	労災保険法上の給付	
傷病の治療	療養補償	療養補償給付	健康保険法の療養の給付
傷病治療中の所得保障	休業補償	休業補償給付	健康保険法の傷病手当金
傷病が長引いて治らない場合の所得保障	打切補償（3年経過）	傷病補償年金（1年6カ月経過）	障害基礎年金障害厚生年金（1年6カ月経過）
障害時の所得保障	障害補償	障害補償給付	障害基礎年金障害厚生年金
死亡時の遺族への所得保障	遺族補償	遺族補償給付	遺族基礎年金遺族厚生年金
死亡時の葬祭	葬祭料	葬祭料	健康保険法の埋葬料
要介護	——	介護補償給付	介護保険法の介護給付

遺族に支給される。

　このほかに，遺族補償給付（遺族給付）の受給者についても特別支給金として，300万円の遺族特別支給金（一時金）が支給されるほか，遺族の人数に応じた遺族特別年金または遺族特別一時金が該当する遺族に支給される。

　これらが主な保険給付だが，これ以外にも，**介護補償給付（介護給付）**や葬祭料（葬祭給付）もある。また，2001年からは定期健診の結果，業務上の事由による脳・心臓疾患の発生のおそれが高いと診断されたときに，医師による2次健康診断と保健指導（**2次健康診断等給付**）も給付されることになった。

　以上の労災保険制度からの各種の給付と，その基礎にある労働基準法上の使用者の災害補償責任，そして同じ事故でも業務外の事由

により生じた場合のこれまで学んできた各社会保険制度からの給付との対比を一覧表（表6-1）にまとめてみたので，この機会に全体の仕組みをもう一度振り返って確認しよう。

賃金スライド制　　　労災の保険給付については，その実質価値を維持するために**賃金スライド制**が取り入れられている。休業補償給付（休業給付）については，賃金水準が10％以上変動した場合に，給付基礎日額もこれに連動して自動的に改定される。

　また，各種の年金と一時金については，年度ごとに賃金水準の変動に応じて給付基礎日額の改定が行われることになっている。

5 社会復帰促進等事業
●保険給付以外に，どんな事業が行われている？

　労災病院って，聞いたことがある？　あなたの町の近くにはない？　これは労災の治療をしっかり行うために，労災保険のお金で建てられた病院だ。こんなふうに，労災保険では，保険給付以外にも，次のような事業を行っている。
　①労災病院，医療リハビリテーションセンター，総合せき損センターなどの設置運営や，義肢などの補装具の支給などを行う社会復帰の促進に関する事業
　②特別支給金や労災就学等援護費の支給など，被災労働者とその遺族の援護に関する事業
　③健康診断の助成，健康診断センターや産業保健推進センターの設置運営などの安全衛生確保と賃金の支払いの確保を図るために必要な事業
　このようにいろいろな事業が行われているが，そのうちでも，と

くに**特別支給金**は，それぞれの保険給付のところで見たように，業務災害や通勤災害に関する保険給付の実質的な上乗せ給付として経済的に重要な役割を果たしているので，忘れないようにしておこう。

Summary サマリー

　労働者災害補償保険（労災保険）は，仕事によって病気やけがをしたり，障害が残ったり死亡した場合に，労働基準法に基づく事業主の災害補償責任を背景に，これに代わって保険給付するもの。日本では1947年に労働基準法と一緒に制度化され，被災労働者の災害補償に大きな役割を果たしてきた。その後，何度も改正を重ねる中で，通勤途上の災害についても給付を行うようになり，給付の種類や水準も拡大され，今日では社会保障的な色彩も強めている。

　とはいえ，労災保険のこのような特殊な性格は，保険料負担のルールや給付時の患者負担のルールなどに，ほかの社会保険には見られない特徴をつくりだしている。また，その給付水準も一般の医療保険や年金制度よりも相当高くなっている。そのため，「業務上」の認定を受けられるかどうかが重要な分かれ道になり，これをめぐっての争いも絶えない。

　最近では過労死や仕事上のストレスによる精神疾患などをめぐっての争いが増えており，裁判例や行政運用においても業務上の認定が一定程度緩やかに認められる方向にある。

▓ 理解を確かめよう ▓▓▓▓▓

1 病気やけが，障害や死亡については，もともと医療保険や年金制度による保障があるにもかかわらず，労災保険法が別につくられた理由について，労働基準法との関係も含めてまとめてみよう。

2 1で述べた労災保険法の特別な性格が，ほかの社会保険制度とは異なるどのような独自の仕組みをつくりだしているか，具体的に保険料の負担や保険給付のルールに即してまとめてみよう。

3 労災保険の給付対象となる「業務上」とはどういうことか，具体的な事例をあげて考えてみよう。

★参考文献

①労災保険制度の基本的な仕組みやケース・スタディを学びたい
　人へ
　労働調査会出版局編『新 労災保険実務問答（補訂版）』労働調査
　　会，2019 年
　全国社会保険労務士会連合会編『労働保険の実務相談 令和 4 年
　　度』中央経済社，2022 年
②労災保険の基礎にある労働法をしっかり学びたい人へ
　菅野和夫『労働法（第 12 版）』弘文堂，2019 年
③最近の動向や運用状況を調べたい人へ
　厚生労働省『厚生労働白書 各年版』

第7章　社会保険と民間保険

2つの保険，その特徴は？

主に民間保険によって医療に備えているアメリカの医療の問題を
描いて話題になったマイケル・ムーア監督の映画「シッコ
SiCKO」（→ *Column* ㉝）。「シッコ」DVDより。(c) 2007 Dog
Eat Dog Films, Inc. All rights reserved.

　これまで学んできた医療保険，介護保険，年金保険，雇用保険，労災保険
は，いずれも社会保険と呼ばれる，保険という技術を用いた社会的な仕組み。
しかし，保険を用いた仕組みには，これ以外に多くの民間保険があり，私た
ちの生活をさまざまな危険から守っている。では，社会保険と民間保険では，
「保険」としての共通性はどこにあるのだろう？　逆に，「社会」保険ゆえの
「民間」保険との違いはどこにあるのだろう？　この章では，このような保険
の仕組みを理解し，私たちが自分の判断で，契約によって利用する民間保険
について学ぼう。少し理論的になるところもあるが，この学習をとおして，
社会保険の特徴についても，さらに理解を深めることができると思う。

1 保険の仕組み

保険のいろいろ

あなたは，これまで学んできた社会保険以外に，身の回りで**保険**の話を聞いたことはない？ 自分で心当たりがなければ，親に一度聞いておくといい。縁起でもない，と言われるかもしれないが，多くの親は，万が一，病気やけがで亡くなる事態に備えて，残された家族のために民間の生命保険に入っている。

あるいは，自分の持ち家に住んでいる人。思いがけず火災に遭ったり，台風で壊れたりしたら，大変。そんなときに備えて，ほとんどの人は火災保険に入っている。それでも関係ない，あなた。自動車は運転する？ 日本で自動車を運転する人は，必ず，自動車損害賠償責任保険に入らなければならない。いわゆる自賠責。さらに最近では，ボランティアに行くときにも，事故に遭ったり，事故を起こしたときのために保険に入る。

こんなふうに，現在では私たちの身の回りのさまざまな危険に備えて，生活を守るために多くの保険が利用されている。

保険とはどういう仕組み？

では，保険とは，いったいどういう仕組みとして定義されるのだろう？ この点は古くから議論があり，現在でも学者の間では論議が続いているが，一般には「保険とは，同様な危険にさらされた多数の経済主体による，偶然な，しかし評価可能な金銭的入用の相互的充足である」とされる。少しわかりにくい？ 要は，共通の危険にさらされている多数の人が集まって，おのおのが一定の決まりにしたがってお金を出し合っておく。そして，その集団の中の誰

かに危険が現実に発生した場合に，集まったお金で必要な給付を行ってその人の損失を穴埋めする仕組み。

　この意味で，保険とは，共通の危険にさらされた多くの人が集まって，お互いに保険料という形で少しずつ費用を払い合うことによって，事故時の損失の危険を保険者に移転させ，多くの人の間に**危険を分散**し，**プール**（共有化）する仕組みであるともいえる。だから，保険とは，テレビのコマーシャルではないが，まさしく，少ない保険料で「安心を買う」仕組みなのだ。

保険の対象となる危険 ここで大切なのは，保険とは，一定の確率で発生することが予測されているが，いつ，誰に発生するかは誰にもわからない**危険**（**保険事故**とか，**リスク**ということも多い）に備える仕組みだということ。危険に備えるには，何よりも，危険の発生を予防すること。これがもちろん基本。しかし，どんなに注意しても手段を講じても，発生を完全には防げない場合も多い。保険は，そんな場合に，事後的に，危険が現実に発生した場合に，その人の経済的な必要に応える仕組み。

　だから，別の言い方をすると，対象となる危険は，各人が制御できないものであることが必要。たとえば，死亡は保険の対象になるが，離婚や子どもの出生は，当人の意思で左右できるので，保険事故にはなじまない。だから，生計維持者の死亡に対しては遺族年金が対応するが，離婚などによる生別ひとり親世帯に対しては児童扶養手当制度，子どもの出生・育児については児童手当制度というように，社会保険を補完する一連の社会手当がつくられたことは，第2章で見たとおり。

保険の基本構造と用語 社会保険と民間保険とを問わず，保険の基本的な構造は図7-1のとおり。保険の仕組みを見るときは，いつもこの基本的な構造がどうなっているかを調

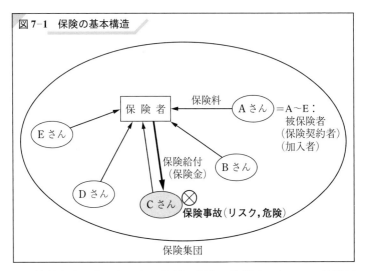

図7-1 保険の基本構造

保険者

保険料

Aさん ＝A〜E：
被保険者
（保険契約者）
（加入者）

Eさん

保険給付
（保険金）

Bさん

Dさん

Cさん ⊗

保険事故（リスク, 危険）

保険集団

べ，比較をすると，どんなに複雑に見える仕組みでも，その特徴が
よくわかる。じつは，この本の第1章から，ずっとこういう目で，
各制度の構造や特徴，背景にあるねらいや考え方を一緒に見てきた
のだ。

　保険者は，保険を運営する責任主体。社会保険では国や自治体，
公的な団体がこれになるが，民間保険では，株式会社や相互会社な
どがこの仕事をする。そして，そのパートナーである被保険者。そ
の保険の対象となる人。どういう人が被保険者になるかは，社会保
険では法律で決まるが，民間保険では，保険会社が提示した条件を
了解して保険契約を締結することによって決まる。親があなたの進
学に備えて入っていた子ども保険のように，場合によれば契約締結
者（この場合は親）と被保険者（この場合は子）が別のこともある。

　そして，保険の対象となる保険事故。あらかじめの設計段階から
これを何にするか，その発生率，発生したときの被害の額などをし
っかりした過去の統計などにより予測することが大切。そうでない

と一か八かの投機になってしまう。被保険者は，約束にしたがって保険料を納める。どの被保険者に，どういう基準で，どれだけの保険料を負担してもらうか，ここでの民間保険と社会保険との大きな違いは，後でしっかり見てみよう。

　最後に保険事故が発生したときに，その人に支給される保険給付。民間保険では金銭給付の形で行われ，保険金という。保険料と用語を混同しないように。社会保険では，金銭給付のほか，複雑な審査支払いの仕組みを通じて医療や介護の現物給付が行われる。この保険給付の水準をどう設計するかも大切。高いに越したことはないが，その分，保険料負担も増える。その適切なバランスが求められる。

大数の法則

それでは，保険を成り立たせるために必要な基本原理を説明しよう。まずは，「**大数の法則**」。すでに定義のところで見たように，保険は，共通の危険にさらされた多数の人が集まって，リスクを分散する仕組み。これが成立するためには，多くの人の参加が必要。

　そのことを考えてみるために，コインを投げて裏になるか表になるか，やってみよう。最初の頃は裏が10回続けて出るかもしれない。1回ごとに，どちらが出るかは偶然でしかない。しかし，これを何千回，何万回と繰り返すうちに，裏が出る確率も表が出る確率も限りなく0.5に近づいていく。同じようなことが，たとえば死亡や火災といった事故についてもいえる。不幸にしてあなたを明日，死が襲うかもしれないし，50年後も元気かもしれない。私の家が明日火災に遭うかもしれないし，30年経っても一度も火災には遭わないかもしれない。しかし，日本全国の数多くの事例について観察すると，これから1年以内に死亡する確率は，性別，年齢別に，きわめて高い確度で予測できる。「誰か？」は誰にもわからないが。火災の場合には住む場所や木造かどうかなどによって少し条件は変

わってくるが，それでも発生確率はしっかり予測できる。このように，個々の場合にはまったくの偶然に見える事柄も，大量に観察するとその事象が発生する確率が一定値に近づくという法則があり，これを「大数の法則」という。

　このように，保険が成立して安定的に運営されるためには，その基礎に，大数の法則が成立するだけの多数の人の参加が不可欠。昔は保険も多分に投機的な色彩が強かった。幾多の失敗や試行錯誤を繰り返す中で，危険を予測する技術としての確率論や統計学の発達，統計データの整備により，しだいに今日の近代的な保険が科学的・合理的な事業として確立した。

収支相等の原則　　ここで，死亡したときに，残された遺族に100万円の保険給付を行う保険を考えてみよう。死亡率は，性別，年齢別により大きく異なる。若い人で見てみよう。厚生労働省の発表した2022年の生命表によれば，18歳の女性が1年以内に死亡する確率（死亡率）は，0.0002。つまり，1万人に2人。そうすると，この人たちが1万人集まって保険をつくると，1年間に2人死亡し，それぞれ100万円ずつ支払う。そのために，全員が払い込まなければいけない保険料は？

　まず，支払わなければならない保険金の総額は，100万円×2人＝200万円。これを1万人の保険料で賄うわけだから，1人当たりが負担する保険料は，200万円/1万人＝200円。

　つまり，1人たったの200円払えば，1年以内に死亡したときにその人の遺族に100万円の保障をできる。これは10万人加入していても20万人加入していても同じ。計算で確かめてみてほしい。この式を書き直すと，100万円×2人＝200円×1万人となり，その左辺と右辺は等しい。つまり，必要な保険給付の総額（総支出）に見合うだけの保険料の総額（総収入）が必要ということ。これが成立

しないかぎり，支払い不能になってこの制度はつぶれる。これを
「収支相等の原則」という。民間保険はもちろん，社会保険であって
も，保険制度であるかぎり，制度が成り立つために欠かせない基本
原則。

給付・反対給付均等の
原則

上の式を少し形を変えてみよう。

2 人/1 万人×100 万円＝200 円

一般化すると，

事故発生確率×保険給付額＝保険料の額

となる。つまり，各人が支払うべき保険料の額は，その人について
対象となる保険事故の発生率に応じ，かつ，保険給付額に応じると
いうこと。保険給付額に応じるというのは簡単。100 万円の代わり
に死亡時に 1000 万円給付する場合には，みんなの負担する保険料
は 200 円ではなく 2000 円になるということ。

　もう 1 つの，保険料は，その人の危険度に応じて負担するという
点，これがとても大切なルール。言いかえれば，各人の保険料は，
事故に遭ったときに受領することのできる保険金の数学的期待値に
等しい。この原則を「給付・反対給付均等の原則」という。ちょっ
とわかりにくいと思う。例を通じて考えてみよう。

　同じく 1 年以内に死亡した場合に，遺族に 100 万円を給付する生
命保険を考えよう。ただし，今回は 48 歳の男性グループ。この人
たちの死亡率は，同じ生命表によれば，0.002，つまり 1000 人に 2
人が 1 年以内に死亡する。先ほどの 18 歳の女性と比べると，リス
クがちょうど 10 倍も高い。この人たちについて成立する保険は，
1000 人が参加するとして，

100 万円×2 人＝2000 円×1000 人

必要な保険料は，

2 人/1000 人×100 万円＝2000 円

Column ㉜ つぶれてしまった世界最古の保険組合 ━━━━━━━━

　相互扶助の保険組合の記録として残っている最古の組合に，1698 年にできたマーサーズ・カンパニー（Mercer's Company）がある。これは，ロンドンのある教会の牧師たちが集まって組合をつくり，あらかじめ毎月一定の金額を集め，誰かに不幸があれば集まったお金の中から一定額の金銭を遺族に渡して生活難を助け合うというものだった。ルールは，高齢者も若い人も掛け金は同額で，また遺族が受け取る金額は払い込んだ期間に関係なく同額というものだった。このため，初めのうちは助け合いの仕組みとして好評だったこの制度も，やがて，若い牧師たちが，自分たちには不公平だとして脱退したり加入しなくなったため，10 年ほどでつぶれてしまった。

　加入や脱退が自由な仕組みでは，1 人ひとりのリスクに見合った保険料を設定しないと，このように制度はつぶれてしまう。

━━━━━━━━━━━━━━━━━━━━━━━━━━━━━━━━━━━━━

となる。つまり，リスク，すなわち事故の発生する確率が 10 倍高い人が同じ保険給付を受けるためには，10 倍の保険料が必要だということだ。この原則にかなうことが，保険契約における**等価交換**を意味する。この意味での公平性を，**個人的公平性**，あるいは**保険数理上の公平性**という。

　等価交換の契約に基づいて保険が成立する民間保険の保険料は，この**「リスク見合いの保険料」**の原則にしたがった決め方であることが鉄則だ。具体的に考えてみよう。上の例で，18 歳の女性と 48 歳の男性の同数で構成される保険集団を考えてみよう。たとえば，1 万人の規模だとすると，1 年以内に死亡する人は，5000 人×2/10000 と 5000 人×2/1000 を足して 11 人となる。つまり死亡の確率は 11/10000 となる。これに必要な給付費 100 万円×11 人＝1100 万円に必要な保険料を全員が同じ額負担することにすれば，1 人当たり 1100 円の保険料となる。この仕組みでも，いうまでもなく収支相等の原則は満たす。しかし，このような保険料設定は，各人のリスクに見合っていない。端的にいえば，200 円の保険料で同じ保険給付を受けることができる 18 歳の女性は，リスクが 10 倍高い 48

歳の男性の分までかぶって割高な負担となっている。したがって，200円の保険料で同じ保障を提供できるほかの保険に移っていってしまって，結局はリスクの高い人たちだけが残り，保険料を引き上げないともたなくなる。実際にあったコラムの事例をとおして，このルールについてしっかり考えてみてほしい（➡ *Column* ㉜）。

社会保険には適用されない給付・反対給付均等の原則

1つだけ，間違わないでほしい。この給付・反対給付均等の原則が個人的公平にかなうというのは，あくまでも，加入するも脱退するも自由な，契約のルールという観点から見た場合。このルールが社会的に妥当・公平かどうかは，また別の問題だという点。例を出そう。医療保険についてこの原則を当てはめてみると，重い既往症をもっている患者は，そのリスクに見合った高額の保険料を負担しないと保険に加入できない。場合によると，リスクが高すぎてそもそも保険に加入すらできない。逆に，若くて元気な人は少額の保険料でいい。扶養家族がたくさんいる人は，単身者の何倍もの保険料を負担することになる。あなたは，このルールがいいと思う？ それとも不当だと思う？ 人の価値観や置かれた立場によって異なると思う。ただ，実際には，病気やけがに備える保険の仕組みとしては，こういう個人のリスクに応じた保険料負担のルールよりも，逆に，加入者の負担能力，端的にいえば給与の額に応じて保険料を負担する社会保険の仕組みが日本を含む多くの国で採用されている。なぜだろう？ また，社会保険では，なぜ，この給付・反対給付均等の原則と異なる保険料負担のルールが採用できるのだろう？ そのカギは，法律に基づく強制加入の仕組みが握っている。これは次節で詳しく見るが，コラムで取り上げたアメリカの医療の事例をとおして，医療保障における社会保険と民間保険の働き方の違いについて考えてみよう（➡ *Column* ㉝）。

Column㉝ 映画「シッコ SiCKO」に見るアメリカの医療の問題

1990年代以降，世界的なアメリカの影響力の増大や経済のグローバル化の流れの中で，日本でも規制緩和や「官から民へ」のスローガンのもと，公的な制度の縮小と民間企業への移譲が主張され，進められてきた。医療保障の分野でも，混合診療の大幅な拡大や民間保険の活用が主に経済界や経済学者から主張されてきた。

世界の先進国の中で医療保障を民間保険中心に行っている唯一の国がアメリカ。そこで起きているさまざまな問題を痛烈に批判したマイケル・ムーア監督の映画「シッコ SiCKO」（➡この章の扉写真）が2007年に封切られ，大きな反響を呼んだ。

そこでは，病気をもっていたり，収入が少なくて高い医療リスクに見合う保険料が負担できずに無保険者となっている人たち（全米で当時4000万人から5000万人いた）の様子が描かれている。また，ちゃんと保険に加入していたのに契約時に罹っていた病気を申告しなかったとして保険給付を拒否された人。さらには医療費の高騰を抑制するために導入され一時は救世主ともいわれた管理型医療（マネジド・ケア）において，医療サービスへのアクセス制限がもたらす悲劇が描かれている。

これらは，保険契約という面から冷徹に見れば，給付・反対給付均等の原則にしたがったものだし，それ自体は契約としては経済合理的なものも多い。しかし，医療という人道的なサービスについてこのような結果を人々が仕方ないと納得できるかどうか，社会的公正にかなうかどうかは別問題。やはりこれはおかしいと考える人も多いだろう。また，一方でこのような深刻な不公平を生みながら，他方でアメリカの社会全体でかかっている医療費は日本の数倍で，医療費がGDPに占める比率は先進国の中でも断トツに高い（➡表1-5〔65頁〕）。

もちろん，映画自体は，インターネットで寄せられた事例をインタビューしたドキュメンタリーとはいえ，当時のブッシュ政権に対する政治的な批判の意図は明確なので，この点は割り引いて見る必要があろう。また，アメリカの医療技術のレベルは世界の最高峰だし，政府の介入の拡大や公的支出の増加に対して根強い批判があるのも事実。逆に，映画では理想郷のように描かれているが，税金で医療保障を行っているカナダやイギリスも，公的医療保険のフランスなどの国においても，医療には問題が山積している。

そういう冷静な視点は欠かせないが，それでも民間医療保険を中心に国民の医療保障を行った場合にどういう弊害が現実に生じるかを考えるうえで，興味深いさまざまな問題を提起している。

2 社会保険と民間保険

●社会保険と民間保険とはどこが違う？

> 社会保険は保険の仕組みといえる？

前節で述べた保険の定義をもう一度読んでほしい。では，この定義に照らして，社会保険は保険といえるのだろうか？　高齢（長生き），障害，死亡，失業など，社会保険が対象とする保険事故は，いずれも個人にとってみれば偶然の危険であって，それが現実に発生した人にとっては経済生活上の困難をもたらす。その場合に備えてお互いに保険料を納めておき，実際に事故に遭った人に金銭給付を行ってその経済的な入用を充足する。したがって，社会保険についても，年金，雇用保険，医療保険，労災保険の金銭給付がこの意味で保険の定義を満たすことは問題ない。

　では，医療保険や介護保険などの現物給付はこれに当てはまるのだろうか？　その対象としている病気やけが，要介護状態の発生という危険が，個人にとって偶然で，同じような危険にさらされた多数の人がそのときに備える仕組みであることに疑問はない。では，現物給付は評価可能な金銭的入用を満たすものといえるのだろうか。答えはイエス。私たちが暮らしている市場経済の社会では，医療サービスや介護サービスも費用を払って購入できる。その費用が払えないがために，みすみす必要な医療サービスを受けることができない，ということがないように，医療保険がつくられた。介護保険も同様。このことは，サービスの費用が診療報酬や介護報酬という形で金銭評価されていることからも理解できるだろう。このように，現物給付についても，上記の保険の定義をしっかり満たしており，社会保険も民間保険と同様に，保険の一種といえる。

> **表7-1　社会保険と民間保険の共通性**
>
> ・危険を分散し，プールするという機能を有する。
> ・適用範囲，給付内容，財政について，あらかじめ明確な条件を示す。
> ・受給要件と給付水準について，程度の差はあれ，保険数理計算を必要とする。
> ・予定される給付に必要と見込まれる費用に対応する保険料の必要＝収支相等の原則。
> ・個別のニーズの提示に応じてではなく，あらかじめ定型的に定められたところにより給付を行う。
> ・経済的保障を行うことにより社会に貢献する。

民間保険との共通点　では，社会保険と民間保険の間には，同じ保険として，どのような共通の仕組みや機能があるのだろうか。表7-1に整理してみた。まとめていうと，保険の定義とも重なるが，同じような危険にさらされた人たちが大勢集まって，あらかじめ保険料を納め合い，誰かに現実に事故が生じたときに，集めた保険料の中から約束した給付を行うことにより，危険に備え，危険を分散する仕組みだということ。

社会保険と公的扶助の違い　このような保険としての基本的な性格において，社会保険は，同じ社会保障のもう1つの代表的なものである公的扶助の仕組みとはその性格や機能，特徴を大きく異にする。その特徴を比較したものが表7-2。やや，両者の原理的・構造的な特徴を強調して比較したものであることは注意してほしい。というのは，前にも少し触れたように，同じ社会保険といっても，日本の国民健康保険や国民年金のように，保険料負担能力の低い低所得層や無職者まで対象を広げ，巨額の公費を投入して財政支援し，保険料の免除や減額，保険料負担の大小をあまり反映しない給付内容の設定などを行うと，

表7-2　社会保険と公的扶助との比較

	社 会 保 険	公 的 扶 助
給　　付	定型的，集団的で，あらかじめ決定される	非定型的，個別的で，事後的に事情に応じて決定
必要性の提示	資力調査（ミーンズテスト）なし	資力調査（ミーンズテスト）あり
参加者の範囲	ほとんどの国民が保険料負担などを通じて参加	特定の援助を必要とする人が利用
財　　源	主に保険料	一般財源（租税）
利用者負担の一般的なルール	応益負担（利用したサービス・費用に応じる）	あらゆる資産や能力，援助や給付を活用してもなお足りない分のみ給付
受給権者の権利性	保険料の対価としての給付請求権であり，権利性が強い	保護請求権は法的権利だが個別事情への裁量的な審査を伴い，意識のうえでも権利性が弱い
利用への抵抗感	スティグマ（恥辱感）がなく，利用への心理的抵抗感が少ない	スティグマが強く，本来受給要件に該当していても利用に躊躇が見られる（漏給の問題）

保険原理よりも扶助原理がより強調され，かなり公的扶助に近くなる。

　あるいは，公的扶助の資力調査（ミーンズテスト）を相当ゆるやかにし，社会福祉制度の普遍化を進めていくと，扶助原理を強めた社会保険の特徴に近づいていく。ただし，その場合でも，たとえばサービス利用者の一部負担は応能負担になったり，所得制限がついたりするなど，公的扶助から発する原理的な色彩は残る。

　これらとは逆に，ドイツの年金のように保険料負担の大小をほぼそのまま年金額に反映する貢献主義を強調する仕組みだと，公的扶

助との距離は大きくなり，むしろ民間保険に近くなる。

　このように，実際の制度設計には幅があり，両者の接近も見られる。現に，かつて ILO（国際労働機関）は，その「社会保障への途」（1942年）において，将来は社会保険と公的扶助は社会扶助制度に一本化するだろうと予言した。しかし現実には，多くの国で，現在でもこの両者の仕組みが残り，それぞれの長所を組み合わせ，短所を補い合う形で，全体の社会保障のシステムができあがっている。だから，とらわれすぎてはいけないが，やはり，今の仕組みを成り立たせている基本原理の特徴はきっちり頭に入れておいてほしい。そうすれば，たとえば介護保険の創設をめぐって，**社会保険方式**がいいか，**税方式**がいいか，激しく論争が行われたその意味が理解できるだろう。そのうえで，あなたなりに，どういう仕組みがこれからの日本にとって一番好ましいか，考えを深めてほしい。

社会保険と民間保険の違い(1)：保険料の負担ルール

　それでは，今度は，同じ保険制度でありながら，社会保険と民間保険はどこがどう違うのか比較しよう。表 7-3 に主な相違点を列挙した。これらの多くの異なった特徴をつくりあげている基本的な仕組みの違いが，法律によって加入が義務づけられるか，契約によって自由に選択されるか，という点。最初にも説明したように，契約により加入も脱退も自由な民間保険においては，保険料は各自のリスクに見合った適正なものであることが鉄則。この，給付・反対給付均等の原則が成立しないかぎり，民間保険はつぶれる。

　しかし，多くの国民の生活上の困難に対して，健康で安定した基礎的な生活を保障するためには，このルールでは対応できない人たちも多い。あるいは病気やけが，障害といったリスクの性質によっては，多くの人たちが保険による保障から外れてしまう。そこで，病気，けが，障害，高齢，死亡，失業，要介護といった，民間保険

表 7–3　社会保険と民間保険との相違

	社 会 保 険	民 間 保 険
適　　用	強制適用（強制加入）	任意加入
給付水準	最低保障，従前所得の保障	個人の希望と支払い能力に応じてより高い水準が可能
原　　理	社会的妥当性を強調（社会連帯，扶助原理）	個人的公平性を強調（保険原理，貢献原理）
権利の根拠	法律で定められ変更可能（制度的権利）	契約により確定し，契約者の同意なく変更できない
市　　場	政府の独占	民間企業の競争
費　　用	多くの場合公費補助(負担)あり	保険料のみ
費用予測	正確な予測は必ずしも必要ない	より正確な予測が必要
財政方式	年金では，強制加入により新規加入者が確保され制度の継続が保障されるため完全な積立ては不要で賦課方式も可能	完全な積立てが必要
経済変動への適応力	年金では，給付額の物価/賃金スライドも可能でインフレに強い	インフレがあると給付価値が減少するなど，経済・金融市場の変化の影響を受けやすい
人口変動への適応力	年金では，賦課方式は少子高齢化により後世代の負担が増加	積立て方式のため人口構成の変化の影響を直接には受けない

では必ずしも国民に基礎的な保障をうまく提供できない分野について，国が，法律で要件を定め，加入を義務づけるという社会保険の仕組みがつくられ，多くの国で発展してきた。

　社会保険においては，加入の義務づけにより確実に被保険者が確保されるため，その保険料負担のルールは，国民の多くが納得し合意が得られれば，いろいろに定められる。給付額への保険料負担の反映の仕方も同様。リスクに関係なく，同一の保険料でもいい。勤

め人については，ほとんどの国で，給与額に比例して保険料負担が行われる。ある意味では，元気で高所得の人が，病気がちで低所得の人の何倍もの保険料を負担しているのだから，民間保険のルールとは逆。このため，社会保険には，高所得者から低所得者へ，あるいは低リスクの人から高リスクの人への所得の再分配という機能もある。このへんが，社会連帯や扶助原理といわれるゆえんだ。

> **社会保険と民間保険の違い(2)：財政方式**

また，社会保険では，**強制加入**により，後の加入者が確実に確保され，恒久的に制度が継続することを前提とすることができる。そこで，年金の財政方式として，民間保険では不可能な賦課方式が採用できる。つまり，今年の年金受給者の費用は今年働いている被保険者が払う保険料によって賄う。毎年この方式を続けていくわけだ。現在の加入者の将来の給付に必要な資金はすべて加入期間中に積み立てるということをしない。だから，激しいインフレーションにより物価が騰貴して，積立金がパーになるおそれがない。好景気で物価が上昇しても，それ以上に，働いている人の給与が上がるから，保険料収入も増える。

だから，物価が上がって貨幣価値が落ち，購買力が減った分，年金受給者の年金額を引き上げる物価スライドが可能。さらには，それを超えて，生産性の向上による現役世代の給与の上昇を退職した年金受給者の年金額の増加に反映し，いわば生産性の向上の恩恵を現役・退職者等しく享受する賃金スライドといったことすら可能になった。この仕組みにより，高齢者の老後保障は飛躍的に向上した。

しかし，世の中，いいことばかりではない。インフレーションにも強く，世代間の連帯により高齢者の生活水準の向上にめっぽう威力を発揮した賦課方式だが，弱点もあった。それは，少子高齢化による人口構成の変化に弱いという点。簡単にいうと，かつて現役世

　社会保険には，図のように，「保険」に由来する交換・自由・効率という保険原理の要素と，「社会」に由来する連帯・平等・公正という扶助原理の要素との2つの中心が混在している。しかも，同じ社会保険といっても，各国，各時代，各制度によって，この両要素のいずれかにもっと重点を置いた制度設計が可能。

　このため，社会保険は，19世紀末のドイツでの誕生以来，市場経済重視や自由主義の立場からは国の強制は余計なことで，もっと個人責任や民間保険でやった方が効率的だと批判されてきた。逆に，もっと平等や公平性を重視する立場からは，不徹底な仕組みで，むしろ社会主義などの平等な社会の実現を阻む，資本主義の生き残りのための懐柔策だと批判されてきた。

　でも，現実を直視すると，このような相矛盾する2つの要素を同時に1つの制度の中に内包することが，社会保険の強みであり，ダイナミズムの源泉でもあったといえるのではないだろうか。

　私たちは，自分の努力や才覚・責任で生活設計をしていく自由主義・資本主義の社会に生きている。しかし同時に，その中で個人の力を超えた災害に対しては，損得を超えて連帯し，助け合っていこうという意思ももっている。社会保険の二面性は，こんな私たちが生きてきた社会の価値観にもっとも適合的だった。だからこそ，その不徹底さが批判されながらも，現実の社会で，多くの国民に受け入れられ，ここまで巨大な仕組みとして成長したのだと思う。少し身びいきすぎるかな？　あなたは，どう思う？

図：社会保険の2つの構成原理

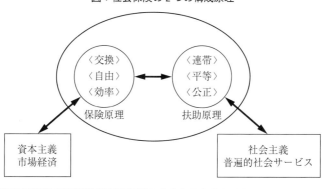

代7人で高齢者1人を支えていたのが，今，現役3人に1人となり，将来2人で1人を支えることになる。そうすると，世代間で負担の大きな不公平が生じる。さらには，将来の，働く現役世代の保険料負担が大きくなりすぎて，制度が成り立たなくなるおそれすら出てくる。そこで最近では，賦課方式のこの問題が，とりわけ年金制度において大きな論議を呼んでいる。そして，将来にわたる負担と給付のバランスや，さらには，社会保険の財政方式のあり方，もっと進んでは社会保険という仕組みそれ自体の範囲と民間保険との役割分担を見直すべきだという意見まで出ている。

　しかし一方で，1人の就業者が支える人の割合はこの間大きくは変わっておらず，今後も高齢者や女性などの就業を促進していけば支えていくことができる，という意見もある。

　いずれにせよ，かつてうまく機能した仕組みが時代や環境が変わってうまくいかなくなることは世の常。とくに負担が増えていく若い世代を中心に，これからどういう制度を支持していくか，大胆な改革も必要。ただ，他方で，年金という仕組みは，数十年にわたる長い長い人生設計に関わるもの。その間には，不況もあれば，インフレーションもある。不幸にして戦乱に巻き込まれることもあるかもしれない。今の社会保険が，世界的に見れば，1世紀以上にわたって，2度の世界大戦と経済社会の混乱をくぐり抜け，人々の生活の基礎としての役割を果たしてきたその重さと，1人ひとりの国民の生活基盤を支えるかけがえのない存在になっているということ，そのことは忘れずに，真剣によりよい途を一緒に探していきたいものだ。

3 民間保険の種類と働き

●生命保険や損害保険って，どんなもの？

民間保険に関する基本的な枠組み

民間保険は，保険会社と多数の加入者の間の契約によって成立する。しかし，物を買うのと違って，保険という商品は，いってみれば「安心」という目に見えないものを買う。どんなときに，どれだけの保険金が支払われるか，保険料はどうやって支払っていくのかなど，とても技術的で法律用語も多く，一般の人には複雑で判断が難しい。できれば，一度，生命保険でも火災保険でもいいから，家にある保険の書類（保険約款という）を，頭から最後まで読み通してみてほしい。わかりにくさを実感するだろう。

しかも，万が一のときのための保障だから，保険会社が途中で倒産したりしたらえらいことになる。これまで掛けていた保険料が下手をすればパーになる。実際に，1997 年には日産生命保険が，2000 年にはさらに千代田生命，協栄生命が相次いで経営破綻して，大きな社会問題になった。また，2008 年秋にはアメリカ発の金融危機が日本にも波及し，大和生命保険が破綻した。

こういった，保険という事業の性格から，その契約に関する基本ルールが商法という法律に定められていた。しかし，1899（明治 32）年に制定されたこの法律は，その後ほとんど実質的な改正が行われないまま今日にいたったため，高度に発達した現代の保険契約の実態に合わなくなっていた。そこで，約 100 年ぶりにその全面的な見直しが行われ，2008 年 6 月に「保険法」という独立した新たな法律が制定・公布され，2010 年 4 月から施行された。

また，保険事業を営む会社は，国の認可が必要なことをはじめと

して，保険業法という法律に基づいて，国の厳しい監督のもとに置かれている。ちょうど，銀行などの金融機関と似た扱いといっていいだろう。この法律も，世界的な規制緩和と金融のグローバル化の流れの中で，約半世紀ぶりに大幅な見直しが行われ，1995年に法律が改正された。

| 保険の種類 |

民間保険は，保険法や保険業法に基づき，生命保険（定額保険）と損害保険の2種類に大きく分けられる。そして，日本では同じ会社がこの両方の保険を取り扱うことを禁止している。これを「**生損保兼業の禁止**」という。このため，新しく開発されるさまざまな保険商品について，それがいずれに該当するかが問題となる。最近では，医療保険や傷害保険，がん保険，介護保険といった，両者の境界にあって双方から発売される「**第三分野の保険**」と呼ばれる領域も増えている。

ところで，郵便局が扱っていた簡易生命保険や郵便年金は生命保険の一種。もともとは，民間の生命保険を利用できない庶民のために，健康診査なしに加入できる小口の生命保険として大正時代につくられたもので，国が運営してきた。でも，現在では規模も大きくなり，民間との違いもあまりなくなったので，国がやる必要があるのか，と論議され，激しい意見の対立の末に2005年に法律が改正されて民営・分社化が行われ，現在では日本郵政グループの株式会社かんぽ生命保険が取り扱っている。

また，保険に類似した共済という事業もある。ただし，ここでいう共済は，公務員のために医療保険を運営する共済組合とは別。同じ職場や，同じ地域に住む人どうしが，共済に加入して組合員になり，お互いに死亡や病気・けが，火災，交通事故などに備え合う仕組みをいう。本来は限られた範囲の組合員どうしの助け合いの仕組みであるため，契約で大勢の人を対象にした保険とは区別される。

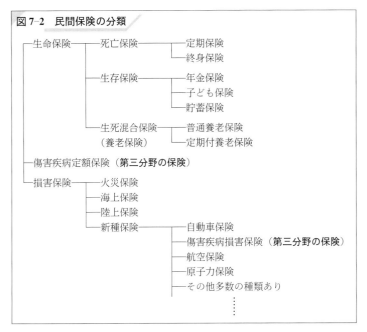

図7-2　民間保険の分類

```
─生命保険─────死亡保険─────────定期保険
        │                 └終身保険
        │
        ├──────生存保険─────────年金保険
        │                 ├子ども保険
        │                 └貯蓄保険
        │
        └──────生死混合保険────普通養老保険
               （養老保険）    └定期付養老保険

─傷害疾病定額保険（第三分野の保険）

─損害保険─────火災保険
        ├──海上保険
        ├──陸上保険
        └──新種保険─────────自動車保険
                         ├傷害疾病損害保険（第三分野の保険）
                         ├航空保険
                         ├原子力保険
                         └その他多数の種類あり
                           ⋮
```

しかし実際には，農協を基盤にした JA 共済とか，消費生活協同組合法に基づく全国労働者共済生活協同組合連合会（全労済）などのように大規模なものも少なくなく，こうなってくると保険とほとんど変わらないにもかかわらず，扱いが別になっているという問題も指摘されてきた。このため，新しい保険法では，これらの共済契約のうち契約として実質的に保険契約と同等の内容を有するものには保険法が適用されることを明確にした。

　主な保険の種類を掲げると，図7-2のとおり。

生命保険　　**生命保険**という言葉は，よく耳にしていると思う。法律上，生命保険とは，「保険者が人の生存又は死亡に関し一定の保険給付を行うことを約するもの」（保険法2条8号）とされる。ちょっと注意してほしい。人の生

死，つまりは死亡だけではなく，生存することも生命保険の対象となる保険事故だという点だ。

人の死亡の場合に，残された家族などに保険金が支払われるのはよくわかると思う。このように，被保険者，つまり保険が掛けられている人が死亡したときに保険金が支払われるものを**死亡保険**という。これには，1年とか，5年とか，10年とかいった，一定期間中の死亡を対象とする定期保険と，期間を定めずに保障する終身保険がある。また，純粋に死亡時だけに保険金を支払うのではなく，死亡せずに一定年齢に達したときに満期祝い金などの名目で一時金を支給するものもある。

これに対して，生存しているということ（もちろんそれ自体はめでたいことだが），高齢などで生計の手段を失いつつ生きていかなければならないということも，金銭的入用を生み出す原因として，生命保険の対象となる。これを**生存保険**という。純粋な生存保険は，一定期間を経過し，または一定年齢に達したときに保険金を給付するもの。子ども保険や貯蓄保険がその例で，学資，結婚資金，独立資金などに備えるのに便利な保険。ただし，その年齢に達する前に死亡したときには死亡給付金が支払われるものも多い。

そして，死亡保険と生存保険を併用したものが，**生死混合保険**。一般には養老保険という。これは，満期がくるか，あるいは保険契約期間中に死亡したときに，同額の保険金が給付される仕組み。これを普通養老保険という。これに対して，貯蓄機能よりも保障機能を重視して，期間中に死亡した場合に満期時の何倍もの保険金がおりるタイプが定期付養老保険。生存しても死亡しても保険金が出るなんてステキ！って思う？　じつはその分，保険料は高くなっている。本来の保険のリスク分散機能，つまり，安心を買うということに徹すれば，掛け捨てに割り切った方がお得。でも，日本人は，掛

け捨てをすると何か損をした気分になる人が多いらしい。あなたは
どう？

　だから，かつては日本の生命保険の中心的な商品は，この養老保
険だった。保険事故の発生率，つまり給付を受ける人の割合が高く
なるほど保険料も高くなることは，給付・反対給付均等の原則の示
すとおり。でも，保険の選好にはこういった微妙な個人個人の損得
感覚も大きく影響する。あなたは，保険の勉強をしてみて，見る目
が少しは変わった？

損 害 保 険

損害保険とは，法律では，「保険者が一定
の偶然の事故によって生ずることのある損
害をてん補することを約するもの」（保険法2条6号）とされる。つ
まり，損害保険は，実際に発生した損害を補塡（実損塡補）するも
のであり，保険によって儲けてはならないという原則が生まれる。

　損害保険の代表的なものが**火災保険**。このほか，現代の保険の起
源といわれるのが海上保険。航海中の嵐や座礁，海賊などの事故に
備える。これに対して，鉄道やトラックなど陸上輸送中の事故に備
えるのが陸上保険。

　これ以外の損害保険を新種保険という。じつにさまざまなものが
あるが，みんなの生活に一番関連が深いのが，自動車損害賠償責任
保険（自賠責）だろう。自動車を運転する人はこれに加入する義務
がある。万が一，事故を起こしたときに被害者がひかれ損にならな
いためだ。民間保険ではあるが，加入が義務づけられている点や，
保険の条件が統一されている点など，社会政策的な色彩が強い。

　このほかにも，自賠責の範囲を超えた自動車事故に備えて任意で
自動車保険に入っている人も多い。

傷害疾病保険（第三分野の保険）

この保険は，医療保険，傷害保険，がん保険，介護保険など，いわゆる第三分野の保険といわれるもので，生命保険と損害保険の両方の領域からそれぞれ発売されてきた。少子高齢化の進展や医療費の高額化，公的医療保険の患者負担の増加などを背景に，保険会社も縮小する保険市場にあって有力な新規開拓分野として力を入れてきたこともあり，今日では典型的な保険契約の1つとして定着してきた。テレビなどで繰り返し流れる医療保険のコマーシャルを覚えている人もいるだろう。また，思わぬ事故でけがをしたときの損害に備える傷害保険には，スポーツ，レジャー時，海外旅行時，ボランティア活動中，学童や学生用などさまざまなものがあり，利用が増えている。

この保険は，新しい保険法で法律上典型的な保険として位置づけられた。このうち，損害保険タイプのものは，傷害疾病損害保険として損害保険の章の中に規定された。また，生命保険タイプの定額保険は，傷害疾病定額保険契約として，「保険契約のうち，保険者が人の傷害疾病に基づき一定の保険給付を行うことを約するもの」（保険法2条9号）と定義され，損害保険，生命保険に次ぐ独自の章に規定された。

これら傷害疾病保険は，現代の社会にあって病気やけがなどのリスクにみずから備える保険として，今後ますます需要が伸びていくものと思われる。他方で，病気やけがなどは，古典的な人の生死や火事などのリスクと比べて，その発生時期，原因，因果関係などが複雑で，高度の知識と経験の蓄積が必要とされる。このため，病気を隠して加入するなどのモラルハザードが懸念される一方，本人も気づかなかった契約前発症などの告知義務違反などを理由に肝心のときに給付が拒否されるおそれも強い。また，安易に利用されると，

給付金を多くもらうために入院を伸ばしたり，公的医療保険の患者一部負担によるコスト意識を弱めるマイナス面なども考える必要がある。

　2008年の法制化をきっかけとして，今後も比重を増すこの分野の保険について，経験の蓄積とわかりやすい透明なルールの確立が期待される。

保険契約者の保護等　このように，新しい保険法は，現代の経済社会における保険契約の実態に的確に対応するとともに，2000年代に入って，保険会社による大量の保険金不払いが大きな社会問題となっていたこともふまえて保険契約者等の消費者保護の強化という視点も取り入れている。その主要な内容は次のとおり。

①商法では適用対象とされていなかった共済契約について，保険契約と同等の内容を有するものを適用対象とした。

②いわゆる第三分野の保険といわれた傷害疾病保険について，典型的な保険契約として明確に位置づけた。

③保険契約時の告知や保険金の支払時期等について，消費者保護の観点からの規定を整備するとともに，これらの規定の内容よりも保険契約者等に不利な内容の合意は無効とする規定（片面的強行規定）を設けた。

④自動車保険など事故の場合の支払いに備える責任保険契約について，事故の被害者が保険金から優先的に被害の回復を図ることができる規定を設けた。

　このほか，保険金受取人の変更の規定を整備したり，片仮名文語体だった表記を一般の人にも読みやすい平仮名口語体に改めるなど，保険法の現代化ともいうべき画期的な内容となっている。

Summary サマリー

これまで学んできた社会保険は，保険の技術を利用しつつ，民間保険では必ずしもうまく対応できないリスクに備える仕組として発達した。だから，社会保険の原理的な特徴をしっかり理解するうえで，保険という仕組みを成り立たせているルールを知ることが不可欠。そのうえで，契約による民間保険では，その人のリスクに見合った保険料を負担する必要があるのに対し，この点を法律に基づく加入強制によって修正しているのが社会保険の重要な特徴だということ，このことをしっかり頭に入れよう。

社会保険と民間保険は，それぞれが長所と短所をもった，パートナーのようなもの。お互いに得意な分野で長所を発揮するためにも，民間保険の生命保険と損害保険の基本的な内容を身につけよう。新しい保険法で傷害疾病保険として明確に位置づけられた，いわゆる第三分野の保険といわれる傷害，医療，介護などはとりわけ社会保険との関係がとても深い。さらに最近は，規制緩和と市場経済による効率化が重視される時代。民間保険で何ができるのか，気をつけるべき点はどこにあるのか，社会保険との比較をいつも頭に置きながら，考えていこう。

■ 理解を確かめよう ■■■■■

1 保険の定義を確認しよう。そして，公的年金制度を例にとって，社会保険がこの定義を満たし，保険の一種であることを説明してみよう。

2 社会保険と民間保険との異なる点を列挙し，なぜ，このような違いが生まれるのかを考えてみよう。

3 生命保険と損害保険の定義を確認しよう。そして生命保険の代表的な3つの分類と，損害保険のうちから2種類の保険を選んで，どんな働きをするかまとめてみよう。

★参考文献————————

①社会保険も含めて保険に関する基礎知識を学びたい人へ

近見正彦・堀田一吉・江澤雅彦編『保険学（補訂版)』有斐閣ブ
　ックス，2016 年
出口治明『生命保険入門（新版)』岩波書店，2009 年
玉村勝彦『損害保険の知識（第 3 版)』日経文庫，2011 年
②保険に関する最近の動向や統計資料を調べたい人へ
生命保険協会編「生命保険の動向」各年（2003 年版までは『生
　命保険ファクトブック』として生命保険文化センター発行）
日本損害保険協会編『日本の損害保険ファクトブック』各年

第8章　社会保障の歴史と構造

世界大恐慌の後に炊き出しに並ぶ失業者など（ドイツ，1930～31年）

　社会保障という仕組みは，各国が長い歴史の中で，相互に影響を与えつつ，独自に積み重ねてきた歴史的形成体といえる。だから，今の仕組みやその基礎にある思想を深く理解するためには，ここにいたる歴史をしっかり押さえることが大切。また，社会保障のもつさまざまな機能，働きについて学ぶとともに，その財政の仕組みや姿を理解しておくことも社会保障のあり方を論ずるうえで欠かせない。

　これらの基礎学習をふまえて，最後に現代の社会保障が直面している課題について一緒に考えてみよう。

1 世界の社会保障の歴史

● 現代の社会保障という大河の源流は？

救貧法の流れ

古代から人々は，病気やけが，障害，貧困など，さまざまな生活上の困難に対しては，家族や親族，地域社会での助け合いで乗り越えてきた。また，時の統治者や宗教組織なども，慈恵的に米穀の拠出や孤児院，養老院などを通じて支援する場合も多かった。しかし，このような地域社会内部での助け合いは，多くの場合，きわめて限られた範囲で行われ，その内容も恩恵的で貧弱なものだった。

このような，どの時代どの社会でも形は違っても行われてきた困窮者の救済が，一国の法令による全国的な制度として発展してきたのは，16世紀から17世紀初めにかけてのイギリスにおいてだった。それは，当時のイギリスが，世界でもっとも経済的に発展し，その反面，旧来の相互扶助的な地域社会の仕組みでは対応できない問題を抱え始めていたからだった。

社会保障や社会福祉の歴史を語るとき，必ず出てくる有名なものが1601年の**エリザベス救貧法**。16世紀につくられたいくつもの救貧法令をエリザベス1世統治下に集大成したもの。これにより，全国の教区ごとに救貧監督官を判事が任命し，これが教区から救貧税を徴収して貧民救済に当たる体系的な救貧制度，現在の公的扶助にいたる原型がここに完成する。社会保障はすぐれて現代の課題に対応するものだが，同時にその形成には，仕組みや思想の面で長い長い人類の経験の蓄積と継承があることがわかるだろう。

救貧法は，その後，1834年に大改正され，新救貧法と呼ばれた。これによって貧民処遇の一元化や救貧行政の中央集権化が図られた

が，他方で，当時の市場経済万能主義や貧困の自己責任観なども影響し，救貧の水準に関して，自立して働いている人のうちのもっとも貧しい人の生活水準以下の水準で救済するという，いわゆる劣等処遇の原則（less-eligibility principle）や院外救済の禁止，市民権（選挙権）の剝奪などが確立され，その後の公的扶助のあり方にも影響を残している。

リベラル・リフォーム さらに，19世紀後半から20世紀初頭にかけてのイギリスでは，**社会調査**が盛んに行われ，C. ブースのロンドンの貧困調査や，S. ラウントリーのヨーク市の貧困調査などは，都市部における広範な貧困の存在とその原因を客観的に明らかにした。また，この時期には社会民主主義者によるフェビアン協会の活動も活発に行われた。その中心的なメンバーだったウェッブ夫妻（シドニーとベアトリス・ウェッブ）の唱えた社会保障と最低賃金による**ナショナル・ミニマム論**（国民最低保障）は，その後の社会保障や労働基準のあり方に影響を及ぼした。

　イギリスにおける社会保障が大きく前進したのが，1908年から11年までの，いわゆる**リベラル・リフォーム**（Liberal reform：自由党による社会改革）。一連の社会調査による広範な貧困の存在が世論に訴えた力や，自由党のロイド・ジョージ蔵相がドイツの社会保険視察の結果に強い刺激を受けてイギリスに社会保険を導入しようとしたことなどがきっかけとなった。自由党政権下で，学校給食法（1906年），学校保健法（1907年），無拠出の老齢年金法（1908年），職業紹介法（1909年），国民保険法（疾病と失業保険，1911年）など，その後の各国に影響を及ぼした一連の改革が行われた。ちなみに，社会保険のうち，失業保険だけはドイツでは出遅れ，イギリスの制度が世界で最初となった。

世界でもっとも早く近代化・産業化が進み，豊かさと同時に新たな貧困の問題も顕在化したイギリスで体系化が進んだ救貧法。これは，浮浪者などのうち働くことのできる者は取り締まって労役場などで労働を強制する一方で，孤児や高齢者，障害者など，労働能力がない人々を対象として，貧困に陥った場合に税により救済する仕組み。

これに対し，現に働いている商工業の同業者が集まり，お互いに生活の困難の原因となる病気やけが，障害，死亡などの場合に備え合う仕組みはヨーロッパの中世から見られた。また，近代になって大量に発生した工場労働者たちも，労働組合などを通じて相互扶助の仕組みをつくっていった。しかし，このような小規模の助け合いの仕組みでは，給付水準も限られ，不安定。そこで，このような働く者があらかじめ保険料を納めて備え合う仕組を全国的に法律に基づく強制加入の仕組み（すなわち社会保険）に高めたのが，1870年にドイツ統一を成し遂げ，鉄血宰相と呼ばれた O. ビスマルク。イギリスやフランスに遅れて工業化が進んだドイツでは，人口の都市集中，物価高，低賃金や労働者の大量解雇などが続き，労働争議や暴動の頻発など，労働問題が最大の社会問題となっていた。このため，ビスマルクは，社会主義運動を取り締まる一方で，1881年のヴィルヘルム１世の皇帝詔勅をもとに，年表(1)の一連の社会保険を世界で初めて立法化した。このため，これらを「ビスマルク社会保険３部作」とも称し，社会保険はその後，急速に近隣諸国に広まった。なお，このような取締りと福祉の増進という両面からの政策を評して「飴と鞭」と呼ぶ場合がある。

日本では，その後しばらく遅れて，同じように労働紛争の激化や米騒動などの社会問題が深刻化してきた1922年に，ドイツにならって最初の社会保険である健康保険法が制定された。

★年表(1)　世界で初めての社会保険（ドイツ）

1883 年	疾病保険
1884	労働災害保険
1889	障害・老齢保険（年金保険のこと。ただし，遺族年金はその後の1911 年に創設）

> 世界大恐慌から第 2 次世界大戦へ

このように，20 世紀初頭までに，ヨーロッパを中心とした先進諸国では社会保障の基本的な仕組みが整備されてきた。しかし，その本格的な飛躍には，資本主義経済の混乱と第 2 次世界大戦の惨禍の時代を通じた準備の時期をなお必要とする。

1929 年のニューヨークのウォール街の株価の大暴落に端を発した大恐慌は，またたく間に世界中に広がり，30 年代には各国で大量の失業者が街にあふれ，社会不安が増大した（➡この章の扉写真）。このような経済状況下で，アメリカでは F. D. ルーズベルト大統領のもとで積極的な公共投資により景気を回復しようとするニューディール政策がとられる。その経済政策の一環として，所得の低い失業者や高齢者などに所得保障を行い，あわせて社会福祉を推進するために 1935 年に**社会保障法**（Social Security Act）が制定された。私たちがよく使っている社会保障という言葉が法律上用いられたのはこれが初めて。続いて 1938 年にはニュージーランドでも社会保障法が制定された。こうした経緯からも明らかなように，社会保障は経済政策と密接に関わる側面ももっている。

アメリカはこのようにして自国内の経済政策で不況を乗りきっていこうとするが，ヨーロッパやアジアでは他国の領土を求めることに活路を見出そうとして，結局，世界は第 2 次世界大戦に突入していく。この戦争は人類に未曾有の惨禍をもたらしたが，興味深いことに，福祉とは本来正反対にある戦争を通じて，社会保障への基盤は整備され，国民の希求も高められて，戦後一気にこれが花開いて

いく。すでに戦時中の1941年8月のW.チャーチルとF.D.ルーズベルトの洋上会談の結果発表された大西洋憲章の中で，社会保障をすべての人に保障するための協力がうたわれている。1942年には，ILOが「社会保障への途」と題する報告書を発表する。さらに，同じ年にイギリスではW. H. ベヴァリッジによる「社会保険および関連サービス」（いわゆる**ベヴァリッジ報告**）が公表され，イギリスのみならず戦後の世界の社会保障の形成に大きな影響を与えた。

戦後の世界の社会保障の歩み

第2次世界大戦は，ドイツや日本の無条件降伏で終結する。敗戦国はもとより，戦勝国も経済社会基盤は大きな打撃を受け，各国は戦後の復興を急ぐ。その中で，経済基盤の復興と並んで重要なのが人々の生活基盤の再建。当時はどこでも食べるものも十分でなく，生きていくのがやっとといったありさまだった。

　それでも人々の努力で，年々，経済社会の再建が進み，イギリスではいち早く「揺りかごから墓場まで」といわれる手厚い社会保障をスタートさせて，世界各国の目標となった。また，敗戦国も含めて，1950年代から60年代にかけては，先進諸国は経済成長に沸き，その経済財政の裏づけのうえで，60年代から70年代にかけて，各国で完全雇用の実現と社会保障の拡大，給付水準の引上げが行われ，いわゆる福祉国家が出現した。自己責任の伝統が強く，公的な社会保障は必ずしも発達しなかったアメリカにおいても，1965年には「偉大な社会」をめざして公的医療保険のメディケア（高齢・障害者医療保険）とメディケイド（低所得医療扶助）が創設された。

　このような社会保障の充実による福祉国家の実現をめざした先進諸国の政策の基調が大きく変化したのは，1973年の第1次**オイルショック（石油危機）**だった。これをきっかけに，先進諸国の経済は低成長の時代に入る。あわせて，各国でこの前後の時期から高齢

Column㉟ 北欧は福祉の理想郷？ 重税国家の反面教師？

　戦後しばらくの間はイギリスの手厚い社会保障が日本の社会保障の目標となった時期があった。しかし，しだいにイギリス社会の活力が失せ，経済も沈滞して，「英国病」といわれるまでになり，1970 年代末から 80 年代にかけて M. サッチャー首相による改革が断行された。

　このため，日本の社会保障や社会福祉を専門にする人たちの間でイギリス人気は低下し，代わって登場してきたのがスウェーデンやデンマークなどの北欧諸国の福祉国家モデル。現在では社会福祉を専門にする人やジャーナリストの間でも北欧を日本の目標にすべきだと考える熱烈なファンが多い。

　一方で，これらの国では，消費税は 25% と日本のじつに 2.5 倍の重さだし，所得税・住民税の負担もはるかに重い。税を逃れようとする人もいるので，総背番号で管理している。このため，経済の専門家や自由を重視する人たちには北欧モデルに否定的な人が多い。

　このように両極端に分かれる評価をどう考えたらいい？ それは最後は 1 人ひとりが人生の経験を積み重ね，深める中で，自分の社会観や価値観をつくりあげていって決めること。ただ，物事には表があれば裏があり，光には影が伴うということは知っておいた方がいいだろう。だから，いいところばかりをいう人の話も，欠点ばかりあげつらう人の話も，それぞれ割り引いて聞いた方がいいかもしれない。それと，私たちは日本自体のことを知らない場合が本当に多い。とくに，欠点は目についてもいいところは意外とわからない。外国に住んでみて改めて日本のいいところに気づく場合も多い。

　北欧の国々もその固有の文化や歴史，社会が共有する価値観などに基づいてよりよい仕組みづくりに向けてチャレンジしている。私たちも，いろいろな国の経験の中から学びつつも，これからの日本という国の姿に見合った仕組みを独自に探っていくしかないのではないだろうか。

社会の到来が具体的に見通される中で，「**福祉国家の危機**」が強く危惧されるようになる。

　このような経済不況と社会保障費の増大に各国が苦しむ中で，1980 年代は，イギリスの M. サッチャー首相，アメリカの R. レーガン大統領に代表される，新保守主義が時代の潮流となる。市場経済の重視と規制緩和，小さな政府への指向，平等よりも効率性重視といった時代思想の中で，社会保障についても見直しが進む。ただ

し，財政規模などで客観的に見るかぎり，いわれているほどには社会保障の縮小は見られない。そこには，すでに各国において社会保障が人々の生活の隅々にまで入り込み，これを支える基盤となっているため，その縮小は現実問題として政治的にも容易でないという事情がある。

　新保守主義の時代は1990年代には終了し，イギリスでは労働党，アメリカでは民主党が政権につくなど政権交代が行われたが，新たな社会経済の姿を求めての苦闘は日本を含めて先進諸国共通の課題として現在にいたるまで続いている。

　膨大な世界の社会保障をめぐる歴史をごく簡潔にまとめてみたが，大河の流れの道筋程度の見取り図は得られただろうか？

2 日本の社会保障の歩み

●今の日本の仕組みは，どんな蓄積のうえに立つのだろう？

明治期
(1868〜1912年)

　明治の時代というと，もう大昔の話で，現在とはまるっきり関係ないと思っている人もいるだろう。たしかに日本の社会保障は第2次世界大戦後に飛躍的に発達した。でも，1998年に感染症新法ができるまで日本の伝染病対策を定めていた伝染病予防法は1897（明治30）年にできた法律。ちょうど100年あまり通用してきた。驚いた？　これほど極端ではないが，現在の制度のうちで基本的な仕組みはじつは戦前にできていたものも多いのだ。日本に限っても数えきれないほどの出来事はあるが，その中でも現在の日本の社会保障を理解するうえでぜひ知っておきたいことに絞って，この1世紀あまりの歩みを振り返ろう。

　明治の時期は，日本が江戸幕府の時代に別れを告げて，西欧列強

★年表(2) 日本の保健・医療提供体制

1874（明 7）年	医制発布
1897（明30）	伝染病予防法制定
1919（大 8）	結核予防法制定
1937（昭12）	保健所法制定
1947（昭22）	（新）保健所法，食品衛生法
1948（昭23）	予防接種法，薬事法，医師法，医療法制定
1951（昭26）	（新）結核予防
1985（昭60）	第1次医療法改正（地域医療計画など）
1992（平 4）	第2次医療法改正（病院の機能分化など）
1994（平 6）	地域保健法制定
1998（平10）	感染症新法制定
2000（平12）	第4次医療法改正（療養病床の区分，広告制限の緩和など）
2014（平26）	医療介護総合確保推進法（病床機能報告，地域医療構想など）
2018（平30）	医療法・医師法改正（医師の地域・診療科偏在の解消など）

諸国に伍していくために急速に近代国家の樹立と発展を図った時代。政策の中心は，富国強兵，殖産興業。社会保障の基礎も，こうした時代の中で徐々に整えられていった。

　この時期，社会福祉の分野では，初めての政府による救貧法制として恤 救 規則が1874（明治7）年に定められた程度で，社会福祉の多くは民間の社会事業活動家の手に委ねられていた。

　この時期の社会保障政策の力点は，保健・医療制度の基盤整備に注がれる。明治初期に政府は伝統の漢方医学に代えて西洋医学の採用を決定する。そして，その範をドイツ医学にとり，外国人教師を大学に雇い，近代的な医学教育の体制を整備した。その影響は今でもたとえば診療録をカルテ（ドイツ語のKarte）と呼ぶなどの形で残っている。

　また，当時はコレラなどの急性伝染病の大流行が何度も起こった。このため，伝染病予防のための法令を整備し，予防接種も行っていく。ネズミや蚊・ハエなどの衛生害虫の駆除などの環境改善も進め

られた。さらに，治療上大切な医薬品について，その基準を定め，品質規制をしていく。そして，明治の後期から大正期には慢性伝染病である結核が，最初は繊維産業の女工の間で，その後は重工業の男性労働者の間でも広がっていき，国民病として恐れられ，結核対策が重視されていく。

大正期
（1912〜26年）

大正期は，1914（大正3）年から18年まで第1次世界大戦が起こり，ヨーロッパが主戦場になったこともあり，日本は繊維産業などの輸出が急増して好景気に沸き，鉄や石炭などの重工業も勃興してきた。こうしてしだいに工場労働者の中心が男性基幹労働者になっていったこと，第1次世界大戦後に反動で厳しい不況が襲ったこと，天候不順で凶作が続いたこと，1917年にソビエト政府が樹立されたこと，などの事情から，この時期は日本でも労働運動が盛んになる。また，米騒動などの暴動も起き，産業の勃興期特有の好景気と社会不安が入り交じる世相を示す。

このような時代にあって，保健・医療面では，1919年にそれまでの結核対策を強化する形で結核予防法が制定される。同じ年には労働条件の改善や社会保障の向上をめざして国際機関としてILOが設立される。また，日本で初めての社会保険である健康保険法が1922年に制定され，翌年に発生した関東大震災のために少し遅れて27年から施行された。

昭和初期：第2次世界
大戦終結まで
（1926〜45年）

昭和初期の日本は，金融恐慌から世界大恐慌に巻き込まれ，やがてその活路を大陸に求めて戦争への途を歩んでいく。この時期には，1927（昭和2）年に今日の民生委員の前身に当たる方面委員の第1回の全国会議が開かれた。また，大量の生活困窮者の発生にもはや恤救規則では対応できなくなり，初の本格的な**救護法**が

1929 年に制定される。

　その後，青年将校による政府要人の襲撃で世間を震撼させた 2・26 事件や盧溝橋事件などを経て，1938 年には国家総動員法が敷かれ，いよいよ国をあげて戦時体制に突入する。皮肉なことに，保健・医療政策はこのような時期に，まさに強兵の一環として充実される。1937 年には保健所法が制定され，翌年には厚生省が内務省から独立する形で設立される。また，当時，相次ぐ冷害や世界不況による繭や米の価格の急落により農村の疲弊や餓死，母子心中などが大きな社会問題となった。その原因を調査する中で，医療費の負担が元凶の 1 つとして明らかになり，農村部の医療費対策として 1938 年に国民健康保険法が制定された。これは，市町村単位で組合を設立する方式だった点や，設立が強制ではなかった点などで不十分な面もあり，まもなく全面的な戦争に突入したため，十分に定着したとは言い難いが，それでもこれが下敷きとなって，戦後の国民皆保険に発展したことの意義は大きい。

　また，日本初の一般の労働者を対象とした年金制度も，この戦時下の 1941 年に労働者年金保険法として創設され，事務職にも拡大される形で 44 年に厚生年金保険法が制定された。欧米のみならず，日本においても，戦争という惨禍が一面でその後の社会保障の発展の基礎となる枠組みをつくるという，皮肉な，しかし興味深い現象が見られる。

　こうして制度だけはつくられたものの，本格的に運営される間もなく，日本は壊滅的な打撃を受けて，1945 年 8 月 15 日，無条件降伏し，新たな戦後の時代に入る。

昭和20年代：戦後の混乱から復興，緊急対策（1945〜54年）

敗戦直後の日本の写真を見たことがあるだろうか？　東京など多くの街は空襲で焼け野原となり，広島・長崎は原爆により焦土

★年表(3)　日本の公的扶助・社会福祉

1874（明 7）年	恤救規則制定
1929（昭 4）	救護法制定
1946（昭21）	（旧）生活保護法制定
1947（昭22）	児童福祉法制定
1949（昭24）	身体障害者福祉法制定
1950（昭25）	（新）生活保護法制定
1951（昭26）	社会福祉事業法制定
1963（昭38）	老人福祉法制定
1989（平 1）	高齢者保健福祉推進十か年戦略（ゴールドプラン）策定
1997（平 9）	介護保険法制定
2000（平12）	社会福祉事業法等改正（社会福祉基礎構造改革）
2005（平17）	障害者自立支援法制定
2012（平24）	子ども・子育て関連3法制定（子ども・子育て支援法など）

と化した。食糧をはじめとする物の生産基盤は瓦解し，そこに中国
大陸や台湾などから何百万人もの復員・引揚げ者を受け入れなけれ
ばならない。戦後の日本の出発は，この混乱の中で，ともかく円滑
に引揚げを行いつつ，生きるための最低限度の生活を保障すること
から始まった。しかも，無条件降伏によって連合国軍最高司令官総
司令部（GHQ）の間接統治下にあったため，その指示を受け，了解
をとりながら実施するという特殊な状況下でもあった。

　そんな中で，早くも 1945 年 12 月には冬を越せない人が出ないよ
うに，政府は生活困窮者緊急生活援護対策を決定した。また，翌年
には国家責任や無差別平等などの原理を掲げた（旧）生活保護法が
制定された。さらに 1947 年には児童福祉法，49 年には身体障害者
福祉法，50 年には新たに生活保護法が制定され，いわゆる福祉 3
法体制が整えられるなど，混乱の中でも着々と現在にいたる社会福
祉の基本法の整備が進められた。当時，直接念頭に置かれていた対
象は戦災孤児であり戦争により負傷した身体障害者ではあったが，
今日読み返しても十分通用する格調高い法の理念と施策が掲げられ

1947（昭 22）年	労働基準法制定
	労働者災害補償保険法制定
	失業保険法制定
1965（昭 40）	労災保険法改正（保険給付の本格年金化など）
1973（昭 48）	労災保険法改正（通勤災害保護制度の創設など）
1974（昭 49）	雇用保険法制定
1994（平 6）	雇用保険法改正（雇用継続給付の創設など）

ている。

　この時期にはまた，病気の予防や医療の確保も緊急の課題であり，戦前からの法律も全面的に見直され，新たに保健・医療に関する基本的な法律も整備された。1947 年には（新）保健所法，食品衛生法が，翌 48 年には予防接種法，薬事法，医師法，医療法など重要な法律が制定された。さらに依然として働き盛りの成年を襲う結核対策も重要な課題であり，1951 年には（新）結核予防法ができた。

　一方，戦後早々に，日本の民主化，健全な労働運動の保護という GHQ の方針に沿って，労働法制が整備された。1947 年には，厚生省から分離独立する形で労働省が設立され，労働基準法，労働者災害補償保険法，職業安定法，失業保険法といった重要な一連の労働法が制定された。また，社会保険では，戦後のインフレーションで有名無実になっていた厚生年金制度が抜本的に見直され，1954 年に新たに厚生年金保険法が制定された。これが現在まで被用者年金制度の基本骨格を形成してきた。

昭和30～40年代：普遍的な社会保障の確立と拡充（1955～74 年）

昭和 30 年代に入ると，日本経済も順調に回復軌道に乗り出す。1956 年の『経済白書』は「もはや戦後ではない」というスローガンで有名になった。これに対して，同じ年に公表された第 1 回の『厚生白書』では「果たして戦後は終わったか」と述べ，経済回

★年表(5)　日本の医療保険

1922（大11）年	健康保険法制定
1938（昭13）	国民健康保険法制定
1948（昭23）	国民健康保険法改正（市町村公営原則の確立）
1961（昭36）	国民皆保険スタート
1966（昭41）	国民健康保険法改正（世帯主5割→7割給付）
1973（昭48）	健康保険の家族5割→7割給付，高額療養費制度創設
	老人医療費無料化実施
1982（昭57）	老人保健法制定
1984（昭59）	健康保険法改正（本人1割負担，退職者医療の創設など）
1997（平9）	健康保険法改正（本人2割負担，薬剤一部負担など）
2002（平14）	健康保険法改正（患者負担3割に統一など）
	老人保健法改正（75歳に引上げ，患者1割〔2割〕負担など）
2006（平18）	健康保険法等の改正（新しい高齢者医療制度の創設など）
2015（平27）	国民健康保険法等の改正（都道府県が保険者になど）

復の一方でまだ多く残された貧困の所在を指摘し，話題になった。こういう時代だった。

　1958年には国民健康保険法が改正され，3年がかりで国民皆保険に移行することになった。また，年金についても，1959年に国民年金法が制定され，61年4月から，日本の社会保障の歩みの中では画期的な，国民皆保険，国民皆年金が実現した。

　折しも，1960年は，戦後政治の大きな分岐点となった年で，この年，国論を二分する中で，日米安全保障条約の改定が激しい反対闘争の中，国会で承認される。その混乱の責任をとる形で岸首相が辞任し，後任の池田首相は同じ年の暮れに「国民所得倍増計画」を発表し，1961年から向こう10年間で給料を倍にすると約束。世界的にも注目された日本の**高度経済成長**が始まり，実際には10年もかからずに実現した。

　ここに日本はいわば政治の季節から経済の季節へと移り，スタートしたばかりの皆保険，皆年金は，経済成長の成果としての税収や

1941（昭 16）年	労働者年金保険法制定
1944（昭 19）	厚生年金保険法制定
1954（昭 29）	（新）厚生年金保険法制定
1961（昭 36）	国民皆年金スタート
1965（昭 40）	厚生年金保険法改正（1万円年金）
1969（昭 44）	厚生年金保険法改正（2万円年金）
1973（昭 48）	厚生年金保険法改正（5万円年金，物価スライド制導入など）
1985（昭 60）	年金制度の抜本改正（基礎年金の創設など）
1994（平 6）	厚生年金保険法等改正（支給開始年齢引上げなど）
2004（平 16）	厚生年金保険法等改正（マクロ経済スライドの導入など）
2012（平 24）	被用者年金制度一元化法制定（共済年金を厚生年金に統合）

社会保険料の高い伸びに支えられて，給付水準の大幅な改善が続いていく。その過程は年表(5)(6)で確認してほしいが，その頂点が，1973 年で，**福祉元年**と呼ばれた。医療保険では被用者保険の扶養家族の給付率が5割から7割へ引き上げられ，老人医療費の無料化が全国で始まり，高額療養費制度が創設された。年金では，5万円年金が実現し，物価スライド制や賃金の再評価制度が導入された。

　日本の戦後の社会保障の歩みの中での 1961 年と並ぶ画期的な年がこの 73 年という年。この2つのポイントだけはしっかり覚えておこう。この年に福祉元年として一連の給付改善の仕上げが行われたが，皮肉なことに，この年の秋に中東戦争をきっかけにオイルショックが起きる（若い世代の人はバブルの崩壊と混同しないように気をつけよう！　それは平成初期）。これにより世界経済は大混乱し，日本経済もゼロないし低成長への移行が確実になる。これに加えて，日本社会に高齢化の足音が近づいてくる中で，困難な，しかし避けられない，社会保障の見直しの時代の幕が開く。

昭和50～60年代：財政
再編と社会保障見直し
（1975～89年）

1973年のオイルショックを契機に，日本
経済はゼロ成長とか低成長といわれる時代
に入る。同時に，1970年に日本の**高齢化
率**（65歳以上の人が総人口に占める割合）は初めて7%を超え，急速
な高齢化の進行が明らかとなった。また，これによる年金，医療な
どの社会保障負担が急増していくことも確実に見通された。さらに，
国の財政も大幅な赤字を抱えて，もはやこれまでのように調整弁と
して潤沢に使える状態とはほど遠い。それどころか，1979年に一
般消費税導入を掲げた自民党は選挙で大敗し，国民の強い反発のも
と，増税による財政再建の途も閉ざされる。

このような環境下で，世界的な新保守主義政権の誕生と政策の影
響も受け，1980年代は「増税なき財政再建」が国の政策の至上命
題となり，社会保障も給付の抑制や財政調整を通じて国庫負担を削
減するという視点からの見直しが行われた。その中心的な役割を担
ったのが第2次臨時行政調査会であり，当時の中曾根首相が政治的
なリーダーシップをとった。

この時期の主な改正，すなわち，1981年の児童手当法改正，82
年の老人保健法制定，84年の健康保険法改正，85年の年金法改正
（基礎年金の創設）などの重要な改正は，いずれもこのような財政再
建・国庫負担の削減という視点から共通の性格を見出すことができ
る。このように，個々の制度改正には固有の事情や背景も一方であ
りながら，他方では大きな時代の要請や流れという目で見ると，よ
く見えてくるものもある。

平成の時代：社会保障
の再編成
（1989～2019年）

経済の低成長と少子高齢化の進行による社
会保障負担の増加のディレンマをどう調整
するか？ これは1970年代後半から現在ま
で一貫して続く困難な課題だ。平成の時期に入ってもこの基調は変

わらない。たしかに平成初期にはバブルに沸き，かつての高度経済成長の夢よもう一度，とも思われたが，バブルがはじけてみればうたかたの夢。夢の傷跡は深く，日本経済の根幹の金融システムは巨額の不良債権を抱えて税金の援助を仰ぐ始末。1990 年代の日本は「失われた 10 年」といわれるほどの長期の経済の停滞が続く。社会保障の財源確保が厳しい状況は変わらない。

しかし，前の時期が国庫負担の削減という財政対策に終始していたのと比べると，この時期には，新しい動きが出てくる。それは，一言でいえば，少子高齢社会の新たな社会ニーズに対応した制度間の再編，統合の動きということができる。より具体的にいえば，これまでの日本の社会保障の中でもっとも発達が遅れていた社会福祉サービスの量を大幅に増やし，より使いやすくしようという政策が前面に出てきた。

一見，地味ではあるが，社会福祉の分野で初めて専門職として社会福祉士や介護福祉士の国家資格がつくられたのが 1987 年。今，多くの大学で社会福祉を学ぶ学生が増えたこともこの流れのうえにある。そして 1989 年には「高齢者保健福祉推進十か年戦略」（ゴールドプラン）が定められ，90 年代の 10 年間で高齢者ケアの在宅・入所サービスが飛躍的に増加した。平成期のこのような流れの 1 つの仕上げが 1997 年の介護保険法の制定。そして，この動きは 2000 年の「ゴールドプラン 21」の策定や，社会福祉事業法等の改正，いわゆる社会福祉基礎構造改革まで続く。

また，こういった社会保障の分野の動きがこれまではめったに改正されることのなかった民法の分野までも動かした。新しい成年後見制度が創設され，2000 年 4 月から介護保険の施行とあわせて実施されたのは，画期的なことだ。

日本経済も 1990 年代からの長い不況のトンネルを出てようやく

経済基盤も安定してきた矢先，アメリカのサブプライム・ローン（低所得者等に対する高金利の住宅ローン）問題を背景に，2008 年夏のリーマン・ブラザーズというトップクラスの金融機関の破綻を契機に，世界的な金融危機が発生し，世界各国にあっという間に波及した。事態は金融にとどまらず，実体経済も急激に冷え込み，日本でも世界をリードする自動車産業の経営が急激に悪化してショックを与えた。

1929 年にアメリカのウォール街の株価の大暴落に端を発した世界大恐慌は，大量の失業者を生み出して大きな社会問題となり，アメリカの 35 年の社会保障法制定に結びついたり，他方で，不幸な第 2 次世界大戦への途を開いた。

100 年に 1 度といわれたこの金融危機に対応するために，世界各国が必死で対応策を協議し進めてきた結果，なんとかこの危機を切り抜け，各国とも非常時の対応から平常時の経済・財政・金融政策への軟着陸に向けて切り替えのタイミングを計りつつあった。

**令和の時代：新たな
チャレンジへの対応
（2019 年〜　）**

ちょうどそうした時期に，2020 年，新型コロナウイルス感染症の世界的な感染拡大が起きた。これに対し，日本を含め世界各国では医療体制の逼迫や感染防止のための国境閉鎖や都市封鎖など，人々の接触機会の最少化のための厳しい行動制限や営業停止などの措置に踏み切った。その副作用として，社会の閉塞感と分断が進み，経済も戦後最悪の深刻な落ち込みを見せ，そこからの立ち上がりに向けて各国とも必死の取組みを続けている。

そうした厳しい状況に追い打ちをかけたのが 2022 年 2 月に始まったロシアによるウクライナ侵攻。この長引く戦争は，国際政治やグローバル経済に深刻な亀裂を生んだのにとどまらず，エネルギー価格をはじめとする物価の高騰や軍事費の増大など，各国の経済財

政に大きな負担をもたらした。

　こういった現在の社会保障が直面している課題とこれからの改革の見通しについては，最後の第5節で一緒に考えてみよう。

3　社会保障の機能

　社会保障は，みんなが健康で安心して生活できるように，その生活を支える基盤。では，その働きにはどんなものがあるか，その主なものを調べてみよう。これにより，社会保障はいろいろな角度から考えることができることがわかるだろう。

貧困の予防と救済

救貧法や社会保険の発達の歴史で見たように，生活が困難になった人の救済という社会保障の働きは，現在でも生活保護などの制度の基本的な働きといえる。また，病気やけが，失業など，貧困に陥る原因となる事故に対してあらかじめ備え，現実にこれらが発生してもそれによって生活困難に陥らないようにする社会保険の働きも，貧困を予防する働きをしている。

　もっとも，何が「貧困」か，というのはなかなか難しい議論。かつては，肉体の維持再生産が可能な程度という絶対的貧困観が支配的だった。現在では，生活保護の保護基準を見ても明らかなように，単に肉体を維持できるだけではなく，その社会の中で相対的に健康で文化的な生活水準の確保ができる程度の水準が求められている。

　このような働きから見た社会保障は，いわば社会保障の原点ということができる。つまり，そもそもどういう機能を必要として，私たちの社会は社会保障という仕組みを用意してきたのか，ということ。社会保障によって支援を受ける1人ひとりの立場から見たとき

3　社会保障の機能　　279

Column ㊱　分配の平等度を測る：ローレンツ曲線とジニ係数

　日本は国民の9割が中流意識をもつ，世界でも富の配分がもっとも平等な社会の1つ，といわれたこともある。逆に，アメリカは貧富の格差が激しい競争社会だといわれることもある。

　このように，ある国や社会，集団について，所得や資産がどのようにその構成員の間で分配されているかを比較したり，税制や社会保障を通じてどれだけ所得が再分配されたかを調べてみたい。

　そんなときにこれを測る道具があると便利だ。じつはこれまでにいくつかの手法が開発されていて，その代表的なものがローレンツ曲線。

　下図のように，たとえば所得の分配状況を見るときには，横軸に人数の累積百分率をとり，縦軸に所得の累積百分率をとる。そして両者が対応する点を連続的に結んだ線がローレンツ曲線である。完全に平等な社会では，ローレンツ曲線は均等分布線に一致する。これに対して不平等度が大きくなるほど ABC の線に近づいていく。この曲線の膨らみによって分配の平等度が目で見て理解できる。

　でも，これでは比較するときに少し不便。そこで，これを数値化したものがジニ係数。ローレンツ曲線と均等分布線の間の面積と，均等分布線より下の三角形の面積との比で表される。だから，ジニ係数は0と1の間をとり，小さいほど分配は平等だ。

　こういった道具を用いて，日本社会の格差が拡大してきている，という批判が強まってきている。これに対して，いや，データの取り方の問題や，世帯規模の変化や高齢化の影響を考えるべきで，依然として日本の所得分配は平等度が高いという反論もある。新書判の手ごろな本もいくつか出版されているので，興味のある人は読んで自分の実感と比較しながら考えてみよう。

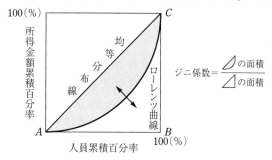

のその働きといってもいい。また，社会が用意しているこうした働きのことを**セーフティネット**（安全網）ということもある。こうした万が一のときのために受け止める仕組みがあるから，私たちは安心して毎日の仕事や生活に全力を尽くすことができるのだ。

所得の再分配

社会保障は，経済的に見れば，税や社会保険料という形で国民から国や公共団体が費用を集め，これを必要とする人に支給するという，巨大な所得移転のシステム。費用を拠出する人と受け取る人や時期，額などは異なるため，そこでは当初所得の再分配が行われる。誰から誰に，どの世代からどの世代に，1人の人でもライフサイクルのどの時期からどの時期に所得の移転が行われているのか？ それが合理的か，国民の幅広い支持があるか。こういった見方から社会保障の働きを分析し，その姿を確認すること，そのうえでお互いに制度を支える合意を形成していくことが，とりわけこれから負担が相対的に増す中で大切になってくる。また，それぞれの社会や時代によって，所得や資産の分配がどの程度平等か，再分配によってそれがどう変化するか，ということもそれぞれの社会の姿を考えるうえでは大切なこと。難しい作業だが，分配の平等度を測る手段も開発されているので，コラムでその基本原理を学んでほしい（➡ *Column㊱*）。

　所得の再分配には，所得の高い人から低い人への再分配があり，これを**垂直的所得再分配**という。高所得者から累進税率のもとで高い所得税の負担を求め，これを財源として低所得者に対して生活保護費の支給を行うことによる再分配がその典型。これに対して，水平的所得再分配とは同一所得階層間での再分配をいう。同質の勤め人で構成される医療保険により，元気なときに負担していた保険料で病気になったときに給付を受けることを通じた再分配などが代表的。

このほかにも，最近では，とくに年金について，世代間の負担と給付の勘定，簡単にいえば損得を比較することもよく行われる。たしかに世代間での所得の移転の姿をはっきりさせ，負担の公平を図ることは大切だが，同時に，長い年月の間には，戦争や社会経済の混乱に伴う測りがたい苦難など，比較困難な出来事も多く，世代間の損得ということは割り切った数字の比較では表せない根本的な問題があるということもわきまえておきたいと思う。

| 経済の成長と安定 |

社会保障のシステムによって，巨額のお金が家計や企業の部門から国や自治体などの政府部門に移転し，さらにこれが家計部門に移転される。このため，社会保障の働きとして，上で見たような個々の家計の所得に変動を生じるだけではなく，国の経済全体との間でも相互に影響を及ぼす。このようなマクロ経済との関わりという視点は，1935年のアメリカの社会保障法が大恐慌後の経済対策の一環として制定されたという歴史からも理解できる。

　最近の日本でも，景気が悪いときには「不況だから国が国債を発行して国民から借金してでも公共投資を拡大すべきだ」という議論をよく耳にするだろう。これは，市場経済というものは，そのまま放っておけば，かつての大恐慌などが教えるように，景気がよくなればどんどん過熱し，やがて均衡が破れて不況になる。不況になると今度はどんどん悪循環で悪化する。そこで，極端な景気の変動を安定化し，経済成長を促すために，政府が積極的な財政金融政策（フィスカル・ポリシー）を行うべきだ，とする考え方だ。1936年に有名な『雇用，利子及び貨幣の一般理論』を著したJ. M. ケインズという経済学者により理論化され，その有効性や妥当性についてその後多くの批判も行われてきたが，現在でもなおその影響力が残っている。

　経済との関わりという視点から見た社会保障の機能には，本文で述べたもののほかにもいろいろとある。たとえば，社会保障は所得のうちで消費に回す割合の高い低所得の人たちに所得移転し購買力を与えるため，消費を促し，経済成長に資するという面もある。しかし逆に，高所得者に相対的に重い負担を課すことや，年金制度により老後の備えの必要が少なくなることから，貯蓄が減り，経済成長を支える投資に資金が回らなくなり，経済成長を阻害するというマイナス面も指摘される。

　このほかにも，手厚い社会保障は，働く人が安心して仕事に専念できるようにしたり，育児や介護の支援により女性の就労を促進したりすることにより労働の質を高めたり労働供給量を増やして経済成長に貢献するという働きもある。他方で，社会保険料の負担の増加は，働く人の手取り所得を減少させ，労働への意欲を損なったり，人を雇う費用を増加させるため企業の国際競争力を弱めたり，失業が増加するなどのマイナス面も指摘される。

　今日のように社会保障が経済に占める割合が大きくなると，国民経済との相互の関わりやこれに与える影響も社会保障のあり方を決めるうえで重要な視点となる。こうしたことから，平成29年版の『厚生労働白書』は「社会保障と経済成長」をテーマに，さまざまな角度から分析を行っているので，関心のある人はぜひ学んでみてほしい。

　ただ，1つだけ気をつけておきたい点がある。たしかに経済への影響という視点は大切だ。経済は私たちの生活のかけがえのない基礎なのだから。しかし，そもそも社会保障の目的は人々の健康で安心できる生活を保障することであって，経済成長を達成するための手段ではない。最近の社会保障をめぐる論議の中には，この点の主客転倒が見られるものもある。何のための制度なのか，この基本的な視点だけは見失わないようにしたい。

　この面から見た社会保障の働きの一番わかりやすい例が失業保険だろう。失業保険制度ができると，景気がよく，完全雇用に近い状態のときは，保険料収入は多く入り，一方で失業者が少ないから政府の雇用保険会計に黒字がたまり，民間部門の過剰資金を吸収して景気を落ち着かせる方向に働く。逆に不況期になると失業者が増え，賃金は下がる。これに伴って，保険料収入は減少する一方で失業者は増えるため保険給付は増大し，会計は赤字になる。しかし，経済

全体として見ると，需要が不足する不況期に家計に購買力を与え，需要を拡大して景気の落ち込みを防ぐ方向の役割を果たす。このように，社会保障制度が自動的に景気の変動に対して逆方向に，安定化させるように働く機能を**自動安定化装置**（ビルトイン・スタビライザー）という。

　社会保障は，このほかにもマクロ経済との相互の関連が深い。そのプラス，マイナス面の効果やその評価をめぐる議論についてはコラムを読んで考えを深めてほしい（➡*Column㊲*）。

> **社会の統合や政治的安定**

社会保障は，所得の低い人に対して所得の移転を通じて生活を保障したり，病気やけが，障害や高齢により，生活上の困難を抱えたときに，それを乗り越えるのに必要な専門的なサービスや生活費を保障する。このような働きにより，人々が同じ社会の一員としてお互いに支え合っていることを実感し，その社会への帰属意識を共有することができる。このような社会的な統合を促進するということも社会保障の大切な機能だ。

　また，その社会のさまざまな課題に対して，人々が民主的な手続きを通じて社会保障制度の改正によって対応していくことができれば，その国の政治システムは安定し，人々の暮らしも落ち着いたものとなる。他方で，選挙を通じた民主的な手続きは，社会保障の給付の拡大や改善を求める強い圧力にはなりやすいが，その費用を負担する税や社会保険料の引上げには消極的になりやすく，負担を後代に先送りする無責任な決定や，バラマキ福祉といわれるような政策効果が薄い，人気とりの政策を助長するなどの危惧もあり，民主主義のあり方が問われる局面もあることは心しておこう。

4 社会保障の財政

●社会保障のお金はどこからどこへ，どう流れているのか

社会保障をめぐる財政資金の流れ

社会保障は，国や自治体，これらに準ずる特別な法律に基づいて設立される法人などが国民（家計や企業）から資金を集め，これを用いて，国民への金銭給付や現物給付を行う仕組み。これまでの各章で見てきたように多くの制度があり，それぞれごとに運営主体や財源構成も異なっている。だから，その全体の資金の流れをつかもうとするととても複雑で入り組んでいるが，その基本的な姿は，図8-1のとおり。

財政資金の種類の主なものは，租税（税金）と社会保険料の2つ。そのほかにも，年金の積立金の運用収入とか，手数料収入などもあるが，国の収入に占める割合はそれほど大きくはない。これ以外に最近では3〜4割程度を公債金収入に頼っている。これは国が国債を発行して国民に買ってもらって得る収入で，国の借金そのものだ。このような公債の債務は，結局は，その利払いも含めて後の世代が負担する租税で償還するしかない。

国の租税のほとんどは国の一般会計に入る。租税は原則として使途を定めずに法律に基づいて国民から徴収される。国は社会保障以外にも，国防から農業，教育，科学技術，公共事業など，さまざまな任務を果たしており，その費用にあてられる。どの事業にどれだけの支出をするかは，国民が負担する租税の使途に関する重要な問題なので，政府の毎年度の予算として決められ，国民の代表で構成される国会の承認が必要とされる。一般に国の予算というと，この一般会計のことをさす。しかし，じつは社会保障を考えるときには，

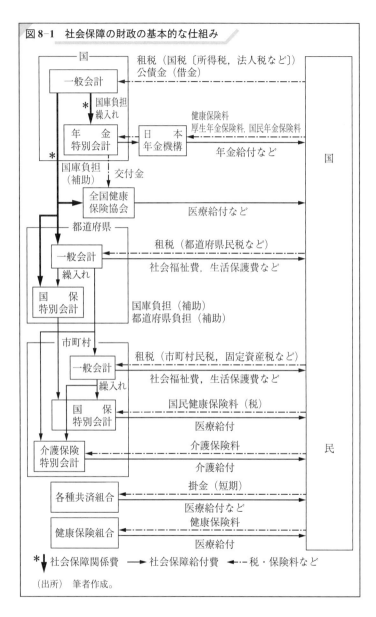

図 8-1　社会保障の財政の基本的な仕組み

国

一般会計　　租税（国税〔所得税，法人税など〕）
　　　　　　公債金（借金）

　　＊　国庫負担
　　　　繰入れ

年　金　　　日　本　　健康保険料
特別会計　　年金機構　厚生年金保険料，国民年金保険料
　　　　　　　　　　　年金給付など

　＊
　国庫負担　　交付金
　（補助）

全国健康
保険協会　　医療給付など

都道府県

一般会計　　租税（都道府県民税など）

　　　　　　社会福祉費，生活保護費など

繰入れ

国　保　　　国庫負担（補助）
特別会計　　都道府県負担（補助）

市町村

一般会計　　租税（市町村民税，固定資産税など）

繰入れ　　　社会福祉費，生活保護費など

国　保　　　国民健康保険料（税）
特別会計
　　　　　　医療給付

介護保険　　介護保険料
特別会計
　　　　　　介護給付

各種共済組合　掛金（短期）

　　　　　　医療給付など

健康保険組合　健康保険料

　　　　　　医療給付

国

民

＊↓社会保障関係費　──▶社会保障給付費　◀--税・保険料など

（出所）　筆者作成。

これ以外の特別会計が重要になる。これは，それぞれ目的が決まった資金の収支を独立して管理するための会計。たとえば，厚生年金や協会健康保険（協会けんぽ）などは，いずれも年金特別会計という形で，いわば財布が別の形で管理される。もちろんその中でも健康保険と厚生年金，国民年金，基礎年金さらには児童手当などは，それぞれ別の勘定で区分経理される。そして，年金の保険料や協会けんぽの保険料などはこの特別会計の収入になる。

そのうえで，すでに学んだように，たとえば基礎年金の給付費の国庫負担の費用が，租税で賄われる国の一般会計から年金特別会計に繰り入れられ，保険料収入とあわせて，必要な年金給付として受給者に支給される。

あるいは，都道府県等が行う国民健康保険を考えてみよう。市町村では住民の被保険者から保険料（税）を徴収し，これを都道府県の国民健康保険特別会計に納付する。ここに国庫負担として給付費の 41% が支出され，さらに同じ都道府県の一般会計から 9% 分の費用が繰り入れられる。こうして集められた資金が，各市町村に対してその市町村の国民健康保険特別会計で負担する医療給付費等の費用として交付され，ここから支出される。

では，生活保護の場合にはどうなるだろう？ 生活保護費の支給は，被保護者に対して市または都道府県が行うが，その費用の 3/4 は国庫負担が行われる。この費用も，国の一般会計から都道府県または市に対して支出され，これに自治体が負担する 1/4 をあわせて必要な保護費が支給される。

なお，この図ではこんがらがるので省略してあるが，実際には，すでに学んだように基礎年金，高齢者医療，国民健康保険，介護保険については各保険者間で拠出のやり取りが行われるため，図示した流れ以外にも，それぞれの特別会計や勘定間での繰入れや拠出金

などの資金の移転が行われている。

　このようにして，社会保障という大がかりな所得の移転システムを通じて，財政資金が国中を動いているのだ。

社会保障給付費の全体像

このような財政の仕組みは，どこの国においても共通する。ただし，国や自治体の役割，財源の種類や構成，社会保障に用いられる財政資金の量，使途や給付水準などは，各国によって大きく異なる。そこで，各国における社会保障の発展に役立てるために，ILO では，各国から社会保障給付費に関する報告を求め，発表している。日本では，この ILO の基準をもとに，毎年，日本の**社会保障給付費**に関する統計を国立社会保障・人口問題研究所が公表している（2012 年からは OECD 基準の社会支出とあわせて「**社会保障費用統計**」として公表されている）。わかりやすくいうと，図 8-1 の左から右の矢印で示されている費用の総額だ。だから，国や自治体ではない各種共済組合や健康保険組合が行う医療給付は含まれるが，医療保険の患者の一部負担金などは，社会保障給付費には入らない。

　これによれば，直近の 2021 年度の 1 年間に支出された日本の社会保障給付費は，138 兆 7433 億円にのぼる。これは前年度に比べて 4.9% の伸びで，国内総生産（GDP）の 25%，国民所得の 35% に当たる。また，これを機能別に分類すると，老齢年金や介護保険給付など「高齢」が全体の 42% でもっとも大きく，ついで「保健医療」が 33% であり，この 2 つの機能で 75% を占めている。

　約 139 兆円といわれても，数字が大きすぎてピンとこない？　ではこれを国民 1 人当たりに直すと，1 人当たり 111 万円という数字になる。あくまでも単純に平均した数字だが，あなたの家族について，どんな給付を受けているか，こんな見当の数字になりそうか，もう一度各制度の給付内容を思い出しながら考えてみてほしい。

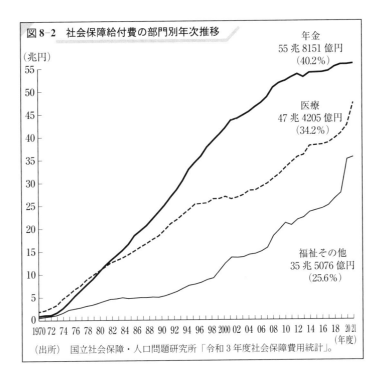

図8-2 社会保障給付費の部門別年次推移

（兆円）

年金
55兆8151億円
（40.2%）

医療
47兆4205億円
（34.2%）

福祉その他
35兆5076億円
（25.6%）

1970 72 74 76 78 80 82 84 86 88 90 92 94 96 98 2000 02 04 06 08 10 12 14 16 18 20 21 （年度）

（出所）　国立社会保障・人口問題研究所「令和3年度社会保障費用統計」。

<blockquote>社会保障給付費の部門別構成</blockquote>

次に，これを「医療」「年金」「福祉その他」の3つの部門別に見ると，「医療」が47兆4205億円（34.2%），「年金」が55兆8151億円（40.2%），「福祉その他」が35兆5076億円（25.6%）となっている。その年次推移は，図8-2のとおりで，高齢化の進展や年金制度の成熟などに伴って，各部門とも毎年大幅に増加しているが，とりわけ2000年度以降，介護対策を中心に「福祉その他」の伸びが著しい。2021年度は，全体の伸びも大きいが，とりわけ「医療」は新型コロナウイルスワクチン接種関連費用や医療保険給付の増加，「福祉その他」は子育て世帯等臨時特別支援事業費補助金による増

加が大きかった。

　日本の社会保障給付費の部門別の配分を先進諸国と比べると，3部門間で「福祉その他」の割合が少なかった。ここには，医療扶助以外の生活保護費，児童手当などの社会手当，社会福祉サービス費，雇用保険給付などが含まれている。日本の失業率が低いために雇用保険給付や生活保護費が少ないことなどはそれ自体悪いことではない。しかし，諸外国と比べると，児童手当等の財政規模はきわめて小さく，また，今後の少子高齢社会の進展に伴って，介護や育児サービスを大幅に充実させる必要がある。このため，1994年に厚生省の研究会から発表された「21世紀福祉ビジョン」では，「年金」「医療」「福祉その他」がほぼ5：4：1の比率となっているのを，将来的には年金の伸びや医療費の伸びを抑え，逆に介護や育児サービスを充実させて，5：3：2の構成割合に変えていくことが望ましいとした。それから四半世紀が経つが，この間の日本経済の低迷を反映して，賃金・物価が伸びなかったことによる「年金」の比率の低下の一方で，「医療」の伸びは収まっていないが，それ以上に，とりわけ2000年の介護保険の導入などを通じて「福祉その他」の伸びが著しいことが確認できるだろう。

　このように，個々の制度の枠を超えて社会保障全体で費用の配分を分析し，眺めてみて，より効率的に必要な分野に重点的に資源配分を変えていくこともとても大切。マクロの分析はこういう目を養うのに役立つ。

社会保障関係費とは　　ここで，同じ社会保障の関係で，似た言葉だが別の意味をもつ**社会保障関係費**という概念があるので，混同しないように注意しておこう。社会保障関係費とは，国の一般会計の支出の中で，社会保障のために支出される経費のこと。図8-1の中で，国の一般会計から支出される，上から

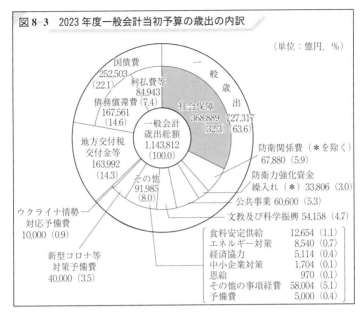

図 8-3　2023 年度一般会計当初予算の歳出の内訳

（単位：億円，％）

国債費
252,503
（22.1）

利払費等
84,943

債務償還費（7.4）
167,561
（14.6）

一　般　歳　出
727,317
（63.6）

社会保障
368,889
（32.3）

一般会計
歳出総額
1,143,812
（100.0）

地方交付税
交付金等
163,992
（14.3）

その他
91,985
（8.0）

ウクライナ情勢
対応予備費
10,000（0.9）

新型コロナ等
対策予備費
40,000（3.5）

防衛関係費（＊を除く）
67,880（5.9）

防衛力強化資金
繰入れ（＊）33,806（3.0）

公共事業 60,600（5.3）

文教及び科学振興 54,158（4.7）

食料安定供給	12,654（1.1）
エネルギー対策	8,540（0.7）
経済協力	5,114（0.4）
中小企業対策	1,704（0.1）
恩給	970（0.1）
その他の事項経費	58,004（5.1）
予備費	5,000（0.4）

下への矢印の費用の総額に当たる。

　毎年 12 月の末に翌年度の国の予算の政府原案が閣議決定されると，どの分野にどれだけの規模で予算が使われるか，国民生活にどう影響するか，という記事が新聞紙面をにぎわす。こういうとき普通に国の予算という場合には国の一般会計を示す。その具体的な使途と規模を 2023 年度当初予算で見てみたのが図 8-3。

　国債費というのは国債の償還や利払い費用。つまり国の借金の返済や利息にあてられるお金。国は毎年財政赤字の中で収入を超える支出を繰り返してきたため，国債の債務残高が累積し，その償還や利払いだけで毎年度の支出の 1/4 程度を使っている。次に，地方交付税交付金等とは，一応，国の税金として国の会計に入るが，本来，自治体の固有の財源として扱われている。そこで，一般会計の歳出総額からこの国債費と地方交付税交付金等を控除すると，結局，国

の一般会計の支出のうち，国の本来の政策に使える経費は6割しかない。これを一般歳出といい，約73兆円だ。

社会保障の国庫負担や国庫補助として国の一般会計から支出される経費を社会保障関係費と呼ぶが，これが毎年増加を続け，2023年度では約37兆円と，一般歳出の51％を占めている。

このように，今日の日本では，国の歳出の中でも社会保障のために使う経費が断トツの最大費目となっているが，他方で，この額でも社会保障給付費の3割にも満たない。ほかに自治体の固有の資金もあるが，残る費用の多くは社会保険料だ。

この点は，先ほどの社会保障給付費に関する統計からも確認できる。これによれば，2021年度の社会保障給付の財源は約163兆円で，このうち，46％を社会保険料が占めているほか，年金の積立金の運用利益などが9％を占めており，国と自治体をあわせても租税財源は40％にとどまっている。

日本のように社会保険を中核にしている場合に，社会保障に使われる資金のうちで，いかに社会保険料の影響が大きいかがわかるだろう。

国の財政状況　次に，このような社会保障費用を含む国の一般会計の歳出を賄う歳入の現状を見てみよう。これを示したのが図8-4だ。ここから明らかなように，消費税率が10％に引き上げられている2023年度当初予算で見ても必要な約114兆円のうち，税収等で確保できているのは61％にとどまり，必要な費用の31％は公債金収入，つまりは国の借金に頼っているのだ。その費用の返済は結局，将来の世代の税収による以外に方法はなく，いわば，今の世代が受益している給付に見合うだけの税を負担せず，借金をして将来の世代にツケを先送りしているといってもいい。この財政の問題は，2012年に最大の政治課題となっ

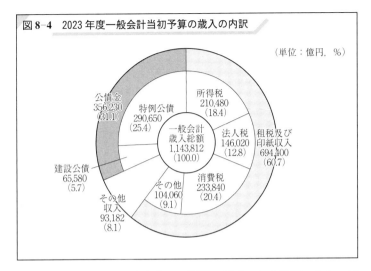

図8-4 2023年度一般会計当初予算の歳入の内訳

（単位：億円，％）

一般会計歳入総額 1,143,812（100.0）

所得税 210,480（18.4）
法人税 146,020（12.8）
消費税 233,840（20.4）
租税及び印紙収入 694,400（60.7）
その他 104,060（9.1）
その他収入 93,182（8.1）
建設公債 65,580（5.7）
特例公債 290,650（25.4）
公債金 356,230（31.1）

た「社会保障と税の一体改革」の問題の根底にある課題であり，持続可能な社会保障の財政基盤の確立という視点から，次節で改めて一緒に考えよう。

社会保障と地方財政　ここまで社会保障を支える国の財政について見てきたが，図8-1で見たように，社会保障，とりわけ社会福祉や生活保護，国民健康保険，介護保険などは，行財政面で都道府県や市町村といった自治体の役割が大きく，また，**地方財政**全体の中での社会保障のための費用負担も大きい。そこでこうした観点から，国の『地方財政白書』に基づいてその基本的な姿を見てみよう。

地方財政の姿　国の財政との関係で見るときには，都道府県と市町村をあわせて地方財政として一括して把握する必要がある。その際には，都道府県と市町村の歳入や歳出を単純に合計すると，相互間の出し入れ部分について重複計上が生じるため，この重複部分を差し引いて正味の財政規模を示す必

要がある。これを純計という。

また国の場合と同様に，自治体の会計のうちには，上下水道事業や病院事業などの地方公営企業会計や，国民健康保険事業や介護保険事業などの事業会計もあり，通常はこうした特別会計を除いた普通会計が対象とされる。

2021年度普通会計純計によると，都道府県と市町村をあわせて，歳入は128兆円，歳出は123兆円となっている。国と地方の歳出純計額を最終支出の主体に着目して見ると，国の97兆円に対して地方123兆円と，ほぼ4：6の比率で地方の方が規模が大きい。

地方財政の歳入を財源別に見ると，地方税42兆円，地方譲与税2兆円，地方交付税20兆円などと，使途が限定されない一般財源は65兆円で歳入総額の51％を占めている。これ以外には，国庫支出金が32兆円（25％），歳入不足を補うための借金である地方債が12兆円（9％），その他が20兆円（15％）となっている。地方財政においても，新型コロナウイルス感染症対策に係る国庫支出金の大幅増額等により，例年とは規模も構成比も大きく変化している。

> **都道府県と市町村の財政**

一方で，自治体の歳出を目的別に見たのが図8-5である。

ここから明らかなように，自治体といっても都道府県と市町村ではその役割が異なるため，財政支出の構成も異なっている。

地方財政全体としては，例年100兆円弱だった純計額が，2021年度も前年度同様に，新型コロナウイルス感染症対策に係る事業の増加等により123兆円と2割以上増加している。その構成は，民生費が最大の費目で25％を占め，続いて教育費14％，商工費12％，土木費と公債費，総務費がいずれも10％となっている。同じ分類で2000年度には，最大の費目は土木費20％で，続いて教育費が

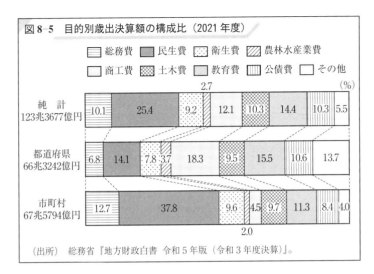

図 8-5　目的別歳出決算額の構成比（2021 年度）

凡例：総務費、民生費、衛生費、農林水産業費、商工費、土木費、教育費、公債費、その他

	総務費	民生費	衛生費	農林水産業費	商工費	土木費	教育費	公債費	その他
純計 123兆3677億円	10.1	25.4	9.2	2.7	12.1	10.3	14.4	10.3	5.5
都道府県 66兆3242億円	6.8	14.1	7.8	3.7	18.3	9.5	15.5	10.6	13.7
市町村 67兆5794億円	12.7	37.8	9.6	2.0	4.5	9.7	11.3	8.4	4.0

（出所）　総務省『地方財政白書 令和 5 年版（令和 3 年度決算）』。

19%，民生費は 14% だったことと比較すると，この間の緊縮予算の中にあっても，少子高齢化に対応して社会保障費用が増加してきたことが地方財政の面からも明らかに見て取れる。

　これを都道府県と市町村に分けて見ると，両者の歳出規模は 66 兆円と 68 兆円で市町村の方がやや規模が大きく，構成には大きな差がある。都道府県では，例年だと最大の費目は教育費で，これは市町村立義務教育諸学校の教職員の人件費を負担していることが大きいが，2021 年度は，営業時間短縮要請等に応じた事業者に対する協力金の給付等の事業費の増加により，商工費が 18% ともっとも大きな割合を占めている。

　これに対して市町村を見ると，住民の生活に密着した社会福祉や生活保護などでの市町村の役割が大きいことから，民生費が 38% と群を抜いて大きな比率を占めている。さらにこの内訳では，保育所などの児童福祉費が 42%，障害福祉や地域福祉などの社会福祉費が 27%，老人福祉費が 16%，生活保護費が 14% となっている。

Column 38 「国民負担率」という議論は正しいか

　国民負担率については，そもそもの概念自体や名称に対して批判がある。たとえば，国民に還元される給付の裏づけとなるもので負担という側面だけを論ずるのは適当でないという意見。あるいは租税や社会保険料という「国民負担」によって賄われる介護サービスが社会的に用意されなければ，それは介護が必要な人を抱えた家族の中だけで困難な負担を背負わせることになり，両者はトレードオフの関係にあるというもっともな指摘もある。また，国民負担率が比較のベースに国民所得を用いているため，各国間でとりわけ消費税を中心とする間接税の高低の違いが結果に影響するといった技術的な批判もある。

　これらについては，それぞれもっともな指摘で，国民負担率の水準や国際比較をめぐる議論を行うときには，十分に注意を払う必要がある。とりわけ，言葉のイメージの独り歩きには気をつけたい。

　ただ，他方で，租税と社会保険料が，個人の意思にかかわらず公権力により強制的に徴収される点で，その限度やあり方についてはやはり国民的な議論を経て合意を形成する努力も必要だろう。日本では昔から「四公六民」という言葉があり，公租公課は4割が限度という経験的な庶民感覚もある。また，租税や社会保険料の増加が働く人たちの自由に使える手取り所得を減らすことも事実。ただし，負担をもとにした給付の増加は逆にこれを受けた人たちの自由に使える所得を増やすことにもなる。また，日本は諸外国に比べて高齢化率が高く社会保障水準が遜色ない割には国民負担率は低い。

　要は，社会保障だけに限っていえば，一方で給付全体の再編成や効率化をぎりぎりまで進めたうえで，ここまでは連帯による国民の負担が必要だということを示し，広範な合意をとりつけていく努力を真剣に重ねていくことが何より大切だ。国民負担率という数字はそのための参考材料の1つと考えればいいのではないだろうか。

　なお，介護保険ができるまでは老人福祉費の比重の方が大きかったが，ここで対象にしている普通会計には公費支出の部分だけが計上されており，介護保険事業会計は含まれていないことに留意する必要がある。介護保険事業会計の歳出は約12兆円，国民健康保険事業会計の実質的な歳出は約12兆円にのぼり，国と同様に地方財政にとっても，社会保障関係の特別会計の存在感は大きい。

| 国民負担率 |

社会保障を含めた国の政策のための費用は，国民，つまり家計や企業が租税か社会保険料という形で，その所得のうちから負担する以外にない。この租税と社会保険料の負担が国民所得に占める割合のことを**国民負担率**という。すなわち，

国民負担率＝（租税負担＋社会保障負担）/国民所得

日本の国民負担率は，2023年度で46.8％（租税負担率28.1％，社会保障負担率18.7％）と推計されており，先進諸国と比べるとまだ高い方ではないが，増加傾向にあり，今後とも高齢化の進展に伴って急速な増加が見込まれるため，その水準のあり方が問われている（➡ *Column* ㊳）。

さらに最近では，この国民負担率に将来世代への負担の先送りとなる財政赤字も含めて「潜在的な国民負担率」と呼んで，これを少子高齢化が進む将来においても50％程度（2023年度ですでに53.9％）にとどめるように政府の規模を抑制すべきだ，とする主張もあり，その是非をめぐって議論が交わされている。

5 現在の社会保障の課題と今後の展望
●今の社会保障はどんな挑戦を受けているのだろう？

| 少子高齢化に伴う社会 保障費用の増加 |

現在の日本は，急速な勢いで高齢化が進んでおり，高齢化率が2022年ですでに29.0％に達した。また，**平均寿命**（0歳の平均余命のこと）は2022年には男81.05歳，女87.09歳と，いずれも世界でトップクラス。一方で出生率は，同年の**合計特殊出生率**（1人の女性が生涯に産む平均子ども数で，これが2.1人程度でちょうど人口が増えもせず減りもしない水準）が1.26と，史上最低の1.26となった2005年と

同水準で，少子化の深刻な状況は改善の兆しを見せていない。

2023 年に国立社会保障・人口問題研究所が行った推計では，長期的な合計特殊出生率は 1.36，平均寿命は男 85.89 歳，女 91.94 歳と仮定し，今後日本では人口減少が進み，総人口は 20 年の 1 億 2615 万人が半世紀後の 70 年には 8700 万人と，現在の 69% に縮小すると見込まれている。

また年少人口（0～14 歳人口）は，この間に 1503 万人から 798 万人へと半減すると見込まれる。他方で，高齢化はさらに進行し，2035 年には 32.3% と，国民の 3 人に 1 人が高齢者となり，半世紀後の 70 年には 38.7% と，2.5 人に 1 人が高齢者という超高齢社会が出現する。

なかなかピンとこない？ でも，これは確実に日本の社会に起こる重大な変化だ。今後，出生率の低下がさらに進めばもっと深刻化することになる。

このような急速な少子高齢化は，まず年金財政に深刻な影響を与える。高齢者の数が増えるだけ，受給者が増える。加えて 1 人ひとりの高齢者の平均余命が長くなるということは，終身年金である公的年金においてはそのまま年金の受給期間が長くなることを意味する。他方で，年金を支える勤労世代は減っていくため，賦課方式または修正積立て方式の財政方式を採用している公的年金では，勤労世代の負担が増加し，その負担への合意自体が崩れていくおそれがある。このような問題に対応するために，2004 年の年金制度改正で保険料水準固定方式とマクロ経済スライドが導入されたことはすでに学んだ。

また，高齢者，とりわけ後期高齢者は，病気にかかりやすく，複数の慢性疾患をもつことが多い。また，寝たきりや認知症などの要介護の発生率も，後期高齢期の年齢が増すごとに急速に高くなる。

このような高齢期の病気や介護などは，今後，若いときからの予防やリハビリテーションの充実などにより，今よりもある程度は改善できる可能性はあるが，それでも若い世代と比べて有病率や要介護率が著しく高くなり，その分，医療や介護の費用が急増することは避けられない。

　出生率の低下は，ある程度は政策努力や社会の意識の変化などにより回復する可能性はある。しかし，現在見通されている少子高齢化という現実そのものは基本的に変えようがない。だから，その現実を受け入れたうえで，このような社会に活力を維持し，高齢世代も若い世代もできるかぎり働き，社会に参加し，負担を共有し合い，有効で効率的なサービスに費用を重点化するなど，制度の給付と負担のあり方をこれからも引き続き見直していく必要がある。

経済の低成長と財政状況の悪化

昭和30年代から40年代の日本の社会保障のレベルアップを可能にしたのは，折からの高度経済成長による国民所得の増加とそれに伴う税収や社会保険料収入の増加だった。しかし，オイルショックを境目に，昭和50年代以降は，日本経済の基調はすっかり変わり，ゼロ成長，あるいは低成長の時代に入っている。

　昭和の終わりから平成の初期にかけては，バブル経済を経験した。高度経済成長の再現に期待をかけたが，バブルがはじけてみると，見かけ上の数字に踊らされただけ。しかも，その後，日本経済は深刻な経済危機に陥り，景気対策としてまたしても借金財政で公共支出を増やしたため，国も地方も先進諸国で最悪の赤字財政に陥った。

　2000年代に入り，ようやく日本経済もどん底を脱して，明るい見通しが出てきたと思っていた矢先，08年にはアメリカ発の世界的な金融危機とそれによる実体経済の急激な落ち込みが進んだ。その対策のための財政出動により，国や自治体の財政はさらに悪化し

Column㊴ 社会保障と税の一体改革

増加を続ける社会保障関係費と累積赤字による財政悪化を背景に，社会保障とそれを支える歳入の改革に関する議論は，比較的早くから行われてきた。

すでに自民・公明政権下において，2008年1月に設置された「社会保障国民会議」は，幅広い議論を経て11月には最終報告をまとめ，これに基づく施策の方向性について閣議決定が行われた。

その後2009年8月の総選挙により政権交代を果たした民主党においても，10年10月に政府・与党社会保障改革検討本部が設置され，社会保障改革の方針が決定された。そしてさまざまな意見があったが，最終的に2012年2月に「社会保障・税一体改革大綱」が閣議決定され，関連法案が国会に提出された。法案は，国会においても激しい意見対立と調整過程を経て，一部修正のうえ，可決・成立した。

こうして，社会保障の安定的財源を確保するために消費税率の引上げが決まり，2014年4月から8％へ，さらに15年10月からは10％への引上げが決まった。他方で，この増税に関連する年金関連の法律改正や，子ども・子育て関連3法などの法律も成立し，消費税率の引上げ時期に合わせて逐次実施することとされた。

しかし，医療や介護，年金などの社会保障改革の本格的な議論は2012年12月の総選挙で政権復帰した自民・公明政権に委ねられた。このため，「社会保障制度改革国民会議」において幅広い議論を進めてきたが，13年8月6日に国民会議の報告書がとりまとめられた。

報告書では，①少子化対策，②医療，③介護，④年金の4分野を対象として具体的な改革の方向性や内容を提言しているが，とりわけ，医療・介護サービスの提供体制の改革に重点を置いたものとなっており，在宅医療や介護，住宅などとの連携まで視野に入れて，病院の機能分化と連携を進めるとともに，地域包括ケアの推進を提言している。

さらに，これら一連の改革の工程表を定めた社会保障改革プログラム法が2013年12月に成立し，その具体化の第1弾として，14年6月に医療介護総合確保推進法，15年5月には国民健康保険法等の改正法，さらに17年5月には介護保険法等の改正法が制定された。一方で，2014年度の景気後退などを受けて15年10月からの消費税率再引上げが17年4月に延期され，この実施時期もさらに2年半延期され，ようやく19年10月から10％への引上げが実現し，一連の改革に一区切りがついた。

ている。

　すでに前節で見たように，国の一般会計は長い間にわたって歳出に必要な税収等が確保できず，不足分を公債金収入，つまりは借金で賄ってきたため，たまりにたまった普通国債残高は，2023年度末でじつに1068兆円と，今の年間の税収の15年分にも相当する額に達する見込みで，財政は危機的な状況にある。

　他方で，国の一般歳出の半分以上を占めるのが社会保障のための費用であり，今後の少子高齢化や社会経済の変化に対応してその支出は今後とも確実に増加していく。

　このような状況下にあって，将来に向けた社会保障の改革を進めるとともに，その安定財源を確保する観点から，消費税率の引上げを柱とした税制の改正を行うこととして，「社会保障と税の一体改革」が国政の最大課題として取り組まれた。意見の対立もある難しい課題だが，コラムでこの一体改革の概要を読んで，あなたもこの問題について考えてみてほしい（➡**Column㊴**）。

　マイナンバー制度　　**マイナンバー**とは，「社会保障と税の一体改革」の一環として，2013年の「行政手続における特定の個人を識別するための番号の利用等に関する法律」（番号法，マイナンバー法などと呼ばれる）に基づく個人番号のことだ。これにより，2015年10月以降，住民票のあるすべての人に，12桁のマイナンバー（個人番号）が通知された。そして，2016年1月からは，雇用保険・医療保険の手続き，生活保護・児童手当その他福祉の給付，確定申告などの税の手続きなどの際に，申請書や申告書等にマイナンバーを記載することが必要になった。健康保険などでは会社が従業員に代わって加入手続きをする際にマイナンバーを記載することが必要になるので，会社からマイナンバーの提出を求められることになる。

この制度は，公平・公正な社会の実現，国民の利便性の向上，行政の効率化のために導入された。たとえば，所得や資産の把握がマイナンバーによってより的確にできるようになれば，負担能力に応じた負担がより公平・公正にできるようになる。が，反面，各行政機関がその目的のために取得している個人情報が将来的にすべて紐付けされて個人情報やプライバシーの保護が脅かされることへの批判や，番号の漏洩や不正利用，さらにはシステムの整備・管理のための多額の費用など，この新しい制度への懸念や危惧も指摘されている。

　さらに，デジタル社会の実現に向けた一環として法律が改正され，市町村に申請してマイナンバーカード（個人番号カード）を取得しておけば，2021年10月からは医療機関の受診の際にこれにより医療保険の被保険者資格の確認ができることになった。しかし，これについても，もっとも秘匿性の高い個人の病気や医療に関する情報が本人の管理のもとに行政や第三者から厳格に守られるのか，医療上の効果や本人にとってのメリットがあるのかなど，なお議論を尽すべき課題が多く残る。

　社会保障や税の公平・公正な負担などの社会的要請と個人情報・プライバシーの保護をどう調整するか，情報処理技術が飛躍的に発達する中で問われる難しい課題だが，私たちもこの新たな制度の適正な運用をしっかりと見届けていこう。

就業構造の変化

社会保険を中心として高度に発達した各国の社会保障は，夫がフルタイムの雇用労働に従事して給与をもらい，それで妻と未成年の子を養うという雇用・生活モデルを念頭に置いていた。そして現実に各国とも就業形態の雇用労働者化の進行に伴って，社会保険もその威力を遺憾なく発揮してきた。

しかし，今や人々の働き方や生き方が根底から変化しつつある。若いあなたやあなたの周りはどうだろう？　お父さんやお母さんの生き方と違う，と感じている人が多いのではないだろうか。女性の就業率も年々増え，仕事をもつ女性が増えている。また，最近では，女性の方がまだまだ多いが男性にもパートタイム労働が増えてきた。学校を卒業しても定職につけずにフリーターになったりバイトをそのまま続ける若者が増えている。

　働き方にしても，派遣労働や請負労働などの形態も増えている。インターネットの発達で，在宅勤務や自営業のような形態の仕事をする人も増えている。こういう新しい働き方に対しては，伝統的な雇用関係を前提とした労働保護法規や社会保険の制度も適用されにくい。働いても働いても，最低限度の生活さえおぼつかないという「ワーキング・プア」といわれる人たちの問題が，格差の拡大の象徴として大きな社会問題になった。では，どんな仕組みでこの人たちの生活を保障していけばいいのだろうか，といった問題が次々に出てくる。

　さらに，失業の問題もとても大事だ。欧米では失業の増加，とりわけ若者の失業が深刻な社会問題になって久しい。これまで日本では長い間，失業問題は少なくとも表面上はそれほど大きな問題にはならなかったが，1990年代から長引く不況のもとで中高年のリストラによる失業に加えて，若者の失業や無業の問題も深刻化した。その後，一時的に景気の回復により失業問題は改善の兆しを見せたが，2008年に発生した世界的な金融・経済危機により一気に雇用環境が悪化し，派遣社員や期間従業員の大量の解雇や雇止めが起きて，深刻な社会問題になった。いうまでもなく，失業問題は一国の社会経済にとって最大の問題であるが，社会保障の財政にとっても，失業給付や生活保護費が増加するだけではなく，医療や年金も含め

た社会保険料の収入が減少するという面でも，その与える悪影響は計り知れない。

　日本社会の長年の課題である働き方改革や，AIなど急激なICT技術の発達・普及の影響とあわせて，雇用の変化には引き続き注視する必要がある。

国際化の進展

　あなたは海外に行ったことはある？　あるいは，あなたの周りに外国の人たちはいない？　島国日本も近年になって海外との交流がとても増えてきた。では，海外に行くときに，万が一の病気や事故に備えて何か準備する？　民間の海外旅行傷害保険などに加入していく人も多いだろう。でも，普通はいったんは医療費を自分で立て替えなければならない。外国でも保険証が使えれば便利なのにね。国境を越えた人の交流がはるかに盛んなヨーロッパでは，多くの国どうしで協定を結んで，医療保険の相互適用を保障している。

　また，国境を越えて働きに行く人も多いので，年金の問題も大事だ。自国の年金と勤め先の会社のある国との間で，場合によれば年金が二重に適用され，年金保険料も二重にとられることも起こる。逆に，年金は長い期間の加入が資格要件になることが多いので，いくつかの国を移動した場合，どこの国からも何の年金も受けられないということも起きかねない。日本にビジネスでやって来る外国の人も増えているし，外国で働く日本の人たちもずいぶん増えてきた。そこで，このような日本の社会の国際化に対応するために，遅ればせながら社会保障の分野でも各国との国際協定が締結されるようになった。具体的な動きはコラムで確認してほしい（→*Column 40*）。

　国際化というと，外国に行くだけではない。日本で働く外国の人たちも急速に増えてきた。これは医療や福祉の世界でも例外ではない。その是非については異論があるものの，2004年の日本とフィ

Column ㊵　社会保障の国際協定

　国際化が進展し，外国で生活する日本人や日本に住む外国人が増加している。この人たちには，本文で述べたような社会保険の適用上の問題が生じるため，これを解決するには，次のような内容の国際協定が必要である。

①一時的に派遣されて勤める人などは，もともとの国か住んでいる国か，いずれか一方の国の制度に加入すればよい。

②両方の国の年金制度への加入期間を通算して最低必要とされる期間を満たせば，それぞれの制度から加入期間に応じた額の年金が受給できる。

具体的には，日本は，以下の国々との間で順次協定を締結してきた。

国　名	発　効	保険料二重払いの防止		年金期間通算
		年金保険料	医療保険料など	
ド　イ　ツ	2000 年 2 月	○	×	○
イギリス	2001 年 2 月	○	×	×
韓　　　国	2005 年 4 月	○	×	×
アメリカ	2005 年 10 月	○	○	○
ベルギー	2007 年 1 月	○	○	○
フランス	2007 年 6 月	○	○	○
カ　ナ　ダ	2008 年 3 月	○	×	○

　そしてこれ以降も，オーストラリア，オランダ，チェコ（2009 年），スペイン，アイルランド（2010 年），ブラジル，スイス（2012 年），ハンガリー（2014 年），インド（2016 年），ルクセンブルク（2017 年），フィリピン（2018 年），スロバキア，中華人民共和国（2019 年），フィンランド，スウェーデン（2022 年），イタリア（2024）との間で協定が発効しているほか，そのほかの国との間でも交渉が進められており，対象国は年々増加している。

　国によって内容が少しずつ異なっているのは，日本とそれぞれの国の社会保障の仕組みや事情などが違うためだが，保険料二重払いの防止については，5 年以内の派遣であれば派遣元の国の制度に継続して加入して派遣先の国の制度への加入が免除されるのに対し，5 年を超える派遣であれば派遣先の国の制度だけに加入するというのが基本ルールだ。

　また，対象国が増加し，内容的にもパターン化が進んだこともふまえ，新しい国との協定に速やかに対応できるように，2007 年には「社会保障協定の実施に伴う厚生年金保険法等の特例等に関する法律」が整備された。

リピンの経済連携協定（EPA）により，資格や人数について厳しい条件を課したうえでフィリピン人看護師・介護福祉士の受入れが決まり，さらにインドネシアとも同様の合意が行われた。

　さらに 2018 年の出入国管理法等の改正により，建設業，農業，介護など，人手不足が深刻な業種を対象に，これまで日本では認めてこなかった単純労働についても，「特定技能」としての在留資格を創設し，外国からの人手の受入れを認めることとされた。

　今後，国際的な労働移動がどのように推移するかは注視する必要があるが，いずれにせよ，2020 年の国勢調査ではすでに日本に暮らす人の 2％ が外国籍の人で，日本も確実に国際化が進んでいる。

　こうして日本で生活している外国の人たちが病気やけがをしたときに，医療などがきちんと受けられるか，というのも日本が直面している重要な課題。まず言葉や習慣の違いという壁がある。また，被用者保険はもともと適用にあたって国籍で区別するという発想はなかったし，国民健康保険も日本に住所を有する外国人には適用される。でも，いろんな事情で，日本で滞在許可を得ずに働いている外国人もいる。見つかれば強制送還される立場だ。でも，働き，生活していれば病気やけがもする。不法滞在だから医療保険はない。生活保護も適用されない。病院に担ぎ込まれると，人道上，必要な医療が行われても，本人も費用を払えない。病院も，自治体も，国も，この問題ではジレンマを抱えて深く悩んでいる。

　国際化とは決してきれいごとだけではない。こういった，困難だが，大切な問題を，1 つひとつ，地域住民や国民の合意を探り，形成しながら解決し，丁寧に，そして，しなやかに，社会の仕組みを広げていくこと，これもこれから本格化する私たちの社会保障が受けるチャレンジだ。あなたも一緒になって悩み，考え，新しいルールづくりに参加していってほしい。

Summary サマリー

　社会保障という仕組みには，大きくいうと，イギリスの救貧法から現代の公的扶助にいたる流れと，ドイツに始まった社会保険の流れがある。日本もこれらの制度や思想の影響を受けながらその時々の社会の課題に対応して固有の仕組みを発展させてきた。現在の制度をより深く理解するために最低限度必要な世界と日本の社会保障の歩みを振り返ろう。また，日本の社会保障は戦後に大きく発展したが，その基礎となる土台はじつは戦前にできていたことも知っておこう。そして，戦後の敗戦からの復興，高度経済成長期の拡充期から，オイルショック後の財政再建期，本格的な少子高齢化時代の制度の再編成期へと，大きな時代の流れの中で，「今」をもう一度眺めてみよう。

　また，社会保障の姿を分析したり，あり方を論ずるためには，社会保障がもつさまざまな機能を理解する必要がある。さらに，私たちが社会保障を現実に運営していくうえではその財政の仕組みをしっかり理解しておくことも大切だ。

　そのうえで，少子高齢化，経済の低成長と財政悪化，就業構造の変化，国際化などの日本社会の急激な変化の中で，社会保障が受けているチャレンジについて学び，あなた自身の考えをまとめてみよう。

■ 理解を確かめよう ■■■■■■

　1　日本の戦後の社会保障の発展の歩みについて，時代をいくつかに区切って，その時期の社会保障の中心的な課題や政策の特徴と，その背景となった社会経済的な要因との関連についてまとめてみよう。

　2　社会保障がもつさまざまな機能・働きを，生活上の困難を抱えた人にとっての働きや，家計間の所得の再分配，マクロ経済への影響，政治的・社会的機能などに分けてまとめてみよう。

　3　日本の社会保障給付費について，「年金」「医療」「福祉その他」の部門に分けたときのその推移と特徴について考えてみよう。そのうえで，その全体の配分のあり方に関して，あなたの考えをまとめてみよう。

★参考文献──────────

①日本の社会保障の歴史や理論と現在の姿についてまとめて学び
たい人へ

横山和彦・田多英範編著『日本社会保障の歴史』学文社，1991
年

厚生労働省『厚生労働白書 平成24年版』日経印刷，2012年

②社会保障を経済学や財政の立場から分析したものを学んでみた
い人へ

ニコラス・バー著，菅沼隆監訳『福祉の経済学──21世紀の年
金・医療・失業・介護』光生館，2007年

総務省編『地方財政白書 令和5年版（令和3年度決算）』日経印
刷，2023年

③世界の主な国の社会保障を学びたい人へ

宇佐見耕一ほか編著『新世界の社会福祉』（全12巻），旬報社，
2019〜20年

● 人　口

総人口（2022 年 10 月 1 日）	1 億 2495 万人

● 高　齢

高齢者（65 歳以上）人口（〃）	3624 万人
高齢化率（〃）	29.0%
うち後期高齢者（75 歳以上）人口（〃）	1936 万人
後期高齢化率（〃）	15.5%
平均寿命（2022 年）	男：81.05 歳
	女：87.09 歳

● 出生・子ども

出生数（2022 年）	77 万人
合計特殊出生率（〃）	1.26
年少人口（0〜14 歳）（2022 年 10 月 1 日）	1450 万人
総人口に占める割合（〃）	11.6%

● 雇　用

就業者数（2022 年平均）	6723 万人
完全失業者数（〃）	179 万人
完全失業率（〃）	2.6%

● 経　済

国内総生産［GDP，名目値］（2022 年度）	567 兆円
国民所得［要素費用表示］（〃）	409 兆円

索　引

【有斐閣アルマ】

はじめての社会保障〔第21版〕
福祉を学ぶ人へ

Guide to Social Security, 21st ed.

2001 年 5 月 25 日	初　版第 1 刷発行	2014 年 3 月 25 日　第 11 版第 1 刷発行
2003 年 3 月 20 日	第 2 版第 1 刷発行	2015 年 3 月 25 日　第 12 版第 1 刷発行
2005 年 2 月 28 日	第 3 版第 1 刷発行	2016 年 3 月 25 日　第 13 版第 1 刷発行
2006 年 3 月 10 日	第 4 版第 1 刷発行	2017 年 3 月 25 日　第 14 版第 1 刷発行
2007 年 3 月 20 日	第 5 版第 1 刷発行	2018 年 3 月 20 日　第 15 版第 1 刷発行
2008 年 3 月 30 日	第 6 版第 1 刷発行	2019 年 3 月 25 日　第 16 版第 1 刷発行
2009 年 3 月 30 日	第 7 版第 1 刷発行	2020 年 3 月 20 日　第 17 版第 1 刷発行
2010 年 3 月 30 日	第 7 版補訂版第 1 刷発行	2021 年 3 月 20 日　第 18 版第 1 刷発行
2011 年 3 月 30 日	第 8 版第 1 刷発行	2022 年 3 月 30 日　第 19 版第 1 刷発行
2012 年 3 月 20 日	第 9 版第 1 刷発行	2023 年 3 月 30 日　第 20 版第 1 刷発行
2013 年 3 月 25 日	第 10 版第 1 刷発行	2024 年 3 月 30 日　第 21 版第 1 刷発行

著　者　椋野美智子，田中耕太郎

発行者　江草貞治

発行所　株式会社有斐閣

　　　　〒101-0051 東京都千代田区神田神保町 2-17

　　　　https://www.yuhikaku.co.jp/

装　丁　デザイン集合ゼブラ＋坂井哲也

印　刷　株式会社理想社

製　本　牧製本印刷株式会社

装丁印刷　株式会社亨有堂印刷所

落丁・乱丁本はお取替えいたします。定価はカバーに表示してあります。
©2024, Michiko Mukuno, Kotaro Tanaka
Printed in Japan. ISBN 978-4-641-22234-2

本書のコピー，スキャン，デジタル化等の無断複製は著作権法上での例外を除き禁じられています。本書を代行業者等の第三者に依頼してスキャンやデジタル化することは，たとえ個人や家庭内の利用でも著作権法違反です。

JCOPY　本書の無断複写（コピー）は，著作権法上での例外を除き，禁じられています。複写される場合は，そのつど事前に，(一社)出版者著作権管理機構（電話03-5244-5088, FAX 03-5244-5089, e-mail:info@jcopy.or.jp）の許諾を得てください。